Tudo que é belo

"Midsummer's Eve"

The Moth
apresenta

Tudo que é belo

Quarenta e cinco histórias reais

edição
Catherine Burns

tradução
José Geraldo Couto

todavia

Em inglês, a palavra *moth* significa, literalmente, "mariposa". A inspiração para o seu uso, conforme explicado ao final deste volume, são os casos contados num círculo de amigos numa varanda, quando as mariposas são atraídas pela luz, como os ouvintes pelas histórias narradas. Optou-se por manter no original em inglês o nome do projeto, hoje consagrado internacionalmente.

Todas as notas são do tradutor.

Prefácio
Neil Gaiman 11

Introdução
Catherine Burns 15

A eterna música das esferas
As conversas sobre a lua e as estrelas | Tara Clancy 21
Normalidade incomum | Ishmael Beah 27
À procura de Chad | Arthur Bradford 37
A casa do luto | Kate Braestrup 47
A garota de Beckenham | Suzi Ronson 53
Deus, a morte e Francis Crick | Christof Koch 62

Coisas que eu vi
Névoa de descrença | Carl Pillitteri 73
As duas vezes que encontrei Laurence Fishburne | Chenjerai Kumanyika 82
Importa muito | Kevin McGeehan 90
Um conto de dois jantares | Bliss Broyard 98
Sem título | Louis C. K. 107
Caminhando com RJ | Stephanie Peirolo 112

Mantendo sob controle
Vai dormir, p*##@ | Adam Mansbach 123
Pânico na estrada para Jericó | Nadia Bolz-Weber 132
Jenny | Samuel James 140
Déjà vu (de novo) | Cole Kazdin 146
Pode me chamar de Charlie | Josh Bond 154
Família moderna | Sara Barron 161
R2, cadê você? | Tig Notaro 169

A graça chega sem pedir licença

A ducha | Tomi Reichental 179
Corta! | Josh Broder 185
Um telefonema | Auburn Sandstrom 194
Em quem se pode confiar? | Mary-Claire King 200
Um novo lar | Dori Samadzai Bonner 207
A grama mais verde | Jane Green 215
Como se eu não estivesse ali | Peter Pringle 222

Agir como homem

Tropeçando no escuro | John Turturro 229
Amadurecendo num mausoléu |
George Dawes Green 237
Os vizinhos de baixo | Shannon Cason 244
Clandestina na Coreia do Norte com seus
futuros líderes | Suki Kim 251
Os sapatos de meu avô | Christian Garland 259
Um salto adiante | Cybele Abbett 263

Encarar o medo

Baile de formatura | Hasan Minhaj **271**
Não esquece de trazer queijo | Kate Tellers **280**
Exausta, de Nova York | Jessi Klein **288**
Uma escolha impossível | Sasha Chanoff **299**
Então sabereis! | Moshe Schulman **307**
O preço da liberdade | Noreen Riols **316**

Por todas as juras de amor

Acampamento de verão | Meg Wolitzer **327**
O peso de uma aliança | Amy Biancolli **334**
Luz e esperança | Bethany Van Delft **341**
Rins e compromissos | Gil Reyes **350**
Chegando perto de Plutão | Cathy Olkin **356**
Perdoar | Hector Black **361**
Gótico californiano | Taylor Negron **369**

Agradecimentos **377**

Sobre The Moth **379**

*A todos aqueles que um dia juntaram coragem
para contar uma história em público.*

E a todos os que escutaram de coração aberto.

Prefácio

Recebi uma lista de coisas que queriam que eu fizesse no PEN World Voices Festival em Nova York. Tudo parecia muito claro exceto por uma coisa. "O que é o Moth?", perguntei. Era abril de 2007. "O Moth é um negócio de contar histórias", me disseram. "Você fala sobre coisas reais que te aconteceram, diante de uma plateia." (É possível que tenha havido na história humana outras respostas como essa, que, embora tecnicamente corretas, omitem tudo o que de fato importa, mas assim de improviso não me ocorre nenhuma.)

Eu não sabia nada sobre o Moth, mas concordei em contar uma história. Parecia fora de minha zona de conforto e, portanto, algo sensato a fazer. Fui avisado de que um diretor do Moth me procuraria.

Falei ao telefone com o diretor do Moth dias depois, meio desconcertado: afinal, por que eu tinha que falar sobre a minha vida para outra pessoa? E por que outra pessoa tinha que me dizer qual era o sentido da minha história?

Só comecei a entender o significado do Moth quando apareci para o ensaio de leitura e conheci Edgar Oliver.

Edgar era uma das pessoas que estavam contando suas histórias naquela noite. A história dele pode ser lida, mas na leitura você não capta sua bondade, sua franqueza, e também não desfruta de sua notável entonação, que é o tipo de entonação que um vampiro da Transilvânia apaixonado por teatro talvez adotasse para interpretar Shakespeare, acompanhada de movimentos de mão elegantes que enfatizam, pontuam e comentam a natureza do que ele está nos dizendo, seja sobre o gótico sulista ou sobre questões pessoais em Nova York. Fiquei vendo Edgar narrar sua história no ensaio de leitura (ele conseguiu cortar uns dez minutos quando a contou no palco, e parecia que eu nunca tinha ouvido antes), e eu soube na hora que queria fazer parte daquilo, fosse lá o que fosse.

Contei minha história (nela eu tinha quinze anos e vagava sozinho pela Liverpool Street Station, esperando por pais que nunca viriam), e a plateia ouviu e riu e vibrou e no final aplaudiu e eu me senti como se tivesse caminhado sobre brasas e sido abraçado e amado.

De algum modo, sem pretender, eu tinha me tornado parte da família Moth.

Assinei o podcast do Moth, e a cada semana alguém me contava uma história real que lhe ocorrera e que mudaria minha vida, nem que fosse um pouquinho.

Alguns anos mais tarde eu estava num velho ônibus escolar, rodando pelo sul dos Estados Unidos, com um punhado de contadores de histórias, narrando nossos casos em bares, museus de arte, clubes de idosos e teatros.

Eu falava sobre como encontrei, na beira da estrada, um cachorro que me salvou; sobre meu pai e meu filho; sobre a encrenca em que me meti na escola aos oito anos por contar uma piada muito suja que tinha ouvido dos garotos mais velhos.

Assistia aos outros contadores de histórias narrando partes de si mesmos noite após noite: sem anotações, sem nada decorado, sempre parecidas, sempre verdadeiras e sempre, de algum modo, novas.

Visitei algumas das "StorySLAMS"* do Moth, em que pessoas escolhidas ao acaso sobem ao palco e competem pelo amor e pelo respeito da plateia. Assisti às histórias que elas contavam e contei ali minhas próprias histórias (fora de competição, antes ou depois do fim do concurso). Vi gente fracassar ao tentar contar suas histórias e vi gente partir o coração dos presentes ao mesmo tempo em que os inspirava.

O estranho nas histórias do Moth é que nenhum dos truques que usamos para que os outros nos amem ou nos respeitem funciona do modo como imaginávamos que funcionaria. As narrativas que mostram como somos espertos, como vencemos, quase sempre fracassam. As piadas já testadas e as sacadas espirituosas se espatifam e se reduzem a cinzas no palco do Moth.

A honestidade conta. A vulnerabilidade conta. Ser franco quanto a quem você era no momento em que atravessava uma dificuldade ou estava num lugar impossível conta mais do que qualquer outra coisa.

Ter um lugar onde a história começa e um lugar para onde ela vai: isso é importante.

Contar sua história do modo mais honesto possível e deixar de lado coisas desnecessárias, isso é vital.

O Moth nos conecta como seres humanos. Porque todos temos histórias. Ou talvez porque já somos, na condição de humanos, uma colagem de histórias. E o abismo entre nós enquanto indivíduos existe porque quando olhamos uns para os outros talvez vejamos rostos, cor da pele, gênero, raça ou atitudes, mas não as histórias, pois não temos como vê-las. E quando ouvimos as histórias uns dos outros percebemos que

---

* Adaptação para a narrativa do conceito de *Poetry Slam*, uma competição de breves declamações de poemas ao vivo, submetidas ao julgamento do público presente.

o que vemos como coisas que nos separam são, com muita frequência, ilusões, falsidades: que os muros entre nós não são, na verdade, mais espessos que muros cenográficos.
  O Moth nos ensina a não julgar pelas aparências. Ensina-nos a ouvir. Lembra-nos da importância da empatia.
  E agora, com estas histórias maravilhosas, ele nos ensina a ler.

Neil Gaiman

Introdução

Ouvi falar pela primeira vez do Moth no final dos anos 1990. Andavam dizendo que um senhor chamado George Dawes Green e seus amigos estavam circulando pela cidade de Nova York contando histórias no palco diante de multidões compactas. Me descreveram aquilo como um festim itinerante – uma espécie de clube noturno circulante – dedicado à narração de histórias em primeira pessoa. As sessões aconteciam em bares e restaurantes, museus, parques, botecos clandestinos. Era um grupo completamente diferente de narradores a cada vez, com lendas como George Plimpton, Mira Nair, Vernon Reid, Andre Gregory e Candace Bushnell dividindo o palco com bombeiros e técnicos de contabilidade, passeadores de cães e trapezistas.

George sempre teve um ouvido aguçado para contadores de histórias fabulosos, bem como charme para convencê-los a subir ao palco. Cercou-se de amigos e colaboradores que sabiam como fazer as coisas acontecerem. Em pouco tempo formou-se uma comunidade de curadores, produtores e diretores talentosos.

Dizer que a coisa toda era de baixo orçamento é pouco. Se você fosse felizardo o bastante para entrar na lista de contatos deles, recebia pelo correio um cartão-postal lindamente desenhado (mas de produção barata), muitas vezes às vésperas do evento em questão. Não havia vendas antecipadas, de modo que era preciso chegar cedo, ficar numa fila compacta e se acotovelar para entrar.

Sempre valia a pena. (Era a única chance de ouvir as histórias – não havia *podcast* nenhum para baixar depois.)

O primeiro Moth a que compareci pessoalmente teve lugar no convés de um velho barco atracado no rio Hudson. Fiquei hipnotizada. Que emocionante ouvir uma história diretamente da boca da pessoa que a viveu. Os contadores eram tão vulneráveis, tão divertidos, tão corajosos. Falavam sem anotações diante de um microfone, num estrado, iluminado unicamente por um holofote.

Eu nunca tinha visto nada parecido. Era o contrário absoluto do mundo do cinema do qual eu fizera parte por uma década, em que até mesmo num filme "*indie*" as histórias se desenrolam em *sets* cercados de dúzias de membros da equipe. Talvez eu não fosse a única farta de histórias que só podiam ser contadas com a ajuda de milhares de pessoas.

George e sua animada turma de amigos e colaboradores estavam se empenhando justamente no oposto e, ao fazer isso, tornaram possível o que só pode ser descrito como um movimento moderno de narração de histórias, em que "histórias em torno da mesa de jantar" eram deslocadas para o palco e reconhecidas como arte. Esse renascimento tem inspirado dezenas de milhares de sessões pelo mundo afora, em lugares tão diversos como o Tajiquistão, a Antártida e Birmingham, Alabama.

Chegamos à letra impressa às vésperas do nosso vigésimo aniversário. As histórias reunidas neste livro foram todas contadas originalmente ao vivo em eventos do Moth pelo mundo afora, depois transcritas e ligeiramente editadas para a página impressa. Cada história foi burilada com a ajuda de um dos diretores do Moth (muitos dos quais estão no projeto praticamente desde o primeiro dia, tendo começado como orientadores e curadores voluntários quando não havia orçamento para remunerá-los).

O título do livro, *Tudo que é belo*, vem da história de Cathy Olkin, na última parte, que nos leva ao momento em que ela e seus colegas cientistas da NASA contemplaram pela primeira vez a superfície de Plutão, uma enorme recompensa que só veio, como costuma acontecer, ao preço de um grande risco. E embora a maioria de nós não seja cientista espacial, todos temos momentos na vida em que somos jogados para fora do mapa que conhecemos. Às vezes é por escolha, metaforicamente aventurando-nos por mares nunca dantes navegados ("Aqui há dragões", alertavam os mapas-múndi do século XVI). Outras vezes somos arrastados para lá contra nossa vontade por outra pessoa ou pelo destino. Mas as histórias neste livro nos mostram que, quando ousamos enfrentar o desconhecido, geralmente descobrimos que temos mais coragem e tenacidade do que pensávamos. E não raro aportamos num lugar que sequer poderíamos ter imaginado quando nos pusemos em marcha.

A qualidade suprema de todos os grandes contadores de histórias é sua disposição para ser vulnerável, para se denunciar na frente de milhares de pessoas. Cada história contada é um presente para os ouvintes.

Mas a plateia muitas vezes leva um presente seu. Vivemos num mundo em que testemunhar a história sem maquiagem de um estranho é um ato de tremenda compaixão. Escutar de coração e mente abertos e tentar compreender o que é ser como aquelas pessoas – por que pensam o que pensam, por que se vestem daquele jeito, por que fazem as escolhas que fazem – requerem uma coragem genuína.

Algumas das histórias são joviais e divertidas, outras são mais desafiadoras – um soldado adolescente tentando recuperar o que resta de sua infância; um agente humanitário decidindo quem viverá e quem morrerá num campo de refugiados; o Holocausto visto pelos olhos de uma criança de nove anos.

Mas desviamos os olhos por nossa conta e risco. Pois as belezas estão à nossa espera quando não lhes viramos as costas.

Às vezes é mais fácil compreender o mundo aos poucos, uma história de cada vez.

E quando ousamos ouvir lembramos que não existe "outro" algum, só existimos nós, e o que temos em comum será sempre maior do que o que nos separa.

Catherine Burns
Diretora artística

A eterna música
das esferas

As conversas sobre a lua e as estrelas

Tara Clancy

Sou uma nova-iorquina de quinta geração. E embora tenha com certeza algo de bacana nisso, tem também um lado realmente ruim. Por um momento, me ocorreu que, se muitas outras famílias norte-americanas aportaram primeiro em Nova York, em sua maioria, a certa altura, *elas seguiram adiante* – desbravando caminhos para o oeste com pouco mais que trapos nas costas e aquela coisa toda.

Entretanto, é como se minha própria família tivesse descido de um barco, dado dois passos e falado algo do tipo: "Pra mim já está bom. Para sempre".

O que estou querendo dizer é que venho de gente para quem "descobrir o grande desconhecido" significa... Nova Jersey.

Mas agora falando sério: não demorei muito para perceber que a razão disso era principalmente medo, e de que o medo permeia tudo: onde a gente mora, o que faz para ganhar a vida. A gente encontra o primeiro chão firme e não quer se arriscar a ir mais longe.

Mas, como acabaria ficando claro, minha mãe era ela própria uma espécie de pioneira, ainda que não isenta de sua cota de iniciativas abortadas. Aos vinte anos, ela mal saíra do Brooklyn e, quando finalmente deixou o bairro, um ano depois, foi só porque se casou com um policial do Queens, que ela chamava na época de "o interior".

Tiveram um bebê – eu –, mas quando eu estava com dois anos eles se divorciaram. Então, para ganhar um dinheirinho extra depois disso, ela teve que arranjar um emprego de fim de semana limpando apartamentos.

O primeiro de todos foi um duplex com vista para o *skyline* de Manhattan, repleto de antiguidades e obras de arte. Mas acabou sendo também o último. Porque em um ano ela passou de faxineira a secretária e de secretária a namorada do multimilionário dono do duplex, chamado Mark.

Eles nunca chegaram a morar juntos o tempo todo. Eram ambos divorciados, de modo que era uma espécie de *já sei como é isso*. Mas minha mãe também tinha aquela filosofia: se você aceita dinheiro de alguém, tem que aceitar seus conselhos também.

"No que dizia respeito a criar você", dizia ela, "eu queria fazer do meu jeito, e isso significava com meus próprios tostões."

De modo que ela ia passar todo fim de semana com ele e depois voltava para casa no Queens, vivendo essa vida dupla... pelos vinte e dois anos seguintes. Nos fins de semana em que não estava com meu pai, eu ficava lá com ela. Juntas, eu e mamãe viramos meio supermulheres: capazes de transpor camadas sociais num único salto!

Por causa desse plano de minha mãe, minha vida nunca foi muito diferente da de qualquer pessoa à minha volta. Não fui enviada a uma escola particular de elite nem me mudei para uma cobertura. Cresci como uma típica adolescente do Queens. Fumava baseados disfarçados de cigarros comuns, bebia cerveja de litro, e uma das minhas melhores amigas engravidou e teve filho ainda no ensino médio.

Eu era um clichê ambulante em todos os sentidos, exceto pelo fato de que ainda passava um fim de semana sim outro não conversando com aquele colecionador de arte, jogador de croquete e homem brilhante (ainda que bastante intimidador), em sua mansão nos Hamptons.

Quando digo "conversando" eu me refiro a conversas de verdade. Não estou falando de papo furado. O que quero dizer é que depois do jantar, a cada dois sábados, durante vinte anos, ele me lançava alguma grande questão.

Dizia, por exemplo: "Se eu te dissesse que o universo é infinito – que não tem fim –, como você se sentiria?". (E no caso dessa eu tinha uns cinco anos de idade.)

Mas eu vivia para aquilo, no duro. Conversávamos por horas e horas. Minha mãe meio que se retirava para nos deixar à vontade.

Até que chegava uma hora que ela voltava e dizia: "Vocês dois vão ficar falando a noite inteira sobre a lua e as estrelas?".

Foi assim mesmo que ela passou a chamá-las, nossas conversas sobre a lua e as estrelas.

Aos dezesseis anos, como toda adolescente, eu não queria me afastar dos amigos nem por cinco minutos, quanto menos por um fim de semana inteiro. Então telefonei para Mark e lhe perguntei se podia levá-los para os Hamptons.

"Alô. Mark falando."

"Oi, é a Tara. Posso levar alguns amigos no próximo fim de semana?"

"Será ótimo." Click.

Ele não era de jogar conversa fora.

Mas havia um problema. O problema era que alguns de meus amigos não tinham a menor ideia daquela situação. Não que eu estivesse tentando esconder. É que os detalhes não eram propriamente fáceis de lançar assim, sem mais nem menos, numa conversa.

Eles vinham com: "Ei, Tara, vamos fumar e beber ali na esquina?".

"Bom, eu andei pensando e discutindo sobre os pintores da Escola do Rio Hudson durante o jantar em Bridgehampton, mas pode ser!"

Na verdade, eu estava nervosa com a perspectiva de contar a eles. A única coisa com que se pode comparar é sair do armário: "Tenho que contar uma coisa pra vocês, e espero que em seus corações vocês encontrem um jeito de me aceitar... *mas eu conheço um cara rico!*".

Agora falando sério, era complicado, porque eu queria mesmo que eles fossem, mas também não queria deixá-los constrangidos, portanto tinha que explicar.

Então lá estávamos nós no pátio da escola, de um lado os garotos trocando sopapos e pontapés – é assim que curtíamos nosso recreio no Queens – e do outro lado eu grudada na minha amiga Lynette, tentando explicar o que é *pátina*.

Num instante já íamos os três – eu, Lynette e o namorado dela, Rob – empoleirados no calhambeque vermelho dele, rodando a toda a velocidade pela estrada de Hollis aos Hamptons. Para resumir, basta dizer que o Rob lembra o Eminem e a Lynette é como uma Rosie Perez italiana. Eles vão na frente, eu no banco de trás.

Quando estávamos chegando, fui ficando um pouco mais nervosa e pensando em todas as coisas que ainda tinha que explicar.

Tipo: "Oh, merda! Falei a vocês sobre o ketchup?".

"O quê?"

"Não pode colocar o frasco de ketchup em cima da mesa."

"Ué, onde a gente coloca então? No chão?"

"Não, escutem só. Tem que tirar o ketchup do frasco e colocar numa pequena tigela com uma colher. Lembrem disso."

"Ah, e eu não contei outra coisa: não tem televisão lá."

"Deus do céu!" Isso sempre provocava a reação mais forte. "O que é que ele faz o dia inteiro?"

É que no Queens, o lugar mais diversificado do mundo, a única coisa que todo mundo tem em comum é uma televisão estridente ligada o tempo todo. De modo que eu teria que explicar o que fazíamos depois do jantar em vez de assistir televisão, que eram as conversas – as conversas sobre a lua e as estrelas.

Eu amava de verdade aquelas conversas, já disse, mas elas não eram para os fracos de coração, quer dizer, Mark não dava a mínima se você era um garoto ou garota desacostumado àquele tipo de coisa. Ele falava e falava, e argumentava como se você fosse um igual, convencido de que você o acompanharia. Então eu não tinha certeza de que meus amigos fossem curtir aquilo, ou de que Mark fosse curtir, mas agora era tarde demais. Lá estávamos nós, na entrada de carros da casa.

O que mais impressionava na primeira vez em que se via a residência de Mark não era a piscina de pedras, nem a cancha de croquet de dimensões oficiais, tampouco a casa de fazenda histórica de cinco quartos. Era o próprio Mark. Ele tinha dois metros e cinco. Repetindo: *dois metros e cinco centímetros.* Todo mundo olhava pra ele tipo: *Isso é um homem ou um carvalho vestindo calça de sarja?*

Provavelmente porque meus amigos ignoraram minha paranoia estúpida e foram eles mesmos e pronto, o dia correu sem problemas. Mas mesmo assim, naquela noite, ao final do jantar, não pude deixar de ficar um pouco nervosa de novo, pois sabia que as perguntas viriam em seguida.

Então Mark disse: "Supondo que pudéssemos consertar aqui e agora todos os males sociais, por onde vocês começariam? Digam".

É sério, vocês precisam entender que ninguém nos fazia esse tipo de pergunta. Talvez, claro, estivéssemos numa idade em que se começa a pensar num contexto mais amplo, a pensar no que se vai fazer da vida. Mas vínhamos de um lugar onde parecia haver só duas opções de emprego: tira e… não tira. Era o que os pais da gente faziam: pegue o primeiro emprego público que aparecer e aferre-se a ele até o fim dos dias. E você ficava orgulhoso, e dava o máximo de si, e fazia isso para sempre.

Resolver os males da sociedade não dava aposentadoria a ninguém. Não estávamos pensando nesse tipo de coisa.

Então eu meio que desviei os olhos, olhei para o chão. Mas aí ouvi Rob dizer alguma coisa, ergui a vista e vi Lynette meio que discordar dele. Em seguida vi Mark balançar a cabeça afirmativamente, e *começou*, assim do nada, e não foi só daquela vez.

Haveria muitas outras conversas sobre a lua e as estrelas ao longo dos anos. E era uma coisa linda, pois acho que o que a maioria de nós diria agora é que aquelas conversas mudaram para sempre o modo como pensamos sobre nós mesmos. Aquelas conversas nos fizeram pensar que talvez houvesse em nós algo além do que já sabíamos.

Para alguns dos meus amigos, decerto não para todos, mas para alguns, e com certeza para mim, elas nos fizeram até pensar: *Putz, se (a) eu gosto de conversar sobre essas coisas grandiosas, e (b) o universo é infinito, então (c) deve haver mais opções de emprego além de ser tira.*

Mas de fato acho que quando nos vimos na mesma encruzilhada em que nossos pais tinham estado, foi essa experiência que nos deu algo que eles infelizmente não tiveram, isto é, a confiança de saber que tínhamos uma escolha.

E aqui estou hoje, vivendo num mundo totalmente diferente: Manhattan, a uns baita vinte minutos de distância do lugar onde cresci.

Mas não por causa do medo. Foi uma escolha minha.

TARA CLANCY é autora de *The Clancys of Queens*. Seus escritos têm sido publicados na *New York Times Magazine*, na *Paris Review Daily* e na *Rumpus*. É vencedora do GrandSLAM do Moth e suas histórias já apareceram em *The Moth Radio Hour*, em *Snap Judgment*, da rádio NPR e em *Risk!*. Tara vive em Nova York com sua mulher e dois filhos. Mais informações em taraclancy.com.

Esta história foi contada em 10 de fevereiro de 2014 no Great Hall da Cooper Union, em Nova York. O tema da noite era Flertando com o Desastre: Histórias de Salvamentos por um Triz. Diretora: Jenifer Hixson.

Normalidade incomum

Ishmael Beah

Cheguei a Nova York em 1998. Tinha dezessete anos. Entrei nos Estados Unidos somente com um passaporte na mão, porque por algum motivo a bagagem que despachei ao embarcar no avião na Costa do Marfim (e que estava surrada de um modo inimaginável) não chegou.

Fiquei ali plantado junto à esteira de bagagens vendo passar aquelas malas enormes, e a minha não apareceu. Nela estavam todas as minhas posses naquele momento: duas calças e duas camisas – uma de manga comprida e uma de manga curta. Então simplesmente comecei a rir, e nem me dei ao trabalho de ir ao setor de bagagens perdidas para reclamá-la.

Me limitei a sair andando para encontrar minha nova mãe adotiva, que estava postada lá com um sorriso radiante, à minha espera. Expliquei a ela o que tinha acontecido, e rimos mais um pouco.

Partimos dali para Manhattan e naquela noite fomos ao Kmart. (Depois da comida chinesa e de um biscoito da sorte que dizia: "Num instante você terá roupas novas".)

E eu pensei comigo mesmo: *Que belo presságio. Roupas novinhas para começar tudo do zero.*

Eu vinha de um país chamado Serra Leoa. Quando tinha onze anos, estourou uma guerra em meu país. Aos doze eu fiquei órfão, porque minha mãe, meu pai e dois irmãos foram mortos nessa guerra. Aos treze eu estava combatendo como soldado na mesma guerra. Aos dezesseis, depois de três anos na guerra, fui afastado de tudo aquilo e passei por uma reabilitação, na qual comecei a aprender a lidar com as lembranças da guerra.

De modo que vim para os Estados Unidos saindo dessa experiência. Para ter um novo lar e viver com uma mãe que me queria muito em sua vida, quando a maioria das pessoas na época tinha medo de alguém como eu.

Era uma chance de viver de novo, porque tudo o que eu aprendera até então, desde os onze anos, era como sobreviver. Não sabia viver. Tudo o que eu sabia, na verdade, até aquela altura da minha vida, era lutar. Era isso que eu passara a esperar da vida, e não confiava em felicidade ou em qualquer espécie de normalidade.

Então cá estava eu em Nova York, com minha nova mãe. Precisávamos ingressar nessa normalidade.

Mas tínhamos que lidar com uma porção de coisas, e uma das mais urgentes era que eu precisava entrar numa escola. Sabe, o visto que eu tinha conseguido era um visto de candidato a aluno. Isso significava que, depois de chegar aos Estados Unidos, eu tinha três meses para entrar numa escola. Caso contrário, seria devolvido ao meu país dilacerado pela guerra, Serra Leoa.

Acontece que quando cheguei era verão e todas as escolas estavam fechadas. Mas minha mãe pegou o telefone e ligou para todos os diretores de escolas de Manhattan de que conseguiu se lembrar, tentando convencê-los a me conceder uma entrevista.

Quando compareci a algumas das entrevistas, fui imediatamente rejeitado por causa do seguinte diálogo:

"Você tem um boletim escolar para mostrar que frequentou a escola?"

Eu dizia: "Não, mas eu sei que estive na escola".

Então minha mãe entrava na conversa para explicar o contexto.

Eu ficava lá sentado pensando comigo mesmo: *O que esses diretores de colégios pensam? Será que acham que quando tem uma guerra na aldeia da gente, ou quando a nossa cidade é atacada e pessoas são baleadas na nossa frente, e a gente está correndo para salvar a vida, dá tempo de pensar: "Puxa, eu preciso pegar meu boletim escolar e enfiar no bolso da calça"?*

Em algumas dessas entrevistas consegui dizer algumas dessas coisas que pensei, achando que seriam engraçadas. Mas os diretores de colégios não acharam graça. Aprendi uma nova expressão americana para o que eles de fato achavam daquilo. Eles ficavam "absurdados"* com o estranho senso de humor que eu tinha a respeito da questão.

Então decidi escrever um artigo de apresentação sobre isso, com um título simples e direto: "Por que não tenho um boletim escolar".

Com esse artigo, junto com as provas a que fui submetido, fui aceito na Escola Internacional das Nações Unidas e matriculado no segundo ano do ensino médio.

Foi assim que começaram meus dois anos de colégio e de confusão na cabeça de muitos outros adolescentes quanto a quem eu era. Entendam, eu não me encaixava em nenhuma categoria. Não tinha as mesmas preocupações sobre os sapatos ou as roupas que vestia. De modo que meus colegas adolescentes sempre queriam descobrir por que eu era daquele jeito. Por que eu não me preocupava com minhas redações, minhas provas e coisas do tipo.

E claro que eu não podia falar nada, porque sentia que eles não estavam preparados para ouvir a verdade. O que eu iria dizer?

---

* No original em inglês, "weirded out", gíria que transforma em verbo o adjetivo "weird", no sentido de "estranho", "esquisito", "bizarro", "fantástico", "espantoso".

Na hora do intervalo: "Ei, sabe de uma coisa, fui um soldado mirim aos treze anos. Agora vamos voltar para a aula".

Eu ficava em silêncio a maior parte do tempo. Não dizia muita coisa. Simplesmente sorria. E isso os deixava ainda mais curiosos. Eles me diziam: "Você é um garoto tão esquisito". E eu reagia dizendo: "Não, não, não. Não sou esquisito. 'Esquisito' tem uma conotação negativa. Prefiro a palavra 'incomum'. Tem certa sofisticação e seriedade que combinam com meu caráter".

E é claro que quando eu acabava de dizer isso eles me encaravam e perguntavam: "Por que você não fala como uma pessoa normal?".

Eu falava daquele jeito por causa do inglês britânico-africano que tinha aprendido, o único inglês formal que eu conhecia. Então, sempre que eu falava, as pessoas ficavam desconfortáveis, em especial meus colegas adolescentes. Pensavam: *Qual é o problema desse cara?*

Alguns deles, contudo, não achavam minha fala estranha. Pensavam talvez que meu inglês fosse assim por eu ser de alguma família real africana.

De modo que, ao longo dos meus anos de colégio, tentei tornar meu inglês menos formal, para que meus amigos não se sentissem incomodados com ele. (No entanto, eu não desmentia o fato de ser de uma família real africana ou de ser um príncipe. Porque, sabem como é, às vezes alguns estereótipos têm suas vantagens, e eu com certeza tirava proveito disso.)

Mas eu precisava silenciar sobre a minha história, porque também sentia que estava sendo observado. Quando entrei no colégio, alguns pais não gostaram muito de saber que alguém com a minha história estava na mesma escola que seus filhos. E me dei conta de que o modo como eu me comportasse determinaria se eles admitiriam ou não naquela escola um aluno que tivesse passado pela guerra.

Mas mesmo com todas essas atitudes, e com meu silêncio, comecei a fazer amigos. Para eles, bastava saber que eu era um garoto que morava no East Village e que vinha de um país africano.

E esses garotos eram durões (segundo eles próprios me diziam). Porque moravam numa cidade dura, Nova York. E portanto *eles* eram durões.

Tinham estado no Bronx. Tinham estado em Bed-Stuy*. Tinham tomado o trem lá. Tinham se metido em brigas e vencido.

Então eles me diziam coisas como: "Se você quiser sobreviver nas ruas de Nova York, precisamos te ensinar umas coisinhas".

E eu: "O.k., claro. Estou aberto para aprender".

E eles me diziam coisas sobre como ser durão e tal, e eu dizia: "Bom, muito obrigado. Agradeço de coração esses conselhos que vocês me dão".

E eles, tipo: "Tranquilo, nosso irmão africano. Quando precisar, estamos aí".

A verdade é que eu tinha estado em alguns dos lugares que eles mencionavam, naqueles bairros, e sabia que as pessoas que moravam lá não glorificavam a violência como eles. Elas não tinham tempo para brincar de violência, pois viviam no meio dela, exatamente como eu tinha vivido.

Notei que aqueles garotos tinham uma espécie de *ideia* de violência que eles nunca tinham *vivido* de verdade. Eles a glorificavam, de certo modo, porque nunca chegaram a experimentá-la.

Quando caminhava com eles, eu percebia que prestava mais atenção às pessoas que passavam por nós – como a pessoa andava, de que direção ela vinha. Eu não fazia o mesmo caminho duas vezes, porque não queria adotar uma rota previsível.

---

* Abreviatura de Bedford-Stuyvesant, o bairro central do condado do Brooklyn, em Nova York.

Eram todos hábitos que tinham se formado a partir da minha experiência, mas notei que meus novos amigos não faziam nada daquilo. Então eu sabia que eles diziam aquelas coisas para se fazer de durões para mim.

Mas a verdade é que eu gostava de escutar meus novos amigos. Gostava tremendamente de escutá-los, porque, ao ouvi-los, eu podia fazer de conta que a única violência que conhecia era a violência que eu tinha imaginado.

E escutá-los me permitia experimentar a infância de um modo que eu até então nem sabia ser possível. Aquilo me permitia ser um garoto normal.

Por isso eu os escutava, e ficávamos juntos o tempo todo, e assim eu participava do que havia restado da minha infância.

Voltei a ser criança com eles; nossas únicas preocupações eram patinar sem equipamento de proteção. Tirávamos os freios dos patins e, às vezes, para não atropelar uma velhinha, acabávamos num latão de lixo na rua, e ríamos muito com isso.

Essas coisas significaram um bocado para mim.

Depois de mais ou menos um ano dessa amizade com os rapazes, um deles decidiu convidar alguns de nós, uns dez, para um lugar no interior do estado de Nova York. A família dele tinha uma propriedade lá, e ele disse que passaríamos o fim de semana jogando um negócio chamado *paintball*.

Perguntei: "Bom, e o que é isso?".

E ele disse: "Ah, cara, você nunca jogou *paintball*? Espera pra ver. É da hora. Sempre jogo com os caras. E não se preocupe, a gente te ensina e te protege".

"Você usa umas balas de tinta, dispara contra as pessoas", e passou a me explicar o bê-a-bá do jogo.

Eu disse: "O.k., parece interessante".

E pensei: *Se esses caras que só fazem onda de violentos podem brincar disso, não deve ser um jogo difícil.*

Mas é claro que não falei nada. Esse tipo de coisa eu só pensava. Então lá fui eu para aquela propriedade enorme no interior, que tinha árvores e córregos que desaguavam num rio maior – um lindo lugar da natureza.

Mas assim que chegamos comecei a fixar na memória o terreno, por força do hábito. Eu sabia quantos passos havia até a casa, quantos passos até a primeira árvore, até o primeiro matagal, até o galpão. Aprendi os espaços entre as árvores.

À noite, quando todos estavam dormindo, tentei repassar algumas dessas coisas na minha cabeça – para memorizar o terreno.

E isso tudo eu fazia por força do hábito, porque no lugar de onde eu vinha, na minha vida anterior, esse tipo de habilidade poderia ser a diferença entre a vida e a morte.

De manhã, no café, eles estavam a mil.

Todo mundo dizia: "Uau, o jogo vai ser o máximo hoje".

E assim, logo depois do café da manhã, fui apresentado ao jogo de *paintball*. Eles me mostraram a arma e me ensinaram como dispará-la. E eu deixei que me ensinassem a dar tiros.

Eles viam aquilo de um jeito muito macho.

Diziam: "É assim que você atira, faça pontaria assim".

Eu dizia: "O.k.". Tentei algumas vezes. Errei de propósito.

Aí eles me mostraram a roupa de camuflagem, o equipamento de combate e tudo mais.

Então todo mundo estava pronto para começar, e eles estavam pilhadíssimos e diziam: "É isso aí, vamos lá fora! Vamos ARREBENTAR!!".

Decidiram que íamos jogar cada um por si. E depois jogaríamos em equipes.

Então começaram a pintar os rostos, para entrar na ideia de guerra que eles tinham.

Eu não quis pintar a cara, e tive vontade de dar uma pista sobre o meu passado, mas em seguida pensei: *Sabe de uma coisa? Vou me divertir com esse negócio.*

Então partimos para o matagal, e quando um deles gritou: "Olha só, começou a guerra! Vou castigar vocês sem dó! Vou mostrar como se faz!", pensei comigo mesmo: *Primeira regra da guerra: nunca menospreze seu oponente.*

Mas não disse nada. Entramos no mato. Eu já sabia para onde ir porque memorizara a geografia do lugar.

E então eu me esconderia. Esperaria por eles. Subiria numa árvore. Me esconderia sob tal ou qual arbusto. E eles viriam rolando, saltando, fazendo todo tipo de macaquice, coisas que provavelmente tinham visto em filmes sobre como as pessoas agem na guerra.

Eu só esperaria por eles. E depois que estivessem exaustos eu apareceria por trás deles e os atingiria com as balas de tinta.

Foi assim o dia todo. E quando voltamos para a casa naquela noite, durante o jantar, eles falaram sobre tudo aquilo.

Sabem como é: *Mas como é que você é tão bom? Tem certeza que nunca tinha jogado* paintball *antes?*

Eu disse: "Não, nunca joguei *paintball* antes. É que eu aprendo rápido, e vocês me explicaram muito bem o jogo, são professores muito bons. É por isso que sou capaz de jogar tão bem".

Mas eles disseram: "Não pode ser só isso".

Alguns dos pais dos garotos estavam lá, e os garotos disseram a eles: "Esse cara aparece de repente. A gente nem consegue ouvir ele se aproximar".

E eu disse: "Bem, vocês sabem, cresci numa aldeia. E costumava caçar quando era criança, de modo que sei me misturar à mata, como um camaleão. Sei me adaptar ao meu ambiente".

E eles me encararam e disseram: "Você é um sujeito muito estranho, cara. Mas é fodão no *paintball*".

Eu disse: "Bom, obrigado. Muitíssimo obrigado".

Assim seguiu a coisa. Nunca chegamos a jogar em equipes. Jogamos cada um por si durante todo o fim de semana, porque eles queriam me vencer, e para isso começaram a se aliar uns com os outros. Eu os via fazer isso, e então aparecia com uma versão atenuada de outra tática de guerrilha, para brincar com eles.

Por exemplo, às vezes eu andava de costas e parava onde minhas pegadas "começavam" e me escondia. Eles seguiam minhas pegadas e quando menos esperavam eu aparecia atrás deles.

De todo modo, a certa altura decidi cair fora do jogo, só para que eles pudessem se divertir. E percebi uma sensação de alívio em seus rostos.

Era como se dissessem: *Oh, puxa,* FINALMENTE!

Quando voltei para casa, contei sobre o jogo para minha mãe. E ela, sendo mãe, ficou imediatamente preocupada.

Ela disse: "Oh, isso te trouxe alguma lembrança ruim?".

E eu respondi: "Não, de jeito nenhum".

Porque eu sabia a diferença entre guerra de mentirinha e guerra de verdade.

Porque para mim era interessante observar como meus amigos imaginavam o que é a guerra.

No dia seguinte na escola, esses meus amigos conversaram sobre o incrível fim de semana de *paintball* que tínhamos tido. Mas nada falaram sobre eu ter vencido todos os jogos. E eu não abri a boca.

Nunca mais me convidaram para jogar *paintball* com eles. E eu também não pedi para ser convidado de novo.

Eu queria tanto falar com eles sobre a guerra enquanto estávamos jogando *paintball*. Eu queria explicar certas coisas, mas senti que se eles soubessem sobre o meu passado não me deixariam mais ser criança. Iriam me ver como um adulto, e era capaz de começarem a ter medo de mim.

Meu silêncio me permitia experimentar, participar de minha infância, fazer coisas que não tivera condições de fazer quando criança.

Só muitos anos depois eles ficaram sabendo por que eu venci aquele jogo.

Quisera eu ter sido capaz de lhes contar muito antes, porque queria que eles entendessem o quanto eram sortudos por terem mãe, pai, avós, irmãos. Gente que os importunava ao se preocupar tanto com eles e chamá-los o tempo todo para ter certeza de que estavam bem.

Eu queria lhes dizer que eles eram sortudos por ter aquela inocência ingênua diante do mundo. Queria que entendessem que era muita sorte deles poder jogar uma guerra de brincadeira e nunca ter que enfrentar uma de verdade. E que sua inocência ingênua diante do mundo era uma coisa para a qual eu não tinha mais capacidade.

ISHMAEL BEAH, nascido em Serra Leoa, África Ocidental, chegou à lista de mais vendidos do *New York Times* com os livros *A Long Way Gone: Memoirs of a Boy Soldier* e *Radiance of Tomorrow: A Novel*.

Esta história foi contada em 6 de maio de 2016 no BAM Harvey Theater no Brooklyn. O tema da noite era Não Olhe para Trás: Histórias da Adolescência, produzido em parceria com Radio Diaries *no WNYC's RadioLoveFest. Diretora: Jenifer Hixson.*

À procura de Chad

Arthur Bradford

Estou ajoelhado no chão de um motel barato de beira de estrada, em algum lugar no oeste do Tennessee. Do meu lado, guiando-me na oração, está um corpulento homem de meia-idade com paralisia cerebral chamado Ronnie Simonsen. Ele diz: "Deus abençoe minha mãe, meus irmãos e irmãs e meu pastor lá na minha terra em New Hampshire. Deus abençoe Bob Hope e Cher... e as três Panteras. Especialmente Jaclyn Smith".

Então Ronnie diz: "E, Senhor, por favor, ajude-nos a chegar logo à Califórnia, onde sei que vou encontrar meu irmão espiritual, Chad Everett, astro da série da CBS *Medical Center*".

E aqui eu interrompo Ron. Digo: "Sabe, Ron, talvez a gente não encontre o Chad Everett. Não sabemos muito bem o que vai acontecer".

E ele: "Sim, sim, eu sei, mas continue rezando mesmo assim. Continue rezando".

Conheci Ronnie uns oito anos antes disso. Eu estava trabalhando num acampamento de verão para pessoas com necessidades especiais. Eu era monitor ali e tinha levado comigo uma câmera de vídeo, porque também estava interessado em fazer filmes.

Ronnie foi atraído por aquela câmera. Veio direto a mim querendo conversar sobre cinema e televisão. A paralisia cerebral afetou suas pernas, mas ele tinha também uma interessante combinação de autismo e transtorno obsessivo-compulsivo. Isso se manifestava em uma extrema fascinação por estrelas da televisão e do cinema dos anos 1970, época em que ele era criança.

Passou a maior parte da infância em hospitais e ficou particularmente obcecado pelas pessoas que interpretavam médicos na televisão. Aquelas vozes calmas eram reconfortantes para ele.

E havia um homem, acima de todos, que ele tinha como uma espécie de deus, e esse homem era Chad Everett, que encarnava o dr. Joe Gannon em *Medical Center*, da CBS.

Eu gostava de Ron de verdade. Ele era divertido. Era ótimo diante da câmera – adorava ser filmado. Fizemos juntos uma porção de vídeos no acampamento.

Alguns dos vídeos mais populares eram os telejornais. (Fazíamos nosso próprio noticiário.) Ronnie era fantástico nisso, sobretudo quando podíamos ir até a cidade e ele entrevistava pessoas na rua. Era um homem grandalhão, e quando caminhava até as pessoas não conseguia ficar em pé por muito tempo, de modo que se apoiava nelas para manter o equilíbrio enquanto lhes fazia perguntas. E as convencia a interpretar pequenos esquetes. Tinha um verdadeiro talento para fazer as pessoas se soltarem.

Esses filmes que fizemos meio que conquistaram uma popularidade no meio underground. Acabei conseguindo umas verbas para fazer um filme fora do acampamento. A ideia era atravessarmos o país de carro com cinco pessoas com necessidades especiais daquele acampamento.

Partiríamos das casas delas na Nova Inglaterra e iríamos até Los Angeles, na Califórnia. Cada um dos viajantes tinha seus próprios sonhos e esperanças quanto a ir para a Califórnia, um lugar onde nunca tinham estado. Mas os sonhos de Ronnie ofuscavam os de todos os outros.

Para ele, a Califórnia era a Terra Santa. Era o lugar onde ele estava destinado a encontrar o sr. Chad Everett, seu irmão espiritual. Era seu maior sonho.

(Dizia a todo mundo: "É meu maior sonho".)
Levava muito a sério mesmo essa missão do maior sonho. Ela o deixava um tanto ansioso. Ele tinha um problema de pele chamado psoríase; ficava com erupções nos braços quando ansioso, e se coçava.

E eu sentia que toda aquela situação era principalmente responsabilidade minha como diretor daquele filme ridículo, e decidi que seria o companheiro de quarto de Ronnie pelo país afora.

Então todas as noites, naqueles hotéis, eu ajudava Ronnie a passar remédio em suas bolhas e em seguida rezávamos. E foi assim que fui parar naquele quarto de hotel no Tennessee, rezando com Ronnie Simonsen.

Enquanto Ronnie reza, faço minha própria oraçãozinha. Não sou uma pessoa muito religiosa. Nunca tinha rezado muito até então. Aos vinte e nove anos, essa é a primeira vez que rezo de verdade. Eu digo: *Por favor, nos ajude a chegar à Califórnia em segurança. E por favor, quando chegarmos lá, me dê alguma orientação. Ajude-me a resolver a bagunça que vai ser quando chegarmos à Califórnia.*

Porque eu guardo esse segredo que não compartilhei com Ron. Eu provavelmente deveria ter compartilhado, mas simplesmente não consigo.

Eu entrara em contato com o agente de Chad Everett antes de começarmos a viagem, e lhe perguntara se poderíamos arranjar um encontro entre aquelas duas pessoas. Sabia que seria um momento fantástico a ser filmado.

Mas o tal agente me fez entender que Chad Everett era um homem muito ocupado, e que ele não teria tempo para uma coisa daquelas. Na verdade, o que ele não queria mesmo era incentivar seus fãs obsessivos.

Eu provavelmente deveria ter contado isso a Ronnie, mas ele não lidava muito bem com as frustrações.

Eu ajudei Ronnie a escrever cartas a inúmeras celebridades ao longo dos anos, e tínhamos escrito a Chad Everett. Em determinado ano Ronnie me telefonou. Estava empolgadíssimo porque tinha recebido uma fotografia pelo correio. Era um retrato de Chad Everett sorrindo. Ronnie decorou cada palavra que Chad Everett tinha escrito naquela foto.

Dizia: "Para Ron, a vida não é para ser vivida em reprises. Veja-me no novo programa *Love Boat*! Caminhe sob a luz. Chad Everett".

E assim, ao longo de toda a travessia do país, enquanto cruzávamos o Texas rumo ao Grand Canyon, Ronnie repassava comigo o conteúdo daquela carta.

Dizia: "O que significa 'a vida não é para ser vivida em reprises'? E o que significa 'caminhar sob a luz'? Eu estou caminhando sob a luz, não estou?".

E eu respondia: "Sim, Ron, você está caminhando sob a luz".

Chegamos à Califórnia, e é um momento maravilhoso. Vamos todos nadar no mar e todo mundo está feliz de verdade. Exceto, claro, Ron. Porque ele está numa missão mais elevada.

Ron e eu chegamos a um acordo: todos os outros envolvidos no filme voltarão de avião para casa, e eu e ele vamos passar mais alguns dias em Los Angeles.

Então todo mundo volta para casa e eu e Ronnie acabamos juntos nesse quarto de hotel, passando remédio em sua psoríase. E eu não tenho plano algum.

Ao longo da viagem, alguém, certamente com boas intenções, tinha dito a Ronnie: "Ei, Ronnie. Você não devia ser tão autoconsciente".

E Ronnie, por aquela que devia ser a centésima quinquagésima vez naquela viagem, me pergunta: "O que significa ser autoconsciente?".

Eu respondo: "Bom, Ronnie, ser autoconsciente quer dizer preocupar-se demais consigo mesmo".

Então ele pergunta, também pela centésima quinquagésima vez: "Eu não estou sendo autoconsciente neste momento, estou?".

E então me sinto a ponto de explodir. Quero dizer simplesmente: "Sabe de uma coisa? Por definição, quando você me faz essa pergunta significa que você está sendo autoconsciente, percebe?".

Mas não digo nada disso. Não caio nessa.

"Não, Ronnie. Você não está sendo nem um pouco autoconsciente."

Em nosso último dia na Califórnia, bolamos um plano desesperado. Vamos até uma cidade perto de Malibu, nas montanhas, onde Ronnie ouviu dizer que Chad Everett morava. Vamos a um shopping center e Ronnie fica muito empolgado porque entrevista um garoto que, aparentemente, empacotou as compras de Chad Everett. E outra pessoa nos diz que sabe qual é a rua onde Chad Everett mora.

Ronnie diz: "Só quero ver como é a casa dele".

De modo que vamos até lá, e é um condomínio fechado. De repente, eu me vejo passando furtivamente quando o segurança não está olhando, e chegamos àquela que julgamos ser a casa dele.

Ronnie diz: "Só quero tirar uma foto em frente à casa dele".

Então Ronnie desce do carro, e só depois de estarmos escondidos nos arbustos por mais de uma hora é que me dou conta de que aquela é uma péssima ideia. Que estamos fazendo aqui? O que eu achei que fosse acontecer? Tinha a ideia maluca de que Chad Everett veria Ronnie e compreenderia que estava diante de alguém que ele precisava conhecer.

Mas é claro que se Chad Everett saísse daquela casa, Ronnie iria correndo ao seu encontro e chamariam a polícia. Seria um desastre.

Senti uma certa sensação de alívio quando um segurança apareceu e disse que tínhamos que sair dali.

De modo que saímos. E aquele filme termina com Ronnie beijando a estrela de Chad Everett na Calçada da Fama de Hollywood. É um bom final, mas claro que não é o final que Ronnie e eu desejávamos.

Ao levarmos o filme a festivais de cinema por todo o país, Ronnie virou uma pequena celebridade, e era engraçado, porque para ele isso de se tornar, ele próprio, uma celebridade não significava nada. Ele perguntava a qualquer pessoa na plateia se conhecia um jeito de fazer aquele filme chegar às mãos de Chad Everett. Era só com isso que se importava.

Ronnie passou aquele ano me telefonando para dizer coisas como: "Você tem que mandar uma fita para tal pessoa, porque talvez ela conheça a filha do Chad Everett".

Eu estava começando a ficar de saco cheio, para falar a verdade. Vontade de desabafar: *Cara, nós fomos até a Califórnia. Será que não dá para parar com isso agora?*

E eu estava meio aborrecido comigo mesmo também, porque tinha ficado amarrado a esse sonho do Ronnie.

Para piorar, eu tinha uma versão do sonho que era um pesadelo para mim, que era o seguinte: que Ronnie de algum modo conseguiria se encontrar com Chad Everett... e eu não estaria ali para ver.

Isso me tirava o sono. Se Ronnie viesse a encontrá-lo, e eu não estivesse junto, acho que eu não conseguiria encarar a mim mesmo. Honestamente era assim que eu me sentia. Esse era o estado em que me encontrava.

Então um dia recebi um telefonema. Havia uma voz grave do outro lado da linha que disse: "Alô, aqui é o Chad Everett".

Eu disse: "Não é não".

E ele: "Sou sim".

E *era* mesmo Chad Everett. Tinha visto nosso filme e tinha gostado. Tinha gostado muito. Na verdade, ele sugeriu que, se levássemos Ronnie à Califórnia, os dois poderiam se encontrar. E faríamos uma entrevista com ele.

Desliguei o telefone e viajei três horas de carro até a casa de Ronnie. Chegando lá, disse: "Ronnie, Chad Everett viu o filme e quer conhecer você".

E Ronnie disse: "Minha nossa!!!".

Por duas semanas a fio Ronnie não conseguiu dormir. Tudo o que ele fazia era me telefonar e conversar sobre os mínimos detalhes do que iria acontecer.

Finalmente embarcamos num avião e voamos para a Califórnia. Durante toda a viagem Ronnie bate palmas e balança o corpo para a frente e para trás. A todo mundo com quem ele cruza, diz que está indo realizar seu maior sonho: vai conhecer Chad Everett.

Eu disse: "Vamos fazer numa praia, porque é ao ar livre. É uma grande extensão aberta, tem espaço sobrando".

Acho que o plano é bom até chegarmos à praia e começar a caminhar na areia com Ronnie. A essa altura suas pernas meio que fraquejam, e ele mal pode caminhar sobre um chão duro sem auxílio.

E na areia ele nem consegue se manter em pé.

Aí me dou conta de que é uma péssima ideia fazer aquilo numa praia. Ajudamos Ronnie a sentar numa cadeira de praia, enquanto eu tento pensar: *Onde mais poderíamos fazer isso?* – e nesse momento estaciona um conversível cuja placa diz SIR CHAD.

Na outra ponta da praia, aquele belo homem idoso desce do carro e começa a caminhar pela areia. Está a uns cem metros quando Ronnie o avista.

Ele grita: "É o Chad Everett?".

E Chad Everett grita de volta: "Sim! Em carne e osso!".

E Ronnie se ergue da cadeira e começa a correr pela praia. Está correndo. Nunca na vida vi Ronnie correr. E ele está correndo pela praia. Chutando areia para todo lado.

Lá vai ele. "Chad Everett! Chad Everett!"
Temo que ele bambeie e se estatele, e Chad Everett está gritando: "Devagar! Devagar! Devagar!".
Ronnie está correndo em direção a ele, e parece um garotinho. Sim. Parece um garotinho.
Quando alcança Chad Everett, joga os braços em torno dele e diz: "Chad, estou tão feliz de te ver!".
Eles se divertem à beça. Fazem esquetes juntos na praia. Ronnie o entrevista. E eles fazem uma oração. É um encontro maravilhoso.
Tomamos o voo noturno naquela noite, e Ronnie está exausto. É um homem que não dorme há semanas.
Ele me diz: "Então, Arthur, nós conseguimos". Em seguida, finalmente, ele cai no sono.
Depois dessa viagem, não tive notícias de Ronnie por um bom tempo, e isso era estranho, porque ele costumava me telefonar com frequência. Quando voltei, por fim, a falar com Ron, as novidades não eram boas. Ele fora diagnosticado com leucemia, e sua mãe me contou reservadamente que tinham lhe dado seis meses de vida.
Ron me disse: "Olhe, eu sei que o Chad Everett é mesmo um homem muito ocupado. Mas você acha que consegue contar para ele o que está acontecendo?".
Eu disse: "Claro, Ron. Posso fazer com que ele saiba".
E fiz. Contei a Chad Everett.
Então aconteceu uma coisa espantosa.
Chad Everett começou a telefonar para Ronnie todos os domingos, e eles conversavam. Todo domingo, sem falta, ele ligava para Ronnie.
E Ronnie sobreviveu por meses e meses àquele diagnóstico. Viveu ainda por mais de dois anos. Na verdade, ele voltou à Califórnia, reencontrou Chad e fez uma festa para comemorar.

Ronnie acabou morrendo daquela doença. E depois de sua morte pensei um bocado sobre as lições que aprendi com Ronnie Simonsen. Sobre a importância de ter um sonho maior, não importa quão tolo ele seja.

Mas muitas vezes me perguntei: *Será que gastei tempo demais perseguindo o sonho dessa outra pessoa, que não era realmente o meu sonho?*

Então, um dia desses estávamos fazendo uma compilação de vídeos que tínhamos feito com Ronnie.

O editor de vídeo me chamou e disse: "Ei, tenho uma fita de áudio que acho que você vai gostar de ouvir. Acho que vai achar divertida". Então ele a põe para tocar, e tem uma pessoa com a respiração pesada.

Soa como alguém subindo uma escada ou realmente ofegante. Então eu ouço minha própria voz dizendo: "Oh, meu Deus. Oh, meu Deus. Oh, meu Deus".

É a faixa de áudio da minha câmera enquanto filmo Ronnie correndo em direção a Chad Everett. Eu nunca tinha ouvido aquilo. Sempre escutara o microfone de Ronnie, não o meu. E estou dizendo: "Oh, meu Deus, oh, meu Deus". E quando eles se abraçam, juro, é quase possível ouvir meu coração batendo no peito. Estou muito emocionado com aquele encontro.

Se vocês me perguntassem, dez anos atrás: "Qual é o seu maior sonho?", certamente *não* seria "conhecer o astro de *Medical Center*, da CBS". Mas por causa de Ron esse se tornou o meu sonho. E eu sempre quis agradecer a Ron por compartilhá-lo comigo e por torná-lo realidade.

ARTHUR BRADFORD é escritor ganhador do O. Henry Award e cineasta indicado ao Emmy. É autor de *Dogwalker* (Knopf, 2002) e *Turtleface* (FSG, 2015). É criador e diretor da aclamada série documental *How's*

Your News?, com uma equipe de repórteres com deficiências mentais que realizam entrevistas espontâneas com estranhos e celebridades. Em 2009 Bradford desenvolveu o conceito numa série para a MTV que foi ao ar durante uma temporada. Bradford também dirigiu o documentário indicado ao Emmy *Six Days to Air*, sobre a realização de *South Park*, e está atualmente filmando um documentário de longa-metragem sobre Matt Stone e Trey Parker, os criadores de *South Park* e *The Book of Mormon*. Vencedor do GrandSLAM do Moth, Bradford vive em Portland, Oregon, e trabalha com jovens presidiários.

Esta história foi contada em 10 de julho de 2013, no The Players, em Nova York. O tema da noite era Acertando o Foco: Histórias de Iluminação. Diretora: Jenifer Hixson.

A casa do luto

Kate Braestrup

A mãe de Nina veio me dizer: "Capelã, acho que tenho um problema. É a Nina. Ela diz que quer ver Andy, o primo dela".

Bom, ergui os olhos para a Nina, que estava pendurada pelas pernas no balanço montado no quintal, com as tranças roçando o chão.

Perguntei: "Quantos anos mesmo tem a Nina?".

E sua mãe respondeu: "Cinco".

"Uau."

Eu deveria mencionar aqui que o primo Andy tinha morrido. O que não é a parte mais incomum da história.

Faz uns treze anos que sou capelã do Maine Warden Service, ou Serviço de Guardiões do Maine. E no Maine os guardiões zelam pelas leis de proteção aos peixes e aos animais selvagens. Mas também respondem a uma variada gama de calamidades: acidentes com motoneves, afogamentos em rios, acidentes com quadriciclos. Um ou outro homicídio ou suicídio ao ar livre. E quando eles acham que o desfecho pode ser fatal, chamam seu capelão ou capelã para ir junto.

Também dou aulas a guardiões na academia sobre como fornecer apoio a pessoas desoladas, algo que eles são chamados a fazer com frequência. O exemplo que em geral uso para eles é pessoal.

Meu primeiro marido, Drew, era policial estadual. E foi morto em ação em 1996. Tão logo me contaram que ele estava morto – morreu na hora quando sua viatura foi abalroada na lateral por um caminhão –, tão logo me deram a notícia, eu soube que queria vê-lo e cuidar dele.

Então disse isso ao agente funerário. E o agente funerário respondeu usando uma voz especial que acho que eles aprendem na escola de agentes funerários.

Ele disse: "Sim. Eu entendo". E aí voltou para a funerária e telefonou para a Polícia Estadual do Maine.

Ele disse: "Acho que vocês precisam saber que a viúva do policial de vocês quer ela mesma ver e vestir e cuidar do corpo".

E a polícia estadual foi à loucura.

Então, ao longo de toda a noite, telefonemas ricochetearam pelo Maine entre o comando da polícia estadual, a funerária e Tom, o policial designado especialmente para lidar comigo.

De manhã Tom chegou e disse: "Kate, vamos deixar você cuidar disso. Mas eu preciso estar junto. E vamos trazer também o sargento Drake e o sargento Cunningham".

Minha mãe disse: "Eu também vou". A velha e boa mamãe.

E Tom disse: "Porque se não gostarmos do que virmos, vamos tirar você da coisa". E eu imaginei a cena de três policiais sacando suas pistolas e fazendo pontaria dentro da funerária.

Eu disse: "Acho que vai ficar tudo bem".

Mamãe transmitia tranquilidade. Disse: "Sabe, ela cresceu numa fazenda. Está acostumada com coisas mortas".

Tive que fingir uma confiança absoluta. Eu não tinha uma confiança absoluta. Porque nunca havia feito aquilo antes. Mas fingi. Peguei minha mãe pela mão, e ela e eu, rodeadas de policiais, fizemos uma espécie de caminhada bizarra de prisioneiras escoltadas rua acima até a funerária, onde fomos saudadas pelo agente funerário com sua voz "especial". E todo mundo ficou me observando enquanto eu entrava na sala fria onde jazia o corpo de Drew.

E ele estava morto. Isso era tudo. Ele simplesmente estava morto.

E tudo bem. *Comigo* tudo bem.
Então os policiais, minha mãe, o agente funerário, todos saíram. E eu tive uns vinte minutos sozinha com o corpo do meu marido. Em seguida, voltaram todos e o vestimos em seu uniforme classe A – seu uniforme de gala.
E foi difícil. (Isto é, se vocês alguma vez tentaram enfiar alguém num uniforme de gala e esse alguém não colaborou, entenderão o que eu quero dizer.)
Mas foi ótimo. Na verdade, melhor do que ótimo. Foi meio que formidável. Foi lindo e triste e divertido, e tudo bem.
Mas há jovens guardiões que precisam de um exemplo menos pessoal, mais bíblico. Então eu lembro a eles que Maria Madalena foi ver, tocar e ungir o corpo de Jesus, e não teve que superar o ceticismo protetor dos discípulos para fazer aquilo. Quando ela chegou à tumba e a encontrou vazia, não precisou justificar sua aflição ao descobrir que o corpo desaparecera.
Ora, hoje em dia estamos convencidos de que a presença do corpo, não sua ausência, é mais aflitiva. Mas na minha experiência – e a essa altura tenho um bocado de experiência – as pessoas tendem muito mais a lamentar não ter visto o corpo do que a desejar não tê-lo visto.
Assim, no serviço de guardiões, estamos realmente treinando nossos guardiões a serem bastante proativos quanto a isso. Para tentar abrir espaço no interior de nossas operações para que a família possa estar ao lado do corpo. Dar-lhe um momento em que todos os estranhos e funcionários saem do caminho para que ela cuide daquele que partiu.
E preciso lhes dizer: os enlutados são magníficos. Magníficos. São valentes e afetuosos. Uma mãe tira delicadamente o cabelo da testa de seu filho afogado, enquanto o pai segura a mão dele. Uma esposa traz uma flor e a deposita sobre o peito do morto, murmurando palavras de carinho. Eles são lindos.
Mas tudo bem. Nina tinha cinco anos. Cinco.

E o primo dela, seu melhor amigo Andy... tinha *quatro*.
Nina não tinha crescido numa fazenda. Talvez tivesse um peixinho dourado morto em algum lugar de seu passado. Mas quando você tem cinco anos, não há muito passado que sirva como ferramenta.

Deixai vir a mim as criancinhas. Era essa frase bíblica que ficava rodando na minha cabeça. Ainda que, conforme os guardiões e eu repetíamos toda hora para apaziguar uns aos outros, a única coisa boa que pudesse ser dita sobre a morte de Andy era que ele não havia sofrido.* Morreu na hora quando um quadriciclo dirigido por um vizinho passou por cima dele.

Quando desobstruímos o local do acidente naquele dia, levaram seu corpo para uma funerária, e era lá que Nina queria ir, para visitá-lo.

"Queremos protegê-la", disse seu pai.

Mas a mãe ficava repetindo: "Eu sei, mas ela está tão decidida".

Por fim eu disse: "Vocês é que sabem, são os pais dela. Vocês a conhecem. Sabem melhor do que eu o que é melhor para ela. Mas eu de fato acredito que tudo bem ela ir. Acredito que vê-lo não aumentaria a dor dela".

Então três dias depois eu voltei àquela cidadezinha, porque a família de Andy me pedira para presidir a cerimônia. Cheguei à igreja um pouco cedo, e a mãe de Nina estava lá, arrumando as coisas na mesa do altar – fotografias, caminhões de brinquedo, ursinhos, flores.

Ela disse: "Tenho que abrir espaço para a urna com as cinzas dele, mas não é uma urna muito grande".

Perguntei: "E a Nina, o que vocês decidiram? Ela foi ver o Andy?".

---

* No original em inglês, há um jogo de palavras com o verbo "to suffer" (sofrer), utilizado no versículo bíblico (*Suffer the little children to come unto me*) no sentido de "permitir, conceder".

"Deixa eu te contar", disse a mãe de Nina.
"Entramos no carro e a levamos à agência funerária. Assim que estacionamos, Nina saltou do carro, atravessando o estacionamento a passos largos. Tivemos que correr para alcançá-la. "Ela entrou pela porta da frente, passou pelo sujeito da funerária. Conseguimos detê-la na porta da sala refrigerada onde estava o corpinho do Andy.

"Dissemos: 'Nina, só queremos ter certeza de que você entende que o Andy não vai poder conversar com você'.

"'Tá', disse ela.

"'Bom, e você entende que ele não vai se mexer nem se levantar.'

"'Tá, eu sei.'"

E ela abriu a porta, e entrou, e foi direto para o estrado onde estava o corpo do Andy, coberto por uma colcha que a mãe dele fizera quando ele era bebê.

Ela foi direto até ele e deu a volta no estrado, apalpando o corpo com a mão para ter certeza de que ele estava inteiro ali. Então pousou a cabeça no peito dele e conversou com ele.

Depois de uns dez minutos disso, seus pais, banhados em lágrimas, acharam que era o bastante e disseram: "Nina, está pronta pra ir agora?".

"Não. Quando estiver eu digo."

Então ela cantou uma canção para ele e colocou-lhe na mão o telescópio Fisher-Price de plástico dele, para que pudesse ver quem ele quisesse lá do alto do céu. Então ela disse que tudo bem, que tinha terminado.

Aí ela disse: "Mas ele não vai mais se levantar, então tenho que cobri-lo direitinho".

Ela deu a volta no estrado de novo, envolvendo o corpo com a colcha.

E depois pousou a mão nele e disse: "Eu te amo, Andy Dandy. Adeus".

Você pode confiar num ser humano em estado de luto. É o que eu digo aos guardiões.

Digo a eles: "Entrem com destemor na casa do luto, pois a dor do luto é simplesmente o amor acertando contas com seu inimigo mais antigo. E depois de todos esses anos humanos mortais, o amor está à altura do desafio".

Mas eu não tenho mais que fingir essa convicção, porque tenho Nina. E agora, com a bondosa permissão da família de Nina, vocês também têm.

Filha de um correspondente internacional, KATE BRAESTRUP passou a infância na Argélia, Nova York, Paris, Bangcoc, Washington, DC, e Sabillasville, Maryland. Estudou na Parsons School of Design, na New School (ambas em Nova York) e na Georgetown University, em Washington. Publicou em 1990 o romance *Onion*. Entrou no Bangor Theological Seminary em 1997 e foi ordenada em 2004. Desde 2001 atua como capelã junto ao Serviço de Guardiões do Maine. Braestrup é casada com o artista Simon van der Ven e juntos os dois têm seis filhos. Kate é também a bem-sucedida autora de *Here If You Need Me*, *Marriage and Other Acts of Charity*, *Beginner's Grace* e *Anchor & Flares*.

Esta história foi contada em 30 de maio de 2015, no State Theatre em Portland, Maine. O tema da noite era Na Natureza Selvagem: Histórias de Terras Estranhas. Diretora: Catherine Burns.

A garota de Beckenham

Suzi Ronson

Nasci alguns anos depois da Segunda Guerra Mundial e morei com meus pais numa bela casa num subúrbio a sudeste de Londres – Bromley, em Kent. Meus pais se casaram depois da guerra simplesmente porque era o que todo mundo estava fazendo. O governo dava uma generosa subvenção; costumávamos ter leite grátis e almoços muito bons na escola.

Tanto meu pai quanto minha mãe trabalhavam: meu pai era motorista de caminhão que entregava carne e minha mãe era vendedora numa loja de roupas em Beckenham. Acho que eles não esperavam muita coisa de mim. Acho que pensavam que eu iria, sabe como é, sair da escola, virar adulta, arranjar um emprego, quem sabe casar, e morar ali pertinho.

Bem, a *swinging London* dos anos 1960 mudou tudo isso. Era uma época formidável para ser adolescente em Londres. Tínhamos a melhor música – os Beatles e os Rolling Stones –, tínhamos a melhor moda – a minissaia – e tínhamos a pílula.

A modelo do momento era a Twiggy. Ela era alta, magricela, de peito chato e cabelo liso. Foi um desafio pessoal. Quero dizer que eu estava completamente fora do padrão. Tinha esse cabelo grosso e encrespado com o qual não conseguia fazer nada, óculos ainda mais grossos, cintura e quadris. Eu não ia bem nos estudos, não gostava da escola e aos quinze anos decidi: para mim chega.

Então saí da escola e me matriculei na Evelyn Paget College of Hair and Beauty, em Bromley. Não diria que ser cabeleireira fosse o trabalho dos meus sonhos, mas com meu nível de instrução essa era a melhor opção, e acabei me revelando bastante boa. De modo que ao final do curso fui transferida para o salão que era o carro-chefe da Evelyn Paget, em Beckenham.

Foi lá que conheci a sra. Jones. A sra. Jones era minha cliente de xampu e penteado das quintas-feiras às quinze para as três. De vez em quando ela pedia uma aparada nas pontas, e muito espaçadamente um tingimento cor de chocolate. Enquanto eu cuidava de seu cabelo, ela falava sobre o filho David.

Dizia: "Era uma criança tão artística" e "Canta numa banda".

Tinha muito orgulho dele, sabe? Eu concordava com a cabeça, sorria e escutava, como vocês estão fazendo agora, mas foi só quando ela mencionou "Space Oddity" que meus ouvidos se aguçaram.

Perguntei: "Space Oddity?".

Ela respondeu: "Sim".

Eu disse: "Bom, eu ouvi essa música no rádio". Era um sucesso.

Disse também: "Estamos falando de *David Bowie*?".

"Sim", respondeu ela. "Sou a mãe dele."

Puxa, eu estava surpresa com aquilo. Havia um zum-zum-zum sobre David em Beckenham. Ele tocava no pub local, o Three Tuns – ainda que fosse música folk – mas tinha o hit "Space Oddity". Já tinha algum tempo, por isso eu achei que talvez fosse um daqueles *one hit wonder*.

Na primeira vez em que vi David Bowie, ele estava descendo a Beckenham High Street de vestido, e junto com ele ia uma garota de calça preta justinha. Acabei conhecendo a garota – a sra. Jones a levou ao salão. Era Angie, a mulher de David.

Bom, gostei dela na hora. Era tão legal e segura de si, e se vestia tão bem – com certeza não comprava suas roupas em Beckenham. Ela conversou um pouco comigo sobre sua vida.

Fazia iluminação para os shows de David, e eles passavam a noite toda nos clubes noturnos de Londres e se divertiam muito. Tudo aquilo parecia tão glamoroso.

Na segunda vez em que a vi, ela chegou para fazer o cabelo. Era a semana do Natal. Bom, todo salão que se preze está lotado na semana do Natal.

Puxei-a para um canto e disse: "Olhe, não posso fazer seu cabelo aqui, mas te dou meu telefone, me liga. Eu vou até sua casa".

E lá fui eu para Haddon Hall. Ficava a um quilômetro e meio da cidade, era uma daquelas mansões enormes. Estava dividida em apartamentos. David e Angie tinham o andar intermediário.

Não era só pelo tamanho que o lugar era acachapante, mas também pelo jeito como estava decorado: um tapete azul-marinho, paredes azul-marinho e um teto prateado. Não havia muita mobília: um sofá; um par de cadeiras; uma mesa de centro comprida e baixa; capas de discos por toda parte; e uma guitarra no canto.

David e Angie estavam sentados no meio de uma janela saliente discutindo os prós e contras de cortar curtinho o cabelo dele – que na época tinha um cabelo louro comprido e ondulado. Perguntaram minha opinião.

Eu disse: "Ninguém usa cabelo curto hoje em dia" – o que era verdade. "Você pode ser o primeiro."

Ele se levantou e veio me mostrar uma foto numa revista. Era uma modelo de Kansai Yamamoto com cabelo curto, vermelho, espetado.

Disse para mim: "Você consegue fazer isto?".

Enquanto respondo que sim, penso comigo mesma: *Isso é meio bizarro. É um penteado de mulher, e como é que eu vou fazer?*

Por dentro, porém, estava empolgada – era uma chance de ser bem criativa. Ele tinha uma magreza de rock star, pele clara, pescoço comprido, lindo rosto – se eu me saísse bem, ficaria fantástico!

Bom, levei uma meia hora para fazer o corte, e quando terminei o cabelo dele não ficava em pé. Meio que desabava.

Olhei para David, ele estava em pânico, e eu não estava lá muito animada, e acabei dizendo: "Olhe, David, o próximo passo é tingir seu cabelo, a cor vai mudar a textura e ele vai parar em pé".

Rezei para estar certa.

Encontrei a cor, "Red Hot Red" da Schwarzkopf com peróxido 30 volumes para dar uma levantadinha. Não havia naquela época nenhum produto que me ajudasse a fazer o cabelo parar em pé. Então usei GARD. GARD era um tratamento anticaspa que eu só usava nas freguesas mais velhas do salão – deixava o cabelo duro como pedra.

No instante em que David se viu no espelho com aquele cabelo curto, vermelho e espetado, todas as dúvidas se dissiparam. Angie e eu olhamos para ele assombradas, ele estava lindo.

Uma grande onda de alívio me invadiu: eu tinha conseguido, vejam vocês, eu tinha conseguido! Não sabia se ia dar certo até sentir aquela textura mudando nas minhas mãos enquanto eu enxugava o cabelo e ele ficava em pé.

Ele estava *fenomenal*.

Comecei a juntar minhas coisas para ir embora, e Angie disse: "Ah, quanto lhe devemos?".

Acho que eu disse: "Duas libras, por favor".

Fui embora. Dali a mais ou menos uma semana Angie me ligou e disse: "Sabe, a banda está tocando em Londres, por que você não vem assistir?".

Eu disse: "Vou adorar".

Era numa faculdade, então fui lá ver e não sabia muito bem o que esperar, sabem como é. Entrei no lugar, estava completamente lotado, e fiquei na plateia. As luzes se apagaram, começou a tocar uma música e foi um verdadeiro momento de "*oh, meu Deus*" para mim.

Quando a banda entrou no palco, David estava totalmente maquiado – seu cabelo vermelho flamejava sob as luzes. Ele se convertera em Ziggy Stardust. A banda estava toda vestida com roupas que pareciam de tecido de cortina: veludo liso em tom pastel enfiado em botas de amarrar. Estavam incríveis. E quando tocaram, o lugar balançou, foi muito bom – inacreditavelmente bom.

Fui para casa pensando comigo mesma: *Oh, meu Deus, aquilo não era música folk!* Eu não sabia o que estava esperando, mas não era aquilo.

Bom, Angie me ligou no dia seguinte e disse: "Gostou do show? Quer vir a Haddon Hall de novo?". E lá fui eu.

Conheci Freddie Burretti. Ele era amigo de David e o ajudava a desenhar as roupas. Era fabuloso. Andava de modo afetado, tinha a língua presa e era simplesmente magnífico. Fiquei fascinada pelo Freddie. Nunca tinha conhecido um gay antes. Em algum momento daquela noite, David se inclinou e beijou Freddie bem na boca. Eu não sabia para que lado olhar, sabem como é?

Olhei para Angie e ela estava rindo, e de repente me senti completamente sem chão. Eu não era como aquelas pessoas. Eu não sabia quem era Nietzsche. Nunca ouvira falar de Lou Reed e do Velvet Underground, nem de Andy Warhol. Eu com certeza nunca tinha visto dois caras se beijarem. Eu era de Beckenham!

Mais tarde naquela noite, Angie me puxou para um canto e disse: "Sabe de uma coisa? David e eu andamos conversando e gostaríamos que você viesse trabalhar com a gente em tempo integral. Entre nessa viagem. Vá ao escritório da MainMan, combine seu salário e venha trabalhar com a gente".

Lá fui eu ao escritório da MainMan, com o coração na mão. Conheci o empresário de David, Tony Defries, e no final da tarde o emprego era meu.

Só quando já estava dirigindo meu carro de volta para casa que me dei conta: *Minha vida vai mudar de verdade. Vou para a estrada com uma banda de rock and roll!* Eu estava muito empolgada.

No dia seguinte fui à Evelyn Paget dar a notícia ao meu chefe, e ele olhou para mim e disse: "Sabe, Suzanne, você devia pensar duas vezes antes de largar um emprego seguro e bem remunerado".

Eu disse: "Sim, eu devia".

Claro que depois disso minha autoconfiança não tinha limites. Peguei o baterista e o transformei num Ziggy louro, desbastei o cabelo de Trevor e o deixei espetado no alto da cabeça e com costeletas prateadas. O único que não aderiu foi Mick Ronson, o guitarrista – ele não queria ficar com um visual parecido com o de David.

Comecei a fazer shows com eles. Fizemos *Top of the Pops* – David cantou "Starman" e quando ele envolvia Mick Ronson com seus braços durante o refrão, acho que aquilo sacudia a Grã-Bretanha até a medula. Ninguém fazia coisas assim naquela época, simplesmente não fazia. (Meus pais, obviamente, ficaram chocados.)

David estava sempre pensando no que faria em seguida, era sempre muito ambicioso, e queria criar o teatro do *rock and roll*. De modo que alugamos um teatro em Londres, em Finsbury Park, e ele construiu um cenário – com sistema de andaimes e gelo seco e luzes – e era fantástico.

Estávamos todos trabalhando dezoito horas por dia para montar aquele show, e ele dizia: "Não contem para ninguém, nada de gravar, nada de câmeras".

Claro que, quanto mais você capricha nesse tipo de coisa, mais interessante ela fica, e abrimos para a imprensa fazer estardalhaço. Todas as celebridades vieram.

A garotada veio com seus cortes de cabelo à la Ziggy, e foi um grande show. Acho que a única pessoa que não gostou foi o Elton John. Ele saiu no meio, dizendo: "Isso não é rock and roll".

Mas *era* rock and roll, porque saímos rodando de ônibus pela Inglaterra, novos shows eram acrescentados, os teatros ficavam cada vez maiores e os ingressos se esgotavam. E eu estava com David e os rapazes o tempo todo naquele período, fazendo o cabelo de todo mundo, cuidando das roupas, fazendo lavagem a seco, providenciando para que tudo estivesse em ordem.

Havia muitas trocas de roupas, de modo que David vinha para a coxia, e eu estava lá com uma taça de vinho, um cigarro Gitane, e enquanto Mick fazia a guitarra gemer a dez passos de mim eu trocava as roupas de David. Acabamos ficando bons naquilo.

Fomos para os Estados Unidos e ficamos no Plaza em Nova York. Era um hotel incrível.

Tínhamos uma equipe de batedores formidável. Cherry Vanilla, que era uma groupie famosa, e Leee Black Childers, um ator da turma de Andy Warhol. Eles iam até a cidade seguinte da turnê, visitavam clubes noturnos gays e criavam uma efervescência. Era uma ideia realmente muito boa, porque levava a garotada aos shows.

Conheci Iggy Pop na Califórnia. Ficamos no Beverly Hills Hotel. Iggy quis que eu tingisse seu cabelo de azul, e foi o que fiz.

Eu disse a ele: "Sabe, talvez seja bom você enxaguar isso algumas vezes antes de voltar para a piscina".

Claro que ele não me deu ouvidos, e no final da tarde havia um rastro azul de uma ponta a outra da piscina do Beverly Hills Hotel. (Acho que pediram para ele se retirar depois dessa.)

Fomos ao Japão, onde conheci Kansai Yamamoto e pincei mais algumas roupas maravilhosas para o David. Era empolgante. De repente eu era descolada: a garota de cabelo grosso e óculos ainda mais grossos estava num mundo em que todos queriam estar.

Voltei para Beckenham, andei de uma ponta a outra da High Street, olhei pelas vidraças da Evelyn Paget – meu Deus, parecia tão pequena, fiquei muito feliz de não estar mais ali.

Nada tinha mudado em Beckenham, nada tinha mudado em casa, mas eu estava tão transformada, eu estava a um milhão de quilômetros dali.

O último show que David fez como Ziggy Stardust foi no Hamersmith Odeon em julho de 1973, e ele simplesmente parou na frente do palco e disse: "Este é o último show que vamos fazer na vida". Então cantou "Rock 'n' Roll Suicide".

Foi triste dizer adeus a Ziggy, acho que todos estávamos tristes com essa despedida, mas não voltei para casa. Fui para a Itália, me apaixonei por um guitarrista e me mudei para Londres com ele.

Sou muito grata à minha sorte. Sou grata por ter conhecido a sra. Jones e Angie, grata por ter dado o número do meu telefone a Angie – caso contrário, outra pessoa poderia ter vivido a minha vida. Emocionada por ter conhecido e me casado com o falecido e formidável Mick Ronson e por ter tido com ele uma filha linda.

E, claro, sou grata a David. Ele fez uma aposta em mim, mudou minha vida completamente.

Meu corte de cabelo está no dinheiro britânico agora – na cédula de dez libras de Brixton.

Agora me digam, quem poderia imaginar que eu era capaz de fazer isso?

SUZI RONSON ajudou muitos bacanas em muita coisa, no papel de administradora doméstica, produtora musical e consultora em Nova York, nos Hamptons, Flórida, e em Tortola, nas Ilhas Virgens Britânicas. É cantora e compositora que só se apresenta para amigos.

Também adora cavalos e viajou pelo circuito de cavalgadas nos Estados Unidos com uma garota que estava competindo. Suzi vive no West Village, em Nova York, enquanto sua filha e o restante da família moram em Londres. Ela jura que um dia volta para lá.

Esta história foi contada em 11 de abril de 2016 na Union Chapel, em Londres. O tema da noite era Voltar para Casa. Diretora: Meg Bowles.

Deus, a morte e Francis Crick

Christof Koch

Eram os anos 1990, e eu era diretor pedagógico no Laboratório Biológico Marinho em Woods Hole, em Cape Cod, coordenando uma aula sobre como os computadores podem ser usados para aprendermos sobre o cérebro.

Estávamos festejando numa noitada tumultuosa – um grande banquete com uma banda de rock tocando ao vivo. E eu me permiti dançar e beber de verdade.

Mas a certa altura fiquei inquieto. Tinha passado minhas noites anteriores lendo os escritos do filósofo alemão Friedrich Nietzsche sobre como a modernidade havia matado Deus, sobre a putrefação divina e sobre como somos todos coveiros de Deus. Aquilo tinha reacendido o conflito longamente latente entre minha formação religiosa e minha profissão de cientista.

Então saí da festa e perambulei pela floresta até a praia. Quando cheguei à faixa de areia, havia uma lua crescente, parcialmente obscurecida pelas nuvens que atravessavam o céu sopradas pelo vento cada vez mais forte.

A ventania também trouxera o branco das ondas para perto da terra, e no mais era uma praia desolada e vazia, com uma ou outra pedra. Ao fundo viam-se árvores, que sacudiam de um jeito muito ameaçador.

Eu me vi então naquela crise existencial, e gritei em direção ao céu: *"Gott, wo bist Du?"*.[*]

---

[*] Em alemão, no original: "Deus, onde estás?".

Porque, como vocês sabem, é claro que Deus fala alemão.

Eu estava gritando para que Deus se revelasse. Lá estava eu, que vinha tentando desesperadamente acreditar nele ao longo de tantos anos, sem nunca ter um sinal de sua existência. Então eu discutia com ele, naquilo que era uma discussão unilateral.

Queria que ele se mostrasse. Precisava de uma voz ribombante vinda do céu. Queria uma sarça ardente. Queria um *sinal* qualquer. E por ter bebido um bocado, eu estava cada vez mais insistente e belicoso, gritando contra o vento com toda a minha voz para que o próprio Deus se mostrasse.

Então, de repente, algo se ergueu da terra à minha frente, e uma luz fulgurante me ofuscou. Um vulto muito furioso se materializou bem diante de mim.

E ele gritava e urrava: "Cai fora desta praia, caralho!".

Deus tinha se metamorfoseado num furioso campista que tentava dormir. Sem perceber que ele estava ali, eu tinha acordado o indivíduo.

Cresci feliz, educado por meus pais na melhor tradição católica liberal, na qual, de modo geral, a ciência – incluindo a evolução por seleção natural – era aceita como explicação para os fatos da vida.

Fui coroinha. Aprendi a dizer as orações em latim e adorava as missas, as paixões e os réquiens de Orlando di Lasso, Verdi e Bach.

Quando eu era adolescente, meu falecido pai me deu um telescópio refletor de cinco polegadas, e ainda lembro muito visceralmente da noite em que eu – na cobertura da minha casa – calculei onde o planeta Urano devia estar no céu.

Acertei o azimute e a elevação do telescópio, e ele apareceu *bem ali*, e me lembro perfeitamente da sensação incrível de júbilo. Que esplêndida confirmação da ordem do cosmo. Senti aquele universo regrado dentro do qual eu me encontrava, onde eu podia de fato calcular coisas como a posição daquele planeta azul que docilmente entrou no meu campo de visão.

Com o correr dos anos passei a rejeitar uma porção de coisas que a Igreja católica havia me contado. Recebi dos meus pais e dos meus professores jesuítas um conjunto de valores, mas eu ouvia a pulsação de uma percussão diferente em livros, em palestras e no laboratório.

Eu tinha uma explicação para as coisas do mundo no domingo e outra no resto da semana. Havia uma explicação sagrada e uma explicação profana.

Por um lado, me diziam que minha vida ganhava sentido quando colocada no contexto da grande escala: há a imensa criação de Deus, e sou só uma parte insignificante dela. Por outro lado, a ciência explicava de verdade fatos sobre o universo real em que eu me encontrava. Assim, por muitas décadas, eu vivi essa profunda divisão da realidade.

Até que conheci Francis Crick. Na primeira vez em que o vi, Francis estava embaixo de uma macieira fazendo aquilo de que mais gostava, que era discutir biologia. Francis Crick era o físico-químico que, junto com James Watson, descobriu a estrutura de dupla hélice da molécula de hereditariedade, o DNA, descoberta pela qual recebeu o Prêmio Nobel.

Era para ele e seu intelecto orientador que o campo da biologia molecular olhava em busca de orientação na vertiginosa corrida para a descoberta do código universal da vida. E quando esse objetivo foi alcançado, no final dos anos 1960, ele deslocou seu interesse da biologia molecular para tentar compreender como a consciência emerge do cérebro físico.

Foi então que conheci Francis, e nos tornamos bastante próximos e afeiçoados um ao outro. Trabalhamos juntos por quase duas décadas. Publicamos dois livros. Escrevemos duas dúzias de artigos científicos, e ele dedicou seu último livro a mim.

Francis também encarnava a histórica animosidade entre religião e ciência. Isso se tornou lendário em 1961, quando Francis se demitiu do Churchill College, da Universidade de Cambridge, na Inglaterra, em protesto contra os planos de construir uma capela nos domínios da faculdade. Francis sentia que uma nova faculdade dedicada à ciência, à matemática e à engenharia não era lugar para a superstição.

Winston Churchill, em cujo nome a faculdade tinha sido fundada depois da guerra, tentou acalmar Francis e escreveu-lhe uma carta ressaltando que os meios financeiros para a construção da capela seriam levantados inteiramente pela iniciativa privada. Ela estaria aberta a pessoas de todas as crenças e ninguém seria obrigado a frequentá-la.

Francis escreveu-lhe de volta propondo a construção de um bordel – um prostíbulo. A construção do prostíbulo seria financiada inteiramente pela iniciativa privada. Estaria aberto a todos os homens, quaisquer que fossem suas convicções religiosas, e nenhum homem seria obrigado a frequentá-lo.

Anexado à carta ia um cheque de devolução de um salário adiantado.

Assim terminou a correspondência entre os dois grandes homens.

Na época em que conheci Francis, essa animosidade com relação à religião tinha se amortecido. Embora ele soubesse da minha educação católica e que eu esporadicamente ia à missa, nunca me questionou. Penso que era um homem bondoso e que queria me poupar do constrangimento de gaguejar uma explicação – sobretudo porque minha crença não interferia em nosso empenho para compreender como a mente consciente emerge do cérebro dentro de um contexto inteiramente natural.

Por motivos emocionais eu não estava preparado para abrir mão de minha fé, mas temia que nada do que eu pudesse dizer para explicar por que eu acreditava em certas coisas estivesse à altura de seu intelecto cáustico.

Depois de muitos anos de nossa colaboração, quando o visitei em sua casa em San Diego, ele me contou num tom bastante prosaico que seu câncer de cólon – ele tivera uma batalha anterior com a doença – provavelmente havia voltado. Aguardava um telefonema de seu oncologista, mais tarde naquele dia, para discutir os resultados de alguns exames que tinham feito.

Eu estava com ele no escritório – era assim que trabalhava, em seu escritório dentro de casa – quando veio o telefonema confirmando que o câncer havia de fato voltado como uma vingança. Ele pousou o telefone e fitou o espaço por um minuto ou dois, e em seguida voltou à nossa conversa sobre cérebros.

No almoço ele conversou sobre o diagnóstico com sua mulher, falando sobre o que precisava ser feito para arranjar a situação. Mas no resto do dia ele trabalhou.

Isso foi tudo. Não houve danação e trevas. Não houve ranger de dentes. Não houve choro. Fiquei imensamente impressionado por aquela encarnação viva de uma antiga máxima estoica: *Aceite o que não pode ser mudado.*

Alguns meses depois, quando voltei a visitá-lo, ele vasculhou, como de costume, sua volumosa correspondência referente à consciência. Havia uma carta pessoal de um famoso filósofo britânico confessando a Francis seu medo abjeto quando confrontado com a ideia de sua própria mortalidade.

O filósofo escreveu: "Sinto-me como um animal acuado, absolutamente aterrorizado, em pânico, incapaz de pensar claramente quando contemplo meu próprio fim".

Finalmente encontrei forças para lhe perguntar, a pretexto daquela carta: "Francis, como você se sente quanto ao seu diagnóstico?". (Tive o cuidado de evitar qualquer menção à palavra "morte".)

Aqui de novo ele foi muito terra a terra. Disse algo como: "Tudo o que tem um começo deve ter um fim. Esses são os fatos. Não gosto deles, mas os aceito, e não vou tomar nenhuma medida heroica para prolongar minha vida além do inevitável. Estou resolvido a viver até o fim com a mente intacta".

E foi o que fez. Nos dois anos seguintes, ao longo dos quais o câncer abateu seu corpo, mas nunca seu espírito, continuamos a escrever. Terminamos meu livro. Fiquei imensamente impressionado com o modo como ele conseguia lidar com aquilo. Eu, evidentemente, refleti sobre meu desaparecimento futuro, questionando-me se seria capaz de ter sua calma, sua compostura, para encarar meu próprio fim.

Quando ele estava sofrendo os efeitos debilitantes da quimioterapia, eu o entreouvi um dia falando ao telefone com alguém que tentava convencê-lo a autorizar a produção de um bonequinho com a sua cara. (Como Francis Crick é uma figura muito famosa, queriam fazer um daqueles bonecos cabeçudos com o rosto dele.)

A certa altura eu o ouvi desligar o telefone. Ele passou por mim arrastando os pés a caminho do banheiro. Quando voltou, vários minutos depois, para retomar a conversa, comentou com sarcasmo: "Bom, agora posso dizer que essa ideia literalmente me fez vomitar".

Então um dia ele me telefonou para dizer: "Christof, as correções do artigo que estamos escrevendo – essas correções terão que ser adiadas. Precisarei passar uns dias no hospital, mas não se preocupe".

No hospital ele continuou a ditar correções àquele artigo ao seu assistente. Dois dias depois ele morreu, e sua mulher, Odile, me contou como, em seu leito de morte, ele teve uma conversa alucinatória comigo envolvendo neurônios e sua relação com a consciência.

Um cientista literalmente até o último suspiro.

Dada a diferença de quarenta anos de idade, entramos naturalmente naquela relação pai/filho. Viramos parceiros intelectuais muito próximos, e ele se tornou meu herói pelo modo inabalável como lidou com a mortalidade e o envelhecimento. Tendo em vista o inevitável, ele me deu uma enorme fotografia de si mesmo, em tamanho natural, sentado numa cadeira de vime, olhando para mim com uma cintilação nos olhos, e a dedicatória: "Para Christof, Francis, de olho em você".

E assim continua até hoje, na minha sala de trabalho.

Nunca tive outro encontro com Deus, nem espero ter, pois o Deus em que acredito agora está mais próximo do Deus de Espinosa do que do Deus de Michelangelo ou do Velho Testamento.

Fico entristecido pela perda de minha crença na religião. É como ir embora para sempre do conforto do lar da infância, banhado em luz cálida e envolto em lembranças ternas. Mas acredito mesmo que todos temos que crescer.

É difícil para muita gente. É insuportável para alguns. Mas temos que ver o mundo como ele é, e temos que parar de pensar em termos de mágica.

Como diria Francis: "Esta é uma história para homens adultos, não um conto consolador para crianças".

Então cá estou eu sete anos mais tarde. Sou um exemplar altamente organizado de massa e energia, um entre sete bilhões. Em qualquer abordagem objetiva do universo, sou praticamente nada, e logo cessarei de ser. Mas a certeza de meu próprio fim, a certeza de minha própria morte, de algum modo torna minha vida mais provida de significado, e penso que é assim que deve ser.

Aconteceu de eu ter nascido neste universo. É um lugar maravilhoso. É um lugar estranho. É também um lugar assustador e às vezes solitário.

E todos os dias, no meu trabalho, tento discernir em meio à sua ruidosa manifestação, suas pessoas, cães, árvores, montanhas, estrelas – em meio a tudo aquilo que eu amo –, tento discernir a eterna música das esferas.

Nascido no meio-oeste dos Estados Unidos, CHRISTOF KOCH cresceu na Holanda, na Alemanha, no Canadá e no Marrocos. Estudou física e filosofia na Universidade de Tübingen, na Alemanha, e obteve seu Ph.D. em biofísica em 1982. Em 1986 ingressou no Instituto de Tecnologia da Califórnia como professor de biologia e engenharia. Em 2013 deixou a academia para se tornar diretor científico e depois presidente do Allen Institute for Brain Science em Seattle, comandando uma colaboração de larga escala, de dez anos e ampla base de dados, para construir observatórios do cérebro capazes de mapear, analisar e compreender o córtex cerebral. Ele ama cães, computadores Apple, praticar escaladas, andar de bicicleta e correr longas distâncias. Christof é autor de mais de trezentos estudos e artigos científicos, oito patentes e cinco livros. Junto com Francis Crick, com quem colaborou por muitos anos, Christof foi pioneiro do estudo científico da consciência. Seu livro mais recente é *Consciousness: Confessions of a Romantic Reductionist*.

Esta história foi contada em 1º de junho de 2013 no clube The Players, em Nova York. O tema da noite era O que Está Por Trás: Histórias de Descobertas no World Science Festival. Diretora: Meg Bowles.

Coisas que eu vi

Névoa de descrença

Carl Pillitteri

Durante muitos anos trabalhei na costa nordeste do Japão, e enquanto estive por lá frequentei o mesmo restaurante cinco ou seis noites por semana. Com o passar dos anos cheguei a me afeiçoar bastante à idosa que era dona do lugar e o gerenciava. Ela não falava absolutamente nada de inglês, e eu não falo absolutamente nada de japonês, mas ficamos amigos mesmo assim.

Ao chegar eu sempre abria a porta de correr, dava meio passo para dentro e olhava para ela como quem diz: *Oi, mãe, estou em casa!*

E ela me saudava com aquele seu sorriso caloroso e acolhedor, e estava sempre feliz em me ver. Sabia o que eu queria ali, a mesma coisa toda vez: seu fabuloso prato de frango assado.

Era também uma figura materna para mim. Estava sempre me dando coisas extras para comer, e era uma mulher muito bondosa. Eu sempre passava ali depois do trabalho só para descansar e relaxar, e no entanto nunca soube seu nome nem o de seu restaurante. Todos nos referíamos a ela carinhosamente como a "a Rainha do Frango Assado".

O restaurante estava localizado um pouco ao sul da usina de energia nuclear Fukushima Daiichi, onde, em 2011, eu trabalhava como engenheiro de campo.

Quando a gente atravessava os portões da usina de energia nuclear de Fukushima, ela parecia um jardim botânico. A paisagem era imaculada. Havia gramados bem aparados por todo lado, e as árvores eram podadas à perfeição, a ponto de parecerem enormes bonsais. Os prédios dos reatores propriamente ditos eram pintados de azul-celeste com nuvens brancas, e aquele sempre foi meu lugar de trabalho favorito.

Onze de março de 2011 era um lindo dia de sol ali. Minha equipe e eu estávamos trabalhando dentro do prédio da turbina Reator Um, uma enorme construção retangular de tamanho semelhante ao de um hangar de aeroporto internacional.

Às 14h46, eu tinha acima de mim um jovem operando a grua. Dez de nós, contando comigo, estávamos numa zona de trabalho contaminada muito bem definida, vestidos da cabeça aos pés em nossos trajes de proteção, quando de repente tivemos a sensação de que alguém pegou um enorme martelo e bateu com toda a força no alicerce daquele enorme edifício.

Virei para minha equipe e disse: "Terremoto!".

Aquele terremoto potente causou profundas convulsões na terra e em seguida sensações de queda brusca. Engolfava toda a estrutura em que estávamos; era muito violento e estava apenas começando. Eu tentava manobrar em meio à minha equipe, mantendo o tempo todo um olho no rapaz na grua. Ele cavalgava para salvar sua vida naquela grua que pinoteava e sacolejava nos trilhos, e era realmente algo difícil de assistir.

O chão e as paredes de concreto à nossa volta começaram a rachar, pedaços de dutos e encanamentos despencavam, e as luzes piscavam e se apagavam por toda parte. O enorme espaço em que estávamos encheu-se rapidamente daquilo que de início pensei ser fumaça, mas que na verdade era uma espessa nuvem de poeira lançada ao ar pela imensa estrutura, que fazia um inferno sair aos borbotões de dentro dela.

Estávamos todos ali, no limiar do pânico, quando as luzes se apagaram por completo e ficamos na escuridão total. Aquilo realmente nos apavorou. Dois rapazes japoneses vieram até mim e me agarraram na escuridão. Tinha um garoto alto à minha esquerda, com seu braço em volta do meu ombro, e meu braço em volta de suas costas. O outro sujeito estava de joelhos, com os braços em torno da minha cintura, e minha mão sobre seu ombro.

Apertávamos uns aos outros a cada solavanco que aquela coisa nos impunha. Estávamos ali abraçados, três homens adultos convertidos em três garotinhos, e comecei a rezar em voz alta por todos nós. Tive a impressão de que o rapaz à minha esquerda rezava em japonês, e estávamos apenas alguns metros diante daquela enorme turbina-gerador que girava a 1.500 rpm, movida pelo vapor que saía diretamente do reator Unidade Um.

Estava na potência máxima, e os sons que começaram a sair daquela turbina atraíram minha atenção. Comecei a me dar conta de que ela soava como se quisesse se despedaçar, e que ia explodir e nos arremessar contra as paredes.

Para confirmar meus temores, ouço meu colega norte-americano gritar de longe, na escuridão completa: "Vai explodir! Vai explodir!". E reconheço o terror em sua voz.

Parei de rezar e recorri ao Salmo 23:4 – *ainda que eu ande pelo vale da sombra da morte, não temeria mal algum* –, mas não consegui ir até o fim. Desabei em algum ponto antes de terminar e simplesmente me rendi, pedindo: *Faça com que seja rápido, por favor.*

Assim sobrevivemos na escuridão. Estávamos congelados. Era possível sentir, ouvir e cheirar isso. Dava até para sentir o gosto. Só não conseguíamos ver.

Uns cinco minutos depois do primeiro tremor, houve uma pausa, e a iluminação voltou. Apenas um punhado de luzes havia sobrevivido ao tremor, mas era o bastante para que pudéssemos voltar a enxergar. Conseguimos baixar o rapaz da grua, e seu estado era lastimável, mas fomos em direção à porta.

Fiz questão de ser o último, porque aquela era minha equipe e eu era responsável por todos. Lancei um último olhar àqueles equipamentos avaliados em milhões de dólares, dos quais eu havia cuidado desde 2008, e tive a consciência de que não veria nada daquilo de novo.

Depois de muitos obstáculos, chegamos ao lado de fora, saltamos as fendas no leito da rua e chegamos a um ponto onde temos que nos separar. Tenho que subir uma longa escadaria até o local onde está estacionado meu carro alugado.

Ao chegar lá no alto, constato que a força daquele tremor deslocou todos os carros estacionados e trancou o meu no meio deles. Faço uma pausa e percebo que meu coração está descompassado, não estou respirando. E começo a me concentrar para colocar meu coração e meus pulmões em sincronia de novo.

Estou olhando morro abaixo e há um cargueiro no ancoradouro diante de Fukushima. Há uma porção de marujos correndo ao seu redor e uma fumaça preta saindo do navio.

Lembro-me de ter pensado: *Bem, deve ser esse o procedimento durante um evento dessa magnitude.*

Então me vem um clarão: *Será que estão tomando precauções contra um possível tsunami?*

Vejo que desamarram o navio, deixam o ancoradouro e saem pelo Pacífico em direção ao leste.

Estou no alto do morro agora, tentando normalizar a respiração e averiguando os estragos ao meu redor, que eram estonteantes.

Aqueles chamados tremores secundários (que são na verdade terremotos bem altos na escala de magnitude) estavam rasgando tudo e abalando meus nervos. A terra ao meu redor estava se deformando feito gelatina, e eu me virei para olhar para o mar e tentar avistar o cargueiro.

Ele estava a uma distância de mais ou menos dois quilômetros, e vi aquela parede de água vindo do horizonte de uma ponta a outra, até onde minha vista alcançava, e era uma perfeita parede de água. Vi o cargueiro subir até a crista dela e achei que ele fosse tombar de casco para cima a estibordo, mas ele rompeu a onda até chegar ao alto.

Não sei com quem eu estava falando – já que estava sozinho lá no alto –, se estava me dirigindo à Mãe Natureza ou ao próprio Deus, mas ambos me ouviram quando gritei por cima do Pacífico para aquela coisa: "Você só pode estar de sacanagem comigo!".

Vi a onda quebrar no contorno da costa abaixo de mim e nos quatro prédios dos reatores. Fiquei plantado lá, paralisado pelo terror, enquanto sua tremenda força simplesmente arrebentava tudo e arrastava os escombros consigo.

Quando atingiu a costa, ela não tinha mais para onde ir a não ser morro acima, em minha direção, porque havia muita água atrás dela. Ela continuou a subir, e comecei a revisitar o sentimento de condenação que tivera vinte minutos antes no prédio da turbina.

Meus pensamentos se voltaram para todas as comunidades das terras baixas ao norte e ao sul de onde eu estava, aquelas que eu conhecia tão bem. Eu estava no alto daquele morro, mas devia haver pessoas em apuros. Era um sentimento de impotência.

Então algo aconteceu. Entrei em estado de choque. Senti como se estivesse numa tigela de vidro. Eu podia ver através dela, mas o interior estava repleto de uma névoa gasosa de descrença, e fiquei vendo outros dois tsunamis menores juntarem-se ao primeiro, fazendo a água subir mais ainda.

Por fim, tudo começou a refluir. Baixou até o contorno da costa e continuou recuando Pacífico adentro. Recuou uns quinhentos metros, e o ancoradouro secou completamente diante de meus olhos, e pude ver o fundo do mar de norte a sul, até onde minha vista alcançava.

Mas junto com isso veio um clima tempestuoso das montanhas atrás de mim. Aquelas grandes nuvens negras e ameaçadoras vieram em grande quantidade, revolvendo-se bem baixas, e simplesmente me atravessaram.

E atrás delas veio aquilo – não era um vento, era como um vácuo. Ia em direção ao mar, e dava para sentir a temperatura despencar...

... E começou a nevar.

Lá estou eu plantado, pensando: *Será que estou testemunhando o fim do mundo?* Pensei seriamente nessa possibilidade.

Fiz uma longa e entorpecida caminhada para bem longe, e até hoje não consigo me lembrar dessa caminhada. Mas o fato é que cheguei ao nosso escritório fora da usina e comecei a reconhecer grupos de colegas e rostos familiares. E ao vê-los eu parei, girei o corpo, dei as costas a eles e desmoronei.

Fomos evacuados para um estacionamento morro acima, onde passamos uma longuíssima noite. A energia foi cortada, e evidentemente não havia água.

Tentei em vão telefonar para minha mulher durante horas, mas a rede estava sobrecarregada. Por volta da meia-noite pedi a dois amigos que me levassem para a cidade.

Demos o fora dali, e eu disse: "Levem-me ao restaurante da Rainha do Frango Assado".

Eu queria verificar se ela estava lá, se precisava de ajuda, se estava tudo bem. Chegamos lá e o pequeno restaurante dela estava rachado bem na fachada, e ela não estava. Não estava em parte alguma.

Tentei de novo ligar para minha mulher, e dessa vez o telefone tocou. E quando eu disse seu nome ela simplesmente começou a gritar e não parava mais.

Eu só ficava repetindo: "Péssimo, muito ruim".

Finalmente cheguei em casa em 16 de março, cinco dias depois, pensando que voltar para casa curaria todas as minhas aflições. Mas foi aí que tudo começou a se manifestar.

Fiquei sabendo da perda de vidas no Japão. Vi as reportagens na TV. Fiquei sabendo da explosão dos reatores dos quais eu havia cuidado por vinte anos.

Eu estava cansado, exausto, não tinha energia alguma, mas não conseguia dormir. Estava deprimido, de coração partido e sentindo-me culpado. E, mesmo rodeado pela família, eu estava sozinho com aquelas emoções. Eu me vi estendido na minha poltrona reclinável como um vegetal durante um mês sem sequer perceber que um mês havia passado. E nada tinha importância. Nada.

Fiquei afastado do trabalho por cinco meses, e então soube de um programa do governo japonês que permitia aos moradores voltar para suas casas e apartamentos.

Era isso: era absolutamente necessário que eu voltasse. Eu *precisava* voltar.

Assim, alguns meses depois voltei à zona de exclusão e, depois de passar por várias barreiras, recebi de novo um traje de proteção da cabeça aos pés – não para trabalhar, mas para entrar na comunidade e no bairro onde eu morava.

Pedi à pessoa que me escoltava que me levasse primeiro ao restaurante, e dessa vez, teias de aranha se rasgaram quando eu abri a porta de correr, e foi muito perturbador para mim, porque era evidente que ninguém abrira aquela porta nos últimos nove meses. Aquilo me fez especular e me preocupar ainda mais com o que poderia ter acontecido à dona do lugar.

Dali fomos ao meu apartamento. Abri aquela porta pela primeira vez desde a manhã de 11 de março em que saí para trabalhar, e dentro o caos era total. Estava tudo no chão, e o conteúdo dos armários tinha sido despejado. A geladeira estava tombada de lado. Havia rachaduras na parede. Até minha banheira de fibra de vidro estava despedaçada.

Comecei a fazer uma arrumação e a pessoa que me acompanhava disse: "Você não precisa fazer isso".

Mas eu disse: "Preciso sim. Sou responsável por este espaço e por esta bagunça".

Encontrei o que esperava encontrar, minha aliança de casamento. Também apanhei meu despertador, o mesmo que me acordara naquela manhã. A pilha tinha saltado da parte de trás, e os ponteiros estavam parados às 14h47, o momento do terremoto. O tempo ficou paralisado naquele apartamento por nove meses.

Quando terminei o que tinha a fazer, saí de novo e fechei aquela porta, deixando tudo para trás, literalmente. E foi terapêutico, para dizer o mínimo, me fez sentir algum alívio, algo estava encerrado.

Mas ainda havia uma coisa que eu precisava descobrir. Precisava saber o destino da Rainha do Frango Assado.

Naquela noite entrei em contato com o *Japan Times* e perguntei se eles poderiam me ajudar a encontrá-la. Ela está com a família, vai ficar bem, posso ajudá-la de alguma maneira?

E eles de fato a encontraram, e pela primeira vez eu soube seu nome. Era Owada. Owada é seu sobrenome. Sra. Owada-san. E eles me disseram que o nome de seu restaurante era Ikoi e que *ikoi* em japonês significa "descanso, relaxamento, alívio".

E fico pensando: *Que lindo nome para um lugar modesto. Eu ia lá com frequência depois do trabalho para descansar e relaxar.* Agora eu obtinha alívio ao saber que aqueles desastres não a levaram, e que ela estava viva.

E finalmente, em 19 de fevereiro de 2012, a sra. Owada-san me enviou uma carta:

Consegui escapar dos desastres e estou tocando bem meu dia a dia. Pillitteri-san, faça o favor de se cuidar. Sei que seu trabalho deve ser importante. Espero que desfrute de uma vida feliz como a que parecia ter quando vinha ao meu restaurante. Ainda que eu não volte a vê-lo, sempre rezarei para que lhe aconteça o melhor.

CARL PILLITTERI passou mais de trinta anos trabalhando arduamente na manutenção de usinas de energia nuclear pelo mundo afora. Depois dos acontecimentos no Japão, tirou um curto período sabático, tentando reconquistar o foco e descobrir um novo rumo. Carl tentou abrir uma pequena empresa de instalação de turbinas eólicas de uso residencial no arquipélago próximo à costa oeste de Taiwan, mas esses esforços foram frustrados pela Taiwan Power Company (TPC). Enquanto Carl espera que a TPC perceba o valor de seu projeto, está de volta à estrada, trabalhando muito na manutenção de usinas de energia nuclear nos Estados Unidos.

Esta história foi contada em 6 de novembro de 2013 no Great Hall da Cooper Union, em Nova York. O tema da noite era Corra para o Abrigo: Histórias de Efeitos Colaterais. Diretora: Meg Bowles.

As duas vezes que encontrei Laurence Fishburne

Chenjerai Kumanyika

Em 21 de dezembro de 2007, às 14h15, um colega de trabalho me disse que a chefe queria me ver, e que eu devia ir preparado, porque ela não estava nada satisfeita.

Quando eu digo "trabalho", o que vocês precisam saber é que era um emprego temporário. E quando digo que era um emprego temporário o que vocês precisam saber é que meu desempenho num dia determinava se me chamariam para trabalhar no dia seguinte ou não.

Então, quando fui até a sala da chefe, o que ela disse foi: "Ei, Chenjerai. Ontem eu te pedi para fazer duzentos DVDs de *Gilmore Girls Thanksgiving Day Special*. Mas a planilha do Excel que você fez tinha mais do que isso".

"O.k. Quantos a mais?"

"Um milhão de DVDs de *Gilmore Girls Thanksgiving Day Special*. Você pode me explicar isso, por gentileza?"

Eu já era. Não tinha ideia de como usar o Microsoft Excel. E menti sobre meus conhecimentos para conseguir aquele emprego. E, bom, minha solução para os dois primeiros problemas tinha sido: na dúvida, tecle ENTER.

O que estou tentando explicar pra vocês aqui é que em 21 de dezembro de 2007, às 14h15, minha vida estava na merda.

E não apenas porque tinha um emprego no qual eu não era bom, e que poucas pessoas queriam. Estava na merda porque apenas dois anos antes eu tinha um emprego no qual eu era muito melhor, e que *todo mundo* queria. Eu era um artista de hip-hop em tempo integral.

Vejam só, em 1995 quatro amigos e eu decidimos que faltava alguma coisa na indústria musical. O que estava faltando naquela brincadeira era um grupo meio que tipo os Fugees, mas não tão talentoso. Meio que tipo os Roots, mas não tão criativo.

Então formamos os Spooks.* E depois de anos espalhando demos por aí, e todo mundo dizendo que nunca daríamos certo, finalmente fizemos o impossível. Viemos para Nova York e assinamos um contrato para gravar um disco.

Um dia o chefão da nossa gravadora nos chamou em sua sala, e seu assistente disse que ele estava empolgadíssimo.

"Spooks!" (Ele gostava de repetir a palavra, um pouco demais para um cara branco, só digo isso.) "Descobri um jeito de ganharmos milhões, e ele se resume a duas palavras: Laurence Fishburne."

Eu fiquei pasmo: "Espera aí, você está querendo dizer o *astro do cinema* Laurence Fishburne? Tipo *o* Laurence Fishburne de *Apocalypse Now*? O Morpheus do *Matrix*?".

De acordo com o chefão da gravadora, *o* Laurence Fishburne tinha concordado em usar a nossa música como principal tema musical do primeiro filme dirigido por ele. Tudo o que precisávamos fazer era jantar com ele e fechar o acordo. Vapt-vupt. Sem problemas.

Viemos a Nova York, esperamos em frente ao restaurante e, de fato, *o* Laurence Fishburne chegou numa *scooter*.

Ele não apenas concordou em colocar nossa música em seu filme, mas topou aparecer no videoclipe. Achávamos que

---

* *Spook*: literalmente "fantasma", a palavra tem também os sentidos figurados de "agente secreto, espião" e, num tom pejorativo, "negro". É neste último sentido que ela foi usada, ironicamente, pelo grupo negro de hip-hop.

o filme seria um sucesso, e que quando o filme fosse um sucesso, nossa canção também seria um sucesso, lançando-nos ao estrelato do hip-hop.

Maravilha.

As coisas não foram bem assim. Batalhamos nos Estados Unidos. Mas, assim como muitos artistas geniais antes de nós – Jimi Hendrix, James Baldwin... as Spice Girls –, estouramos primeiro na Europa. Tivemos um disco de ouro no Reino Unido, depois um compacto de ouro na França, e um compacto de ouro na Bélgica, e por fim um compacto de ouro na Suécia.

Eu estava contando isso para um amigo outro dia, meio que me gabando, e ele disse: "Espera aí, mas na Bélgica não é só vender três mil álbuns que já é considerado disco de ouro?".

Eu gaguejei: "Bom, sim, é verdade. Mas pô, quantos álbuns de ouro *você* tem? Vá se foder. Para de sacanear".

Estávamos no Top 10, estão me entendendo? Estávamos no Top 10 na Europa toda.

Isso queria dizer que íamos a todos os programas de TV. Fomos ao *Viva MTV*, ao *Jools Holland*, ao *Top of the Pops* – e aonde mais vocês imaginarem. Estávamos voando de um lado para outro, fazendo shows e participando de festivais.

Senti finalmente que tínhamos chegado lá no dia em que meu empresário me disse que tínhamos um problema. Tínhamos que fazer dois shows em dois países diferentes no mesmo dia. A solução foi simples: a Sony alugou um jato particular. Às oito da noite, show em Berlim; às onze e meia, show em Londres.

Num desses voos pela Europa num jato particular, entre um bando e outro de fãs estridentes, bebendo sidras de peras escandinavas conseguidas com exclusividade, sentei ao lado de uma executiva de gravadora que eu achava que estava virando minha amiga. Porque uma porção de gente à nossa volta naquela época dizia exatamente o que queríamos ouvir. Tinham um incentivo financeiro para fazer isso.

Então eu disse: "Susan, tenho uma ideia. Quando a gente acabar de excursionar, vamos todos nos reunir em algum lugar da Europa. Melhor ainda, vamos fazer disso uma coisa anual, escolher um lugar qualquer no mundo para ser nosso".

Até esse momento a gente estava rindo muito. Mas de repente ela ficou muito séria.

E tomou minha mão e disse: "Olha, Chenjerai, tenho que ser honesta com você. Não sei onde você vai estar no ano que vem. Aproveite enquanto dura".

Aquilo meio que me derrubou.

Minha reação foi: "Como assim? Estaremos fazendo música no ano que vem. Somos bons nisso, as pessoas gostam das nossas músicas. Eu gosto de fazer isso. Achei que finalmente a gente estava dentro. Olha só este jatinho particular. Olha só essas sidras de peras escandinavas exclusivas".

Mas ela estava certa. Dois meses depois outro executivo de marketing nos chamou ao seu escritório e disse que, por causa de um terceiro *single* mal escolhido, eles tinham ficado sem dinheiro para promover nosso álbum, e que era o fim. Nós ainda fizemos mais um álbum, mas um jovem executivo de gravadora do Reino Unido nos informou que a maioria das faixas não era "gângster" o bastante, e o álbum morreu na praia.

Mudei para Los Angeles, me casei. E acabei num cubículo reproduzindo DVDs de *Gilmore Girls*.

Mas mesmo ali eu sentia como se ainda tivesse um pé na brincadeira, e aparentemente minha mulher também, porque dizia: "Querido, tenho um emprego para você trabalhar com celebridades. Está interessado?".

E eu: "Claro. Mas se for para estar perto do meu pessoal, provavelmente vou ter que fazer umas compras".

Ela pegou a bolsa, tirou de dentro o cartão da JCPenney* e disse: "Compre um terno. Não o mais caro. Você vai trabalhar de segurança".

Fui até o lugar. Uau, aquilo era um encontro da elite negra do cinema. Spike Lee estava lá, Tyler Perry estava lá, o elenco inteiro da série *The Wire* estava lá. E então, saindo de uma limusine, chegou *o* Laurence Fishburne.

Agora, não vou mentir. A essa altura o pessoal não estava me tratando muito bem como segurança.

Mas pensei: *Agora eles vão ver só.*

Sabem o que estou dizendo, né? Eu não tinha simplesmente conseguido um autógrafo do Laurence Fishburne. Ele estava *no meu vídeo.*

Mas, à medida que ele se aproximava, dei uma reavaliada na situação.

Pensei: *Espera aí. E se ele quiser que eu entre com ele? Eu não posso. Estou trabalhando. Como vou explicar isso?*

E em seguida: *Ele não vai me convidar pra entrar. Estou aqui metido neste terno nível JCPenney.*

Eu nem estava calçando meias elegantes. Estava com meias de agasalho.

E, pensando bem, faz meses que eu não faço música. Não sou mais um artista de verdade. Não estou na jogada do rap. Eu faço é DVDs de Gilmore Girls.

E nem isso eu faço direito.

Fui ficando cada vez mais nervoso. E enquanto Laurence Fishburne vinha em minha direção virei a cabeça para que ele não visse minha cara, porque simplesmente não queria ter que explicar minha situação. Ele passou reto por mim sem me ver. Não sei se me senti mais deprimido ou aliviado naquele momento.

---

* Grande rede de lojas de departamentos dos Estados Unidos.

Eu sabia àquela altura que tinha de encarar a realidade da minha vida. Algumas semanas depois, fiz uma entrevista para um emprego de período integral como auxiliar administrativo. Só que a firma ficava numa sala apertada e mal iluminada – o tipo de lugar onde toca música pop insidiosa no rádio, mas ninguém escuta porque estão todos encarando apalermados as telas dos computadores.

Eu estava encarando apalermado meu currículo, tentando imaginar como explicaria as lacunas nele e por que um artista de hip-hop estava tão empolgado para ser auxiliar administrativo em tempo integral.

Mas, enquanto eu ouvia a música, de repente comecei a achar que já conhecia aquilo.

E então me toquei: *Espera aí, eu ESCREVI essa música. É "Things I've Seen". É a música que fez a gente estourar!*

Um dos funcionários olhou para o colega e disse algo como: "Ei, lembra dessa música, 'Things I've Seen'? Putz, eu adoro essa porra. Era do cacete".

Fiquei empolgado, pensando que talvez alguém me reconheceria. Comecei a olhar em volta. Mas ninguém me reconheceu.

Mas tudo bem, também, porque me dei conta naquele momento de que a minha música saindo daquela caixa estava me passando uma mensagem, e o que ela estava dizendo era: *Você não precisa se angustiar tentando fazer de conta que é tipo um astro do rock que sai por aí com o Laurence Fishburne. Mas esses caras ouviram sua música e gostaram. No fim das contas, não é para isso que serve fazer música?* O que eu mais amo na música é que você não precisa ser uma pessoa grande e importante para fazer canções marcantes que dão o recado e emocionam as pessoas.

Também percebi naquele momento que talvez eu tivesse mais a oferecer ao mundo do que planilhas de Excel. Eu estava à procura de uma brecha para fazer o que gostava, e ao mesmo tempo criar oportunidades para que outras pessoas fizessem música.

Encontrei essa brecha quando me ofereceram a chance de dirigir um estúdio para uma incrível organização sem fins lucrativos chamada Street Poets. A Street Poets trabalha com jovens marginalizados, para ajudar a transformá-los em artistas, professores e terapeutas. Depois de trabalhar na Street Poets, consegui obter meu Ph.D. e me tornar professor de estudos de mídia.

E agora, às vezes, quando estou sentado na minha sala, meus alunos chegam muito empolgados para me contar sobre seus sonhos e seus temores.

Eu sei que devia dizer a eles: *Escutem só, vocês todos, as coisas são duras lá fora. A vida dá um pé na bunda da gente. Vão com cuidado.*

Mas nunca digo.

O que digo é: "Vão fundo. Aproveitem enquanto dura, mas se preparem para o tranco, porque, quando não dá certo, às vezes é preciso descobrir quem você *não* é para poder se tornar quem você *é*".

DR. CHENJERAI KUMANYIKA é professor universitário, ativista e artista que mantém um curso de criatividade no Departamento de Estudos da Comunicação na Clemson University. É conselheiro de diversos programas de orientação de jovens, incluindo Street Poets Inc., e analista de notícias para a Uprising Radio. Seu artigo de janeiro de 2015, "Cor vocal na rádio pública", produzido para a Transom.org, foi divulgado na NPR (National Public Radio), no *Washington Post* e no BuzzFeed, foi *trending topic* nacional no Twitter e gerou uma discussão nacional sobre a diversidade na mídia pública. O jornalismo ao vivo de Chenjerai durante os protestos do Black Lives

Matter em 2014-15 foi visto por dezenas de milhares de espectadores. Chenjerai também é membro fundador do grupo de hip-hop Spooks, cujo primeiro álbum, *S.I.O.S.O.S. Vol. 1* (2000), contém faixas ganhadoras de disco de ouro em quatro países e classificadas no topo de listas de Top 10 pelo mundo afora. Mais informações sobre seu trabalho disponíveis em Chenjerai.net.

Esta história foi contada em 17 de novembro de 2015 no Blue Man Group's Astor Place Theatre, em Nova York. O tema da noite era The Moth e Blue Man: Tribos. Diretora: Catherine Burns.

Importa muito

Kevin McGeehan

Quando eu tinha trinta e cinco anos, voltei a morar com minha mãe, Patti. Ela era uma senhora miúda e ruiva. Nada menos que um doce de garota – divertida e inteligente. Era uma excêntrica adorável, que observava o mundo através de um torto par de óculos cor-de-rosa.

Era mãe solteira – na verdade, divorciada. E tinha sido essas duas coisas desde os meus dez anos. Durante a maior parte da minha vida, tínhamos sido só nós dois.

Agora, o motivo que me levou a morar com ela de novo é que Patti fora diagnosticada recentemente como paciente terminal, com prognóstico de seis meses a um ano de vida, e ela me pedira para voltar para casa e ajudá-la a segurar a barra. Disse sim na mesma hora e voltei para casa.

Mas fizemos um pacto quando cheguei lá. Prometemos que estaríamos juntos naquilo. Que ela me trataria como adulto e que eu faria o máximo para não agir como uma criança.

A outra coisa que decidimos era que encararíamos aquilo como um emprego, um trabalho com as devidas responsabilidades. Meu título era de Cuidador Principal, e por essa função eu recebia setenta e cinco dólares em dinheiro toda sexta-feira.

Alguém aí com inveja?

Nos primeiros meses, eu tinha duas responsabilidades principais, uma bem diferente da outra. Patti era uma trabalhadora inabalável e queria seguir na lida até o último dia possível. Então minha primeira responsabilidade profissional era levá-la de carro ao trabalho às nove da manhã e apanhá-la às três da tarde, o que me dava seis horas para preencher como bem entendesse.

Uma coisa que eu fazia era ir à academia de ginástica por algumas horas, onde ficava ridiculamente em forma. Ou me entregava a meu novo hobby, um hobby que eu adquirira nessa volta ao lar, e sobre o qual eu falarei agora para vocês de um modo completa e inteiramente desavergonhado: álbuns de recortes.

Adoro. E sou muito bom nisso, acho terapêutico e gratificante. Patti e eu costumávamos brincar que eu poderia muito bem ser descrito como um homem heterossexual de trinta e cinco anos com os hobbies de uma mulher de setenta e cinco, no corpo de um homem gay de vinte e cinco.

Minha segunda responsabilidade profissional era um pouquinho diferente, e era a seguinte: Patti tinha um tipo raro de câncer chamado leiomiossarcoma, um tumor flutuante que avançava por seu corpo, paralisando sistematicamente seus órgãos. Para fazer isso, ele, o tumor, tinha que gastar energia. Assim, ele precisava expelir uma secreção em forma de um líquido que se acumulava nos pulmões ao longo do dia. Então, todos os dias, às sete e meia da manhã, eu pegava um dreno conectado ao interior de seu corpo, engatava-o num aspirador e drenava todo aquele fluido para fora de seus pulmões.

O processo levava uns noventa segundos, e tirávamos cerca de um litro de fluido por vez. Tínhamos um sinal combinado. Quando sentia que estava vazia, ela erguia a mão no ar e eu fechava a válvula imediatamente.

Fomos alertados pelos médicos de que, se um de nós perdesse o momento certo, todo o líquido terminaria e o ar seria sugado violentamente para fora do pulmão. Debilitada como estava, ela teria um ataque cardíaco e morreria na minha frente.

De modo que, por alguns segundos a cada dia, a vida de Patti estava em minhas mãos. O otimismo era um emprego de tempo integral. E serei muito franco com vocês: quando voltei para casa, tudo o que eu mais desejava era fugir para bem longe. Era mais do que eu podia suportar em certos pontos.

A coisa só ganhou realmente sentido para mim quando me dei conta de que Patti tampouco podia escapar, de que estávamos amarrados. Não havia nada a fazer, e só nos restava lidar com aquilo.

Até que, numa noite, tudo mudou.

Estávamos assistindo à terceira temporada de *Nos Bastidores do Poder*. Uma frase chegou ao ouvido dela, deixou uma marca indelével e tornou-se a base de como encarávamos a coisa toda.

A frase era mais ou menos assim: "Todos caímos, e isso importa. Mas quando a queda é só o que restou para nós, isso importa muito".

O que nos levou a uma série de discussões muito francas. Uma delas era algo que nunca havíamos abordado antes, a saber: o que fazer quando sabemos, sem sombra de dúvida, que vamos morrer? Não tem "se", nem "e", nem "mas" quanto a isso. É o destino da gente e pronto.

Você deixa essa certeza te esmagar e ditar suas ações pelo resto de seus dias? Ou aceita sua sina, abraçando-a e fazendo as coisas que deseja fazer, com a cabeça erguida?

Perguntei a ela: "Como você quer sair de cena?".

E ela respondeu: "Não quero partir me lamuriando. Não quero que as pessoas sintam pena de mim".

Isso me levou a sugerir, uma noite: "E se armássemos uma festa para você, como um bota-fora antes de uma viagem, na qual eu seria o mestre de cerimônias e faria uma apresentação – um tributo?".

Ela adorou a ideia.

Aquilo era ótimo, porque ela adorava a ideia de poder se despedir de todo mundo que significou alguma coisa na sua vida.

Mais que isso, conforme ela me disse depois e repito aqui: "Nunca vou ver você casar ou ser pai, de modo que esta vai ser a segunda melhor coisa possível".

Mas havia uma coisa que ainda a segurava antes que pudesse se comprometer completamente com aquela festa. Se Patti precisasse descrever a si mesma, diria que era economicamente frugal. Mas, já que ela não está aqui para se defender, vou expressar de outra maneira: ela era uma muquirana que se recusava a gastar dinheiro.

Assim, no dia seguinte eu saí fazendo algumas pesquisas de preços e voltei para ela com a informação de que, se fizéssemos a festa no lugar que ela queria, iria nos custar no mínimo oito mil dólares.

Ela disse: "Ah, não. Era mesmo uma ideia muito boa, mas não".

Continuei pensando no assunto e voltei a ela com o seguinte argumento: "Mãe, você tem o dinheiro. Estou prestes a herdar esse dinheiro e é assim que eu escolheria gastá-lo".

Mais tarde naquela noite, quando eu estava no meu quarto trabalhando num álbum de recortes muito másculo, Patti parou na minha porta e disse: "Kevin, durante a vida inteira poupei dinheiro para o futuro. O futuro é agora, não é?".

Eu disse: "Sim, isso mesmo".

E ela: "Tudo bem, vamos fazer a festa".

Àquela altura começou o planejamento. Convites foram enviados, e aquilo era muito empolgante para nós, porque nos proporcionava muitas coisas. Nos dava algo sobre o que conversar, nos dava algo para planejar e, mais importante que tudo, nos dava alguma coisa pela qual esperar com ansiedade, porque precisávamos disso desesperadamente.

Uma noite, levemente embriagados pelo vinho do jantar, começamos uma brincadeira bonitinha – confessamos segredos um ao outro, porque nenhum deles tinha mais importância.

Todas as coisas que eu tinha feito no passado eram simples paradas na estrada que me levou de volta para casa para cuidar dela. De modo que, se alguma vez tive livre trânsito com minha mãe, foi naquele momento.

Do meu jeito meio bêbado, contei-lhe tudo sobre a ocasião em que, aos dezesseis anos, roubei cerveja do mercadinho local. E também sobre como, aos vinte e dois, tive um caso secreto que durou um ano com minha professora de faculdade de trinta e sete anos (que mesmo assim só me deu uma nota B em sua matéria).

Minha confissão favorita foi da cômica e perigosa transação de drogas que eu fiz nas ruas de Viena, Áustria. Só saí ileso na ocasião porque os caras me acharam parecido com o Chuck Norris.

Patti e eu estávamos rindo, nos divertindo muito, até que ela me contou uma coisa que me partiu o coração. Quando tinha vinte e quatro anos, ela se casou com meu pai. Nunca tinha sido uma garota popular, então se sentia insegura para fazer uma festa de despedida de solteira.

Mas sua colega de quarto na época (que era também sua dama de honra) disse: "Não se preocupe. Vai dar tudo certo".

Corta para o dia da despedida de solteira. Patti, minha avó e a colega de quarto ficaram sentadas durante uma hora numa sala com uma decoraçãozinha pobre – e ninguém apareceu.

Para uma mulher de vinte e quatro anos, aquele foi um momento devastador e decisivo. Naquela noite ela confessou um temor que sempre tivera: *Ninguém virá à minha festa*.

Àquela altura eu sabia que não era mais um caso de *querer*, mas de *precisar*, e era algo que eu tinha que proporcionar a ela.

Como eu disse, ela foi mãe solteira, e tinha feito de modo abnegado tantas coisas por mim que eu não tinha escolha. Assim, dupliquei meus esforços e tentei lidar com os diferentes fatores que precisam ser encarados quando a gente planeja um grande evento, mas havia uma série de coisas que eu não tinha como controlar.

Cinco dias antes da festa, sua saúde deu uma virada brusca, e ela teve que ser levada às pressas ao hospital, onde me disseram que não teria muito tempo de vida. Os parentes cheios de opiniões começaram a chegar à cidade, e nem todos achavam fantástica a festa.

Um irmão dela chegou e disse: "Você precisa cancelar essa festa, porque o que vocês dois estão fazendo", e aqui eu o cito literalmente, "é mórbido e inteiramente inapropriado".

Mas aí Patti fez uma coisa que eu nunca a vira fazer antes: fincou o pé contra o irmão e todos os outros estraga-prazeres. Estava decidida a fazer aquela festa; ela não seria cancelada. E me fez prometer que a festa aconteceria com ou sem ela.

Aquilo seria seu momento supremo, e não queria saber de gente bloqueando o caminho. Quem não quisesse entrar no barco, que saísse da frente. Era uma coisa incrível de ver.

(Mas eu a conheço muito bem, então sejamos honestos: ela também gastara oito mil dólares sem possibilidade de reembolso naquilo. Portanto, não havia hipótese de cancelar.)

Corta para o dia da festa, 24 de junho de 2006, sete da noite, e eu nunca, jamais, vou esquecer desse momento. Estamos no esplêndido Sawgrass Marriott na encantadora Ponte Vedra Beach, Flórida, postados diante das portas fechadas do Salão de Banquetes A.

Patti está atrás de mim numa cadeira de rodas, e não acredito que conseguimos chegar até esse ponto. Estou exausto; não durmo há dias.

Eu me viro para ela, toco sua mão, e ela dá um aperto tranquilizador na minha, e eu lhe digo: "Lá vamos nós".

Viro para a frente, apoio as mãos nas portas e, abastecido apenas pela adrenalina e duas doses de vodka e cranberry, abro as portas com um empurrão, entro no salão e anuncio: "Senhoras e senhores, Patti McGeehan!".

E o lugar vai à loucura.

O pianista ataca uma versão entusiasmada do tema de *Nos Bastidores do Poder*. Todo mundo que confirmou a presença apareceu, e todas as cem pessoas estão de pé, aplaudindo vigorosamente.

E Patti McGeehan entra no salão para sua primeira, e última, ovação. É uma coisa magnífica de ver.

A festa se desenrola espetacularmente. Foi uma linda noite cheia de risos e honestidade pragmática, exceto por uma única pequena confusão que sempre acontece num evento desse tamanho, quando um sujeito achou a melhor ideia do mundo fazer um discurso improvisado em que chamou Patti de MILF (e em seguida definiu o acrônimo).* Tirando isso, a noite foi tão boa quanto esperávamos, ou até melhor.

O ápice da noite foi uma fila de cumprimentos, com a qual Patti pôde dizer adeus a todos e, mais importante que isso, todos puderam dizer adeus a ela. E, olhando de fora para aquela fila de cumprimentos, posso dizer com segurança que, embora houvesse tristeza nas despedidas, não havia uma única pessoa naquele salão que estivesse sentindo pena dela.

No fim da noite, ela me chamou para junto de si e fez um gesto para que eu me inclinasse. Então me beijou no rosto e disse: "Obrigada, Kevin. Isto foi muito melhor que minha despedida de solteira".

Ao que respondi: "Ora, de nada, mas convenhamos que ela não era muito difícil de superar".

Oito dias depois, enquanto eu segurava sua mão, ela deu seu último suspiro. Suas últimas palavras para mim foram: "Você é um homem bom, Charlie Brown".

---

* MILF: acrônimo de "Mom I'd Like to Fuck". Em tradução literal: "Mãe com quem eu gostaria de transar".

Há muitas coisas pelas quais devo agradecer a Patti, especialmente aquela festa, que foi um presente para mim, tanto quanto para ela.

Saí daquela casa diferente do que era quando entrei, e acredito firmemente que a mudança foi para melhor, pois pude ver Patti encarar seus medos e vencê-los. Ela me mostrou, sem deixar dúvidas, que não importa o quanto as apostas estejam contra você, há uma maneira de manter a cabeça erguida. Pois quando a queda era tudo o que lhe restava, ela a enfrentou à sua maneira, porque isso importava muito.

E, já respondendo a próxima pergunta de vocês, sim, fiz um lindo álbum de recortes da coisa toda.

KEVIN MCGEEHAN foi ator durante muitos anos no famoso Second City de Chicago, viajando pelo país e partes da Europa com a National Touring Company. Tem cabelo ruivo, já foi assaltado à mão armada e por um período de quatro meses viveu num enorme navio de cruzeiro que quase tombou sob uma onda traiçoeira de mais de vinte metros. Suas histórias autobiográficas podem ser ouvidas em *The Moth Radio Hour* e lidas na revista *Men's Health*. Para ler ainda mais histórias, você pode acessar seu *podcast* de narrativas chamado *Funny, Cuz It's True*. Ele mora em Los Angeles e ensina improvisação no Second City de Hollywood. (Escreveu este pequeno resumo biográfico um ano antes da publicação deste livro, de modo que supõe que muitas coisas novas e empolgantes dignas de registro terão acontecido nesse intervalo.)

Esta história foi contada em 11 de dezembro de 2013 no Paramount Theatre em Austin, Texas. O tema da noite era Malvado ou Bonzinho. Diretora: Maggie Cino.

Um conto de dois jantares

Bliss Broyard

Estou num jantar comemorativo em Charlottesville, Virginia. Acabo de me mudar para a cidade e não conheço ninguém, exceto a prima de segundo grau do meu ex-namorado, uma mulher chamada Whitney, que me convidou para a festa. Tudo o que sei dela é que é uma baita WASP*, e até aí tudo bem, porque eu também sou uma WASP. Nasci em Fairfield, Connecticut, que é a terra dos WASPs. Isso significa que estou achando que conheço o terreno onde estou pisando.

Eles teriam dois labradores retrievers pretos, uma casa cheia de mobília do século XVIII, e claro que WASPs sempre têm aqueles guardanapos de linho bem puídos. (É estranho isso, como se simplesmente não suportassem a ideia de jogá-los fora.)

Então estamos no jantar, e Whitney vira para mim e diz: "Oh, se você estiver livre no próximo fim de semana, venha caçar raposas com a gente".

Tudo bem.

"É muito divertido. Caçamos o dia todo e à noite jantamos e depois vamos dançar no clube."

O.k.

Então o marido de Whitney diz: "Ah, mas tome muito cuidado com o Chuck".

---

* Acrônimo de *White, Anglo-Saxon and Protestant* (Branco, anglo-saxão e protestante), a velha elite dominante dos Estados Unidos.

"Sim, o Chuck é um tanto irritante. Às vezes ele gruda numa mulher solteira, então seria bom evitá-lo."

Nesse momento a anfitriã entra na conversa: "Quem é que gruda em mulheres solteiras? Sou solteira e ninguém sequer fala comigo. Quem é esse tal de Chuck?".

Whitney diz: "Você sabe quem é. Tem cabelo encaracolado. Traços bem marcados".

Na sequência, descreve como ele estava vestido e o que aconteceu na última festa. A anfitriã continua sem ter ideia de quem estão falando.

Então seu marido, John, diz: "Ah, fala logo. Chuck era o sujeito preto".

E esse grito reverbera ao redor da mesa.

"Chuck é negro? É *negro*? Eu não sabia que ele era negro."

"Bom, quer dizer, a gente não diria exatamente que é negro. É mais como um mulato claro."

A anfitriã diz: "Espere um pouco, tenho fotos daquela festa".

Levanta-se da cadeira num salto e em seguida volta com um álbum de fotografias e o folheia.

"Ah, ele. Sim, Chuck. O.k. Meu Deus, ele é negro? Nem dá para perceber."

Então ela passa o álbum de fotos ao redor da mesa.

E as pessoas dizem coisas como: "Ah, sim, olhem só o cabelo dele. É praticamente pixaim. Eu não tinha notado. Olhem os lábios. É, são meio grossos. E acho que o nariz é um pouco largo".

Então o álbum chega às minhas mãos.

Eu me levanto e digo: "Sabem de uma coisa, é mesmo difícil perceber. Por exemplo, o que vocês diriam do meu cabelo? É encaracolado, mas vocês diriam que é pixaim? E quanto aos meus lábios? Quero dizer, o de baixo é meio grosso, mas o de cima é bem fino. E o meu nariz? Vocês acham que o meu nariz é largo? Se vocês me vissem numa pista de dança, veriam que tenho um ritmo inato, mas não sou muito boa na quadra de basquete, porque não sei saltar. O que diriam da minha pele? Vocês chamariam minha pele de mulato-clara?".

Na verdade, quando aquele álbum chegou a minhas mãos eu o passei adiante para a pessoa ao meu lado. Não abri a boca. Cinco minutos depois, disse que estava me sentindo mal – o que era verdade – e fui embora.

Porque quatro anos antes disso, quando meu pai estava morrendo de câncer de próstata, descobri que ele tinha um segredo. Ele disse que nos contaria qual era, mas, quando todos nos reunimos para conversar com ele a respeito, não conseguiu juntar forças para fazer a revelação. Uma noite um tumor rompeu a parede da sua bexiga e ele teve que se submeter a uma cirurgia de emergência, e tudo indicava que não conseguiria sobreviver até a manhã seguinte.

Minha mãe sentou-se comigo e com meu irmão e disse: "Olhem, filhos, tenho que contar qual é o segredo. O pai de vocês é negro".

Ora, eu sempre soube que ele era um *creole** de Nova Orleans, e achei que isso significasse que ele era francês, falasse patoá e comesse *jambalaya*. O que eu não sabia é que também significava que ele era negro.

Naquela noite no hospital, ficamos tipo: "Oh, é *esse* o segredo? Papai é *negro*? Bom, que legal. Isso significa que também somos negros, não é mesmo?".

Minha primeira pergunta foi: "Quão negro ele é?".

Essa é sempre a primeira pergunta que me fazem, porque ele não parecia negro.

E minha mãe disse: "Bem, o pai e a mãe dele eram negros, também. Tinham a pele bem clara. Na verdade, podiam passar

---

* Descendente de colonizadores franceses do sul dos Estados Unidos, especialmente da Louisiana. O termo foi mantido no original para evitar confusão com o nosso "crioulo" ou o hispano-americano "*criollo*", que têm sentidos diferentes.

por brancos, e quando se mudaram para o Brooklyn, para Bed-Stuy, depois de sair de Nova Orleans, tiveram que passar por brancos para conseguir emprego, nos anos 1930".

Os avós dele tinham sido negros também, ela disse, e todos de pele clara.

Eu sabia que o pai do meu pai tinha morrido muito tempo antes de eu nascer e que minha avó morreu quando eu tinha doze anos. Mas nunca a vimos, nem tampouco nenhuma das duas irmãs do meu pai, embora elas morassem em Nova York, que ficava a apenas uma hora de onde estávamos morando, em Connecticut.

Quando eu perguntava ao meu pai por que não conhecíamos a família dele, a resposta era: "Ora, eles não me interessam".

O que, evidentemente, significava uma grande pressão para que eu fosse interessante.

Mas francamente, com meu pai na sala ao lado, entre a vida e a morte na mesa de cirurgia, aquilo não me parecia grande coisa.

Ele sobreviveu à cirurgia, mas não voltou a ficar lúcido, e morreu um mês depois. De modo que nunca tive uma chance de conversar com ele a esse respeito. E em muito pouco tempo o segredo começou a me parecer sim uma grande coisa.

Para começar, por que era um segredo? Era algo que eu tinha dificuldade em compreender.

Minha mãe disse que, quando criança, meu pai tinha sido hostilizado por meninos negros porque parecia branco, e excluído pelos meninos brancos porque eles sabiam que a família dele era negra. Ele chegava da escola com a jaqueta rasgada e seus pais nem perguntavam o que tinha acontecido. Ele não queria que seus próprios filhos passassem pelo mesmo infortúnio e pelas mesmas confusões que ele.

Mas, à medida que as perguntas eram respondidas, surgiam outras tantas. Por exemplo, em que aquilo me afetava? Pelos primeiros vinte e três anos da minha vida eu fui uma garota branca de Connecticut. E sabem de uma coisa? Eu já não me sentia mais realmente branca, mas também não me sentia negra. Quero dizer, eu não pareço negra. Também não sabia nada sobre o que é ser negro, ou sobre a cultura negra. Àquela altura eu não conhecia ninguém que *fosse* negro. Então pensei: bom, acho que devo começar pela minha própria família.

Procurei os parentes do meu pai, que eu tinha encontrado pela primeira vez no seu funeral. E, vejam que interessante, das quatrocentas pessoas que compareceram à cerimônia, eles eram os únicos negros, exceto por um dos colegas do meu pai do *New York Times*.

Eu estava bem empolgada por conhecê-los. Estava com vinte e quatro anos, tinha acabado de perder o pai que eu tanto amava e estava meio que começando a sentir que o perdera duas vezes. Ele tinha morrido, mas além disso eu estava aprendendo todas aquelas coisas que eu ignorava a seu respeito. E ao conhecer seus parentes me dei conta de que eles não eram só a família dele, eram minha família também.

Então acontece que a irmã do meu pai, minha tia Shirley – o marido dela era um incrível ativista pelos direitos civis. Tinha sido o chefe da NAACP* para toda a região oeste do país nos anos 1950. Ele deu início à primeira seção de direitos civis para o estado da Califórnia. Foi o segundo afro-americano de toda a história designado para a ONU e depois foi embaixador em Gana.

Era um sujeito incrível, e eu sequer cheguei a conhecê-lo porque morreu alguns meses antes do meu pai.

Eu disse à tia Shirley: "Sabe, não sei bem o que fazer com essa informação. Não sei como identificar a mim mesma.

---

* *National Association for the Advancement of Colored People* (Associação Nacional para o Progresso das Pessoas de Cor), importante entidade de combate à segregação e discriminação racial fundada nos Estados Unidos em 1909.

"Eu costumava dizer: 'Sou francesa e norueguesa'. E então passei a dizer: 'Bom, sou norueguesa e negra', mas aí as pessoas me olhavam com uma cara de *Ah, hummm, é mesmo?*

"Então o que eu digo é: 'Bom, sou norueguesa e *creole*, o que significa francesa e negra, mas eu não sabia da parte negra até alguns anos atrás, e é por isso que não pareço tão negra'. E continuo falando e falando, até que eles dizem: 'Bom, desculpe por ter perguntado'."

Minha tia disse: "Bem, você sabe quem é. Você é a Bliss. Eis quem você é. E tem a vida inteira pela frente para compreender o que isso significa. Veja, no momento em que você deixa outras pessoas começarem a te definir, está simplesmente abrindo mão de seu poder".

Então pensei: *Então tá, vou tentar entender quem é a Bliss. Essa parece uma boa pergunta.*

Comecei a ler. Fui até a biblioteca e pesquisei palavras como "integração" e "mulato" e "mestiço" e "miscigenação" – palavras que eu nunca tinha ouvido antes. Aprendi sobre a regra da "uma gota": se você tem uma gota de sangue negro, então você é negro.

Comecei a ler aqueles livros que não eram muito importantes no meu colégio em Connecticut. Eu estava lendo Ralph Ellison e Richard Wright e Toni Morrison, e estava aprendendo tudo sobre essa cultura rica, interessante e dolorida.

Fui a Nova Orleans. Tentei rastrear minhas raízes. Eu me perguntava: "Como chegamos aqui, afinal? Viemos da África?".

Até que uma noite, quando estava jantando com minha tia, fiz a ela uma pergunta que andava me afligindo de verdade. Estávamos num café do Upper West Side. Lembro que as mesas eram bem pequenas e muito próximas umas das outras.

Por isso eu me debrucei sobre a mesa e disse, num sussurro: "Então, Shirley, será que alguns de nossos antepassados foram escravos?".

Ela me lançou um olhar de surpresa, endireitou-se na cadeira e disse: "Bom, não foram muitas as pessoas negras que vieram para cá como imigrantes no século XVIII, portanto sim, provavelmente eles eram escravos".

Eu ainda tinha muitas outras perguntas a fazer. Assim, um membro da família me pôs em contato com o chefe do departamento de estudos afro-americanos em Harvard. Eu o procurei e ele se interessou pela minha história, porque meu pai tinha sido um escritor bastante conhecido. De modo que conversamos e ele me deu mais alguns livros para ler, e prometeu que levantaria uma bibliografia e me mandaria pelo correio.

Depois de um tempo ele me telefonou e disse: "Olhe, propus a história do seu pai à *New Yorker*, e farei um perfil dele para a revista".

Fiquei meio perturbada com aquilo. Quer dizer, eu sempre desejei estar na *New Yorker*, mas não era bem assim que imaginei que aconteceria.

Mas ele escreve o tal artigo, no qual diz que meu pai nunca sequer contou aos filhos – que sua filha não soube de nada até os vinte e três anos. Então pensei: bom, tenho *mesmo* que resolver essa questão da minha identidade, porque agora todo mundo está lendo a respeito dela.

Então recebi um telefonema de uma mulher dizendo: "Oi, sou sua prima Claire Cooper, de Los Angeles, e cresci na rua onde seu pai morava em Nova Orleans, e quero te dizer que aquele artigo está cheio de mentiras. Seu pai *não é* negro. Os Broyards são brancos".

Eu disse: "Tem certeza? Porque eu fui a Nova Orleans e consultei alguns registros e está escrito 'de cor' na certidão de nascimento".

"Não, não, não. É mentira. São pessoas que simplesmente querem nos imputar alguma coisa."

Eu disse: "Mas, de todo modo, não seria um problema o fato de sermos negros, seria?".

E ela: "Bom, não importa, porque não somos. Tem muitos Broyards aqui na Califórnia, e são todos brancos".

E eu disse: "Ah, tá bom". Estava preparada para acreditar em qualquer coisa. Tinham me dito tantas coisas.

Mas então encontrei um sujeito na internet, um escritor chamado Mark Broyard, que morava em Los Angeles também. Ele escreveu uma peça chamada *Por dentro da máfia creole*. Toda ela gira em torno da política da cor da pele, de quem passa por branco e quem não passa.

Então telefonei para ele e disse: "Acho que é bem capaz de a gente ser primo".

E ele disse: "Sim, aposto que somos".

Eu: "Então, na real: os Broyards são negros ou não?".

Ele respondeu: "Bom, eu sou um Broyard e sou negro, e todos os Broyards que conheço aqui são negros também".

Então parti para a Califórnia. Pensei: *Tenho que verificar por conta própria*.

Então nos reunimos todos num restaurante *creole* chamado Harold & Belle's, no Jefferson Boulevard, em South Central. Lá estava Claire Cooper, com seu marido, representando o lado "branco" da família, e lá estava Mark Broyard e sua família do lado negro.

Estamos todos lá fazendo um *brunch*. Mais uma vez estou numa mesa, mais uma vez estou com um grupo de pessoas que nem sequer conheço direito, e vejam só, mais uma vez vem em minha direção um álbum de fotografias.

Este pertence a Claire Cooper, e está repleto de fotos dos meus parentes, aquela família inteira que eu nem sabia que tinha. Todos aqueles antepassados, remontando ao século XIX, aqueles cinco irmãos que vieram do Marrocos, conforme disse alguém.

Mark está sentado ao meu lado, e me passa o álbum de fotos dizendo: "Ei, dá uma olhada em todos estes Broyards brancos". Eu olho para ele. Ambos começamos a rir, porque todas aquelas pessoas pareciam negras! E dizemos algo como: "Claire, se você sente necessidade de ser branca, tudo bem, sabe, seja o que for".

Estou ali sentada e me dou conta do ridículo da situação.

Pensei: *Bom, cá estou eu, uma WASP de Connecticut, tendo um brunch com minha família negra em South Central.*

Mas a verdade mesmo é que me senti totalmente em casa.

BLISS BROYARD é autora da coletânea de contos de grande sucesso *My Father, Dancing*, que foi escolhida como Livro Notável pelo *New York Times*, e do premiado livro de memórias *One Drop: My Father's Hidden Life – A Story of Race and Family Secrets*, considerado um dos melhores livros do ano pelo *Chicago Tribune*. Contos e ensaios seus foram incluídos em *Best American Short Stories*, *The Pushcart Prize* e *The Art of Essay*, entre outros, e ela tem escrito para muitas publicações, incluindo o *New York Times*, o site da *New Yorker* e a *Elle*. Trabalha atualmente num romance ambientado em Martha's Vineyard, chamado *Happy House*, e escreveu um blog sobre uma volta ao mundo em um ano com o marido e os dois filhos em 4intransit.com.

Esta história foi contada em 19 de abril de 1999 no Lansky Lounge em Nova York. O tema da noite era Quem Você Pensa que É? Uma Noitada de Histórias sobre a Conquista e a Preservação da Identidade. Diretora: Joey Xanders.

Sem título

Louis C. K.

Fui à Rússia em 1994, e ela tinha acabado de se tornar Rússia de novo. Era União Soviética até justamente aquele ano, mas então tudo começou a desmoronar.

Na época eu era redator do programa do Conan O'Brien. Tinha sido roteirista ali por dois anos e estava esgotado, não queria mais fazer aquilo.

Então fui até o chefe dos roteiristas e disse: "Tenho que me demitir, caso contrário acho que vou ter um colapso nervoso".

Ele disse: "Tire duas semanas de folga, eu te pago por elas".

Eu disse: "Tudo bem. Farei isso".

Eu estava na faixa dos vinte – não tinha mulher, nem nada. Não tinha nem namorada. Era só um cara que ganhava dinheiro num emprego na TV.

Então eu não tinha para onde ir, e pensei: *Vou para a Rússia*. Porque quando eu era garoto costumava ler romances russos, e adorava. Eu abria todas as janelas para ficar com frio. Queria ficar com frio como eles, os russos.

Além disso, alguém me disse que o muro havia acabado de cair e que a Rússia era um lugar bem louco para estar.

Então eu disse: "É para lá que eu vou".

Fui para a Rússia em meados de dezembro, sozinho.

Não falo uma palavra de russo. Não sou capaz sequer de olhar para o alfabeto e entender o que vejo. Não havia lugar mais estrangeiro para mim do que a Rússia.

Fui para Moscou, e quando você aterrissa em Moscou é floresta por todo lado, e aí de repente surge a metrópole no meio de uma grande floresta. É apavorante.

À medida que o avião vai descendo, você pensa: *Não, não, não. Eu não queria fazer isso de verdade!* Era um país simplesmente despedaçado. E as coisas mais bizarras me aconteceram lá.

Exemplo: eu estava num restaurante e um garçom – não o meu garçom – veio até mim e disse: "Coca-cola?".

Eu disse: "Hein?".

E ele: "Coca-cola".

Eu disse: "Claro". Não bebo coca-cola, mas àquela altura eu já tinha aprendido a simplesmente fazer o que me pediam para fazer. Claro.

Então ele foi até a cozinha, trouxe uma lata de coca e me entregou dizendo: "Cinco dólares", porque só dólares valiam alguma coisa ali.

Eu disse: "O.k., inclua na conta".

Ele respondeu: "Não. Cinco dólares, eu. Agora".

Então eu lhe dei cinco dólares e ele os guardou no casaco e saiu. Ele me vendeu uma coca por fora e então largou o trabalho. Era esse tipo de momento confuso que eu estava vivendo ali.

Eu não conseguia falar com ninguém e me sentia muito solitário. Era difícil. Só ficava sentado no meu quarto. Tentei assistir televisão, mas só passavam programas americanos do tipo *Dinastia*.

O modo como eles traduziam era o seguinte: baixavam um pouco o som e por cima colocavam a voz de um homem falando todos os diálogos em russo, durante o programa todo. Fiquei lá por duas semanas, e foi simplesmente esmagador. Não fiz contato com ninguém.

Até que um dia entrei no metrô. Se vocês nunca estiveram em Moscou, saibam que as ruas lá foram alargadas durante a

Guerra Fria para que os mísseis pudessem passar no meio da rua durante os desfiles.

Se você olha atrás dos grandes edifícios, vê que eles foram arrancados de seus alicerces e puxados para trás. Uma porção dos prédios maiores de Moscou, na parte de trás, é sustentada por tijolos. É de fato exasperante o quanto a cidade toda é insegura.

De modo que as ruas são bem largas, e você não consegue atravessá-las enquanto o sinal está verde – você nunca vai conseguir. Então eles fizeram túneis para a gente passar por baixo, e esses túneis são ligados ao metrô.

No metrô de Moscou você desce uma escada rolante, e ela parece que não acaba nunca. Você vai descendo e pensando: *Puxa, como isso é fundo. Está me deixando nervoso.*

Mas todo mundo costuma ficar nesses túneis numa boa. E de repente estou no metrô, vendo um violinista tocar.

Uma coisa na Rússia, acho que continua valendo ainda hoje, é que ninguém tem dinheiro. Então quando você vê um sujeito tocando violino no metrô, periga ele ser tipo o *primeiro-violino* da Orquestra Sinfônica Russa, porque lá eles pagam uma ninharia e ele pode conseguir alguns copeques no metrô.

Então lá estou eu vendo o sujeito, e há outras pessoas sentadas no chão assistindo, e todo mundo está chorando. Todo mundo. As pessoas estão simplesmente assistindo e enxugando as lágrimas.

E tinha um rapaz sentado ali, que parecia ter a minha idade. Eu tinha vinte e cinco na época. Ele também parecia ter vinte e cinco, estava maltrapilho e ficava lá vendo o violinista.

Então passou um grupo de meninos, uns oito, mais ou menos entre cinco e dez anos de idade. As caras deles eram sujas, como em *Oliver Twist* – como se estivessem numa peça de teatro e tivessem esfregado sujeira no rosto.

Todos vestem casacos de homem, que pendem do pescoço até o chão. Nenhum deles tem as mãos fora das mangas, de modo que as frouxas mangas estão caídas. São moleques de rua, e os casacos – a gente meio que sabia que todos os donos originais daqueles casacos estavam mortos e que pelo menos um daqueles moleques tinha matado uns deles. Tipo, eu juro que olhei na cara de um menino de oito anos e pensei: *Esse matou alguém*. Era isso que eles pareciam, moleques durões, nada mais. Eu já os tinha visto em Moscou. Trabalham em bandos.

O sujeito com quem me identifiquei, e que está sentado perto de mim, chama o chefe dos meninos. Está lhe fazendo um pedido. Precisa de alguma coisa.

E o menino, com as mãos escondidas nas mangas, olhou desconfiado para ele e disse [*imitando o sotaque russo*] algo como: *Que porra é essa? Por quê? O que é que você quer de mim?*

O sujeito mostrou ao menino que seu sapato tinha arrebentado. Estava desbeiçado.

O menino deu de ombros e disse [*imitando russo*], tipo: *O.k.*

A mão do menino emergiu da manga com um tubo de cola de sapato. Ele não escarafunchou à procura do tubo – ele simplesmente já estava lá.

Estendeu-o ao sujeito, que consertou o sapato com a cola e a devolveu. Então o menino... sua outra mão segurava um saco de papel, onde ele enfiou o tubo e inalou. Seus olhos se reviraram, e ele ficou chapado.

Então o grupo seguiu adiante, mas eu não acreditava no que tinha acabado de ver. Que a miséria naquele país, naquele momento, fosse tão palpável e tão previsível que o sujeito tivesse pensado: *Meu sapato arrebentou. Oh, lá vem um menino. Com certeza ele tem um pouco de cola na manga, já que nossa nação está numa situação tão deplorável.*

Olhei para ele, ele olhou para mim, e eu estava perplexo.

Então ele riu, e eu ri também. Foi a única pessoa com quem fiz algum contato em toda a União Soviética.

Percebi que era por isso que eu tinha ido até ali – para descobrir o quanto a vida pode ficar ruim.

E que, mesmo quando está ruim, ela ainda é engraçada pra cacete.

LOUIS C. K., seis vezes ganhador do Emmy, foi produtor executivo, roteirista, diretor, editor e protagonista da série da Fox Play *Louie*, premiada com o Peabody Award. Seus outros trabalhos incluem o roteiro, a direção e a atuação em *Horace and Pete* – uma comédia dramática em dez episódios que ele distribuiu diretamente através de seu site. Também coescreveu e produziu as séries *Baskets* e *Better Things* para a Fox Play. Ao longo de sua carreira recebeu mais de trinta indicações ao Emmy e conquistou cinco Comedy Awards, quatro Writers Guild Awards, dois Critics Choice Television Awards, dois Television Critics Association Awards, dois Grammy e um Screen Actors Guild Award.

Esta história foi contada em 12 de maio de 2015, no Moth Ball, no Capitale, em Nova York.

Caminhando com RJ

Stephanie Peirolo

Eu tinha vinte e três anos quando tive meu primeiro filho. Fiquei três dias em trabalho de parto até meu filho, RJ, nascer. De modo que quando bati os olhos nele pela primeira vez, não consegui sentir mais do que exaustão.

Eu disse: "Então é isso?".

Foi só mais ou menos uma hora depois, quando acordei e ele estava em meus braços, todo embrulhado, que eu senti aquilo – aquela onda de amor materno, aquela adoração primal.

E pensei: *É isso. É assim que a espécie sobrevive.*

Tive também uma filha, Emma. E pouco tempo depois que Emma nasceu o pai deles e eu nos divorciamos. Ele se mudou para a Europa e eu criei os filhos sozinha.

Um salto no tempo. Estamos morando em Seattle. As crianças estão no ensino médio e vão muito bem. Só tiram nota A.

O único problema que RJ enfrenta é por usar cabelo comprido, porque frequenta uma escola católica, e lá todo mundo tem que cortar o cabelo acima do pescoço. Mas RJ toca bateria e faz teatro, então usa cabelo comprido.

No outono de seu penúltimo ano de colégio, ele é escalado como protagonista na peça teatral da escola. Vai representar Atticus Finch em *O sol é para todos*, por isso tem que cortar o cabelo.

E eu me lembro dele saindo da barbearia. Havia feito um corte escovinha, tinha um metro e oitenta e estava absurdamente bonito.

Tinha um sorriso meio tímido, e eu pensei: *Este é o homem que ele está se tornando.*

Em janeiro de seu penúltimo ano, um policial apareceu na nossa porta e disse: "A senhora é a mãe do RJ?". Respondi que sim.

Ele disse: "Houve um acidente".

Perguntei: "Ele morreu?".

E ele disse: "Ainda não, mas precisamos ir ao hospital agora mesmo".

Então o policial me levou de carro ao Harborview, que não é o hospital mais próximo de nossa casa, mas é o único que tem um centro de traumatismo. Entramos pelos fundos, onde ficam as entradas de ambulâncias. Uma pessoa limpava o sangue na traseira de uma ambulância, sangue que não acabava mais, e eu me lembro de ter pensado: *É sangue do meu filho.*

Entramos, e vi RJ sendo levado numa maca de rodinhas. Foi só um segundo, mas reconheci seu corte de cabelo.

Demorei algumas horas para descobrir o que tinha acontecido. RJ estava indo de carro à casa do seu melhor amigo. Estava com o cinto de segurança afivelado. Não tinha álcool nem drogas no organismo e foi atingido de lado num cruzamento de visibilidade ruim.

Teve uma lesão cerebral traumática (LCT), uma série de ossos quebrados e fratura da bacia. Na época eu não entendia a gravidade de uma LCT, então fiquei preocupada com a bacia.

Eu era vice-presidente de uma agência de publicidade que fora comprada por um conglomerado global de agências. Eles tinham acabado de mudar seu plano de assistência médica.

Não esqueçam que estamos na primeira semana de janeiro. De modo que não tenho uma lista de meus benefícios, a chamada Descrição Sumária do Plano. O que eu tenho é um cartão de seguro com um número de telefone no verso.

Então, enquanto RJ está na UTI, ligo para esse número, e a voz do outro lado da linha me diz: "A UTI está incluída na cobertura, recuperação intensiva de lesão cerebral está incluída, assistência de enfermagem qualificada...". E passou a lista de todos aqueles ótimos benefícios.

E me lembro de ter pensado: *Graças a Deus não tenho que me preocupar com seguro-saúde. Fiz tudo certo. Sou vice-presidente de uma empresa.*

Quando RJ teve alta da UTI, foi transferido para uma clínica de reabilitação, e pouco depois de chegar ali eles me chamaram ao telefone e disseram: "Sua empresa de seguro-saúde telefonou e disse que os benefícios do RJ acabam na sexta-feira".

Eu disse: "Não, não, não, não, ele ainda tem direito a muito mais benefícios", mas claro que eu só tinha uma voz do outro lado do telefone, não dispunha da Descrição Sumária do Plano, e a clínica de reabilitação tinha uma voz diferente do outro lado da linha.

Então fui até lá e disse: "Para onde devo levá-lo? Ele está em coma".

Eles disseram: "Bem, há sempre a opção da Assistência Domiciliar".

Então eu e Emma levamos RJ para casa. Montamos uma sala de hospital em seu quarto. Ele tinha um tubo de gastrostomia endoscópica percutânea (PEG) no estômago, e era assim que ele se alimentava.

Eles nos ensinaram a fazer fisioterapia. Emma, que estava com quinze anos, disse: "Mãe, eu vou te ajudar a cuidar do RJ do jeito que eu puder, desde que não envolva a região da sunga".

Então, quando ele tinha que ser trocado, porque evidentemente precisava usar fraldas, ela me trazia um balde de água morna e toalhinhas e depositava na porta do quarto, e eu levava isso tudo para dentro, fechava a porta e o limpava.

Sair de um coma não é nada parecido com o que a gente costuma ver no cinema. É um processo longo, lento e árduo. Levou meses para RJ aprender a manter a cabeça erguida quando sentado. Nós o colocávamos em sua cadeira de rodas, e seus amigos vinham vê-lo todos os dias depois das aulas. As garotas começaram a aparecer de saia curta e meia arrastão. Andavam diante da cadeira de rodas (e RJ erguia a cabeça).

Passaram-se meses, e eu ainda não conseguia obter a Descrição Sumária do Plano. Ligava para eles o tempo todo e eles me diziam quais eram meus benefícios, e eu dizia: "Você está me dando a informação que está à sua frente. Me passe, tipo, uma captura de tela do monitor para onde você está olhando". Mas eles não me davam.

Percebi que isso não era uma confusão burocrática; é intencional – e ilegal. Acontece que é uma violação de uma lei chamada Erisa – o Employee Retirement Income Security Act (Lei de Garantia de Renda do Empregado Afastado) de 1974.

Em vista disso, chamei um advogado especializado em Erisa e lhe contei a situação, e ele disse: "Posso ajudá-la, mas a senhora vai ter que me dar um adiantamento de trinta mil dólares".

Eu disse: "Vou falar com clareza. Sou mãe solteira. Paguei para instalar um quarto de hospital na minha casa. Pago uma enfermeira para cuidar do meu filho para que eu possa trabalhar, para continuar empregada, para seguir pagando esse seguro-saúde. Não tenho trinta mil dólares".

E ele: "Sinto muito. Não posso ajudá-la".

A essa altura eu estava completamente esgotada e muito preocupada com a possibilidade de ser demitida por excesso de faltas. Então solicitei e consegui uma licença FMLA. A Family Medical Leave Act (Lei da Licença Médica Familiar) afirma que a pessoa pode tirar doze semanas de licença não remunerada para cuidar de um parente enfermo e ter a garantia de que continuará empregada.

Pouco tempo depois de entrar na licença FMLA, fui demitida. Essas coisas são ilegais, mas não é possível acionar a polícia contra uma grande empresa. E eu não tinha condições de pagar um advogado.

Quando completou dezoito anos, RJ pôde entrar no Medicaid*, e tomei a decisão de colocá-lo numa casa de saúde. Encontrei uma clínica especializada em pacientes com LCT. Tinham ali uma população bastante jovem – uma porção de rapazes que tinham sofrido acidentes de moto. Todos os pacientes estavam no Medicaid, de modo que não tinham muito dinheiro. Mas cuidaram realmente muito bem de RJ, e ele continuou fazendo lentos progressos.

Já era capaz de fazer sinal de positivo para dizer sim, de negativo para dizer não. Um dia, quando estávamos de visita e Emma começou a atazaná-lo, de brincadeira, ele reagiu mostrando a ela o dedo do meio em riste, e eu fiquei emocionada com aquilo, porque algum tipo de destreza manual estava se manifestando ali, certo? E em seguida ele virou para mim e baixou a mão, porque, com ou sem lesão cerebral, mostrar o dedo do meio para a mãe é algo que ele não faria.

Antes do acidente de RJ, eu tinha que arrastá-lo para a missa aos domingos, mas depois do acidente ele passou a gostar muito de ir à igreja.

Eu dizia: "Quer ir à missa hoje?". Ele fazia o sinal de positivo.

Ele aprendeu a colocar dinheiro no recipiente do ofertório de novo. E quando reaprendeu a engolir – porque, ao que parece, engolir é incrivelmente complexo; ele levou quase um

---

* Programa de saúde social nos Estados Unidos para indivíduos e famílias de baixa renda, criado em 1965.

ano para recuperar essa função – pôde voltar a comungar, e era possível ver que aquilo lhe proporcionava um grande conforto.

Em agosto de 2005 RJ ficou muito doente, e achamos que era gripe. Ele ainda tinha seu tubo PEG no estômago, e o tubo tinha se soltado e caído. Isso acontece, e quando ele cai a gente o coloca de volta. E o certo é fazer uma radiografia para se assegurar de que ele foi recolocado no lugar certo. Bem, aquela clínica não tinha condições de ter um aparelho de raios X, então eles agiram na base do chute. E erraram.

A comida entrou em sua cavidade abdominal, e ele teve sepse. No hospital, a cirurgiã me chamou de lado e disse: "Eu posso operar o RJ, e talvez salve a vida dele, mas ele vai voltar para um coma profundo e não sairá mais. Ou você pode deixá-lo partir. Você tem que decidir".

Então eu desci para o saguão, telefonei para o pai dele, que ainda estava na Europa, e perguntei: "O que devo fazer?".

Ele disse: "Você está cuidando dele, a escolha é sua".

Então entrei no quarto de RJ, e ele estava plenamente consciente do que estava acontecendo, e estava com medo. Seus olhos estavam muito abertos.

Eu disse: "Querido, você está muito doente, e eles não têm como curá-lo. Então você vai ao encontro de Deus". Tentei pensar em quem ele conhecia que já havia morrido, mas ele só tinha dezenove anos.

Então pensei em meu pai, que morreu antes de RJ nascer, e disse: "RJ, você vai ao encontro de Deus, mas meu pai está lá, e ele vai encontrar você, e logo eu também estarei lá".

Levou três dias para RJ morrer. Ele demorou três dias para vir ao mundo e três dias para sair dele.

As pessoas nos perguntam como lidamos com isso. Emma tem atuado como paramédica, é bombeira voluntária. Trabalha num ambulatório de emergência que é um centro de trauma e está se candidatando a um curso de enfermagem.

Meus amigos viram o que aconteceu e criaram uma entidade sem fins lucrativos para ajudar pessoas que estão em litígio com suas empresas de planos de saúde por seus direitos de cobertura, mesmo que não tenham dinheiro suficiente para um adiantamento. Sou a presidente do conselho diretor, temos advogados especializados em Erisa e eles são muito bons no que fazem.

RJ teria hoje vinte e sete anos. Ainda tenho aquele forte sentimento materno por ele. O desafio agora é canalizá-lo, para que não se torne corrosivo. Para que eu não fique repetindo para mim mesma: *Por que você não o manteve em casa?* Ou: *Se você tivesse ganhado mais dinheiro, teria condições de colocá-lo numa clínica particular e ele não teria morrido.*

Na maior parte dos dias eu acordo e o mundo está tão diminuído sem ele, é como se houvesse um eclipse solar total. Só que sou a única que pode perceber isso, e sei que a luz não voltará nunca mais.

Mas há dias em que me pergunto se a existência de RJ não faz parte de um arco narrativo maior do que sou capaz de entender. Talvez essa fatia de tempo fosse o modo como RJ tinha para realizar seu destino, e talvez minha tarefa fosse caminhar com ele.

Entre a época do acidente de RJ e sua morte, ele não foi capaz de falar; só conseguiu dizer um punhado de palavras. E a palavra que ele mais disse foi "mãe".

E há ocasiões agora em que sinto RJ. Sinto que ele *está*. E nesses momentos eu sei que é a vez dele, é a vez de seu amor me levar.

STEPHANIE PEIROLO atua como presidente do conselho diretor da Health Care Rights Initiative, uma organização sem fins lucrativos que fornece assistência jurídica e serviços de transporte para pacientes e cuidadores. Ela trabalha em Seattle como consultora de negócios e é autora do romance *Radio Silence*. Graduada na Stanford University, é mestre em liderança transformacional pela Seattle University. Sua filha Emma agora é uma enfermeira diplomada que trabalha com medicina de emergência num centro de traumas.

Esta história foi contada em 3 de dezembro de 2013 no Neptune Theatre em Seattle. O tema da noite era Me Tire Daqui. Diretora: Maggie Cino.

Mantendo sob controle

Vai dormir, p*##@

Adam Mansbach

É novembro de 2011 e eu sou o pai mais controverso da América em virtude de um curto, obsceno e falso livro para crianças com o título *Vai dormir, porra*.*
Tem catorze estrofes – umas quatrocentas palavras, muitas delas repetidas mais de uma vez – e eu o escrevi em trinta e nove minutos e sem calças.
Ora, sou romancista de ofício, portanto o modo como essa minha criação específica ascendeu ao *zeitgeist* foi desconcertante, para dizer o mínimo. Tudo o que eu estava tentando fazer com aquele livro era simplesmente captar o monólogo interior de um pai tentando fazer uma criança dormir.
Minha filha, Vivien – minha linda, brilhante, incrível filha Vivien –, tinha dois anos e meio na época, e dormir não estava no topo de sua lista de prioridades. Eu ficava em seu quarto às vezes duas horas, duas horas e meia.
Isso acaba ficando tedioso depois de um tempo.
E eu só queria captar o paradoxo de que, por um lado, você pode amar desmedidamente uma criança, e por outro lado pode ficar tão desesperado para sair daquele quarto depois de uma hora que, digamos, se Don Corleone entrasse ali e dissesse: "Vou pôr essa criança para dormir, mas talvez você tenha que fazer um servicinho para mim um dia, e esse dia pode não chegar

---

* Título em inglês: *Go the Fuck to Sleep*.

nunca...", você diria: "Tudo bem, Don Corleone, não importa, só dê um jeito nesse bebê. Mais tarde combinamos os detalhes".

Então eu li o livro pela primeira vez em público num museu em Filadélfia, no final de abril, seis meses antes da data prevista para a publicação. Era parte de uma noitada de performances de dez minutos. Havia umas cinquenta performances, e a minha foi a última, depois de um sapateador de noventa e quatro anos. E nunca é muito desejável ficar na rabeira de alguém de noventa e quatro anos, estão me entendendo? Nem na estrada, nem no palco, nem em lugar algum.

Subo ao palco e leio o livro para duzentas pessoas, e a recepção é boa, mas não penso muito no assunto.

Volto para casa, vou dormir e, quando acordo na manhã seguinte, *Vai dormir, porra* está no 125º lugar no ranking da Amazon.

Ora, como autor literário, eu nem sabia que eles faziam uma classificação tão extensa. E no final daquela semana o livro tinha disparado para a primeira posição.

Não quero ser excessivamente técnico aqui, mas o livro naquele momento *não existe*. E vai *continuar não existindo* por alguns meses. Assim, apressamos o processo de produção, com a esperança de fazê-lo vir ao mundo a tempo do Dia dos Pais.

Enquanto isso, porém, um PDF do livro vaza e começa a ricochetear pela internet, indo parar na caixa de e-mail de milhares de pessoas.

Tínhamos feito esse PDF porque queríamos mandá-lo para livrarias. Pensamos que talvez seria uma luta inglória tentar convencê-las a ter em estoque, que dirá ajudar a vender, um livro chamado *Vai dormir, porra*.

Então centenas de milhares de pessoas estão obtendo o livro de graça, e entramos em pânico. Achamos que não vamos vender um mísero exemplar.

Para nossa sorte, não pega bem aparecer num chá de bebê com um PDF em baixa resolução, que você imprimiu da internet e grampeou de qualquer jeito, e dizer: "Aqui a nossa lembrancinha, adoramos vocês, é um momento muito lindo que vocês estão vivendo".

Mas as coisas começaram a ficar muito loucas. Noto que uma mulher na Austrália postou o livro inteiro como um álbum no Facebook e a página dela na rede atrai um tráfego enorme. Então eu mando um e-mail para ela mais ou menos assim: "Obrigado por seu entusiasmo, mas o livro ainda não saiu. Gostaríamos muito de vender alguns exemplares quando ele chegar a ser publicado. Portanto, por favor, retire do ar".

E ela respondeu: "Eu tiro do ar se você quiser, mas quero que saiba que setecentas pessoas me contataram desde ontem querendo saber onde podem comprar o livro, e estou encaminhando-as para a Amazon".

Eu, mais do que depressa: "Por favor, ignore meu e-mail anterior".

De modo que resistimos à tempestade, e o livro sai, e já de cara entra no primeiro lugar na lista de mais vendidos do *New York Times*. Samuel L. Jackson lê o audiolivro, provavelmente seu melhor trabalho desde *Pulp Fiction*.

E toda essa loucura simplesmente não tem fim. Existe um grupo chamado Family First New Zealand (A Família em Primeiro Lugar da Nova Zelândia) que quer proibir o livro. O *press release* deles era espantoso. Até emoldurei e pendurei no meu escritório. Dizia o seguinte: "Ainda que este livro possa ser inofensivo, e até divertido, nas mãos de pais normais, bem-ajustados, ele pode significar um perigo real para as crianças nas mãos de pais desajustados e disfuncionais".

O mesmo, é claro, poderia ser dito sobre, sei lá, uma colher.

O boicote deles não foi muito longe.

Mas a coisa mais bizarra de todas para mim é que me vi numa crise, porque de repente – e de modo inexplicável – me vi no papel de perito em paternidade. Recebo e-mails de gente me agradecendo por salvar seu casamento, e de terapeutas dizendo que compraram o livro por atacado e o passaram a seus enlouquecidos pacientes pais e mães de primeira viagem. E também de pessoas furiosas que dizem coisas como: "Eu nunca leria esse livro para uma criança".

Seria necessária uma mistura muito específica de alfabetização e analfabetismo para ler por engano esse livro para uma criança. Afinal, ele tem a palavra "porra" na capa.

Na época a indústria editorial está em queda livre, meu período como professor visitante acaba de terminar e estou voltando para a Califórnia e para a minha hipoteca. Assim, sinto que preciso aproveitar essa onda e, se for preciso, posar de falso perito em paternidade para alimentar minha família, tudo bem para mim. Vamos nessa.

Mas, por causa de toda a publicidade e palavrório em torno desse livro, acabo não passando muito tempo com a *minha* filha. De modo que não apenas não me acho um perito em paternidade, mas talvez nem seja um pai decente. Estou o tempo todo na estrada. Quando *estou* em casa, fico ao telefone oito, dez horas por dia, respondendo as mesmas cinco perguntas da mídia do mundo todo.

Então era esse o meu estado de espírito quando, contra o mais básico bom senso, fui convidado a participar de um evento de arrecadação de fundos para o Hospital Infantil de Boston que ocorreria em Los Angeles. Ofereceram passagem aérea para mim e minha família, para passarmos o fim de semana em Los Angeles, hospedados num hotel onde John Wayne já tinha mantido uma vaca. Distribuiriam exemplares do livro, e tudo o que eu precisava fazer era apertar a mão das pessoas, autografar livros e ingerir bebidas alcoólicas.

Para vocês terem uma ideia da minha situação na época, passar uma noitada trocando sorrisos e tapinhas nas costas com ricos e bêbados de Los Angeles soava como férias. Então eu digo "Legal", e partimos para L.A.

Chego ao evento e só então descubro que divido o estrelato ali com outro controverso luminar da criação de filhos, o Dr. Richard Ferber. Para quem não sabe, o Dr. Ferber é autor de um livro chamado *Bom sono*, que é um manual para regular o sono. Não li o livro, mas vou tentar resumi-lo para vocês. Em essência, o método do Dr. Ferber afirma que, se seu bebê estiver chorando, você deve ignorá-lo. Deixe o bebê se esgoelar de tanto chorar, assim ele aprende a acalmar a si próprio. E também descobre que o mundo é um lugar frio e horrível, cheio de gente que faz de conta que o ama.

Em contraste, o que vínhamos praticando com Vivien era a chamada "criação com apego". A criação com apego determina que, quando seu bebê emite um pio, um choro, o mais leve som, você deve correr ao quarto dele, pegá-lo no colo e dizer que o ama.

Isso é garantia de que ele vai dormir na *tua* cama até a época de ir para a faculdade. Ou, em alguns casos, até a pós-graduação.

De modo que eu não estava muito seguro sobre como se desenrolaria aquele evento. Mas sou apresentado ao Dr. Ferber, e ele é um sujeito bacana, parece um tio simpático. Temos uma conversa agradável. E então começa o evento, e eu começo a beber.

O papel do Dr. Ferber, porém, é um pouco mais complicado que o meu. A certa altura, quando a embriaguez já tomou posse da multidão, o Dr. Ferber estende uma tela e começa a exibir uma sucessão de slides explicando longa e detalhadamente como colocar um bebê para dormir.

O problema é que eu e ele somos provavelmente as únicas pessoas ali que já colocaram um bebê para dormir, porque o restante das pessoas tem babás para fazer isso. Então ninguém está lá muito interessado.

O ponto alto do show de slides vem quando uma foto minha tirada de *Vai dormir, porra* aparece na tela.

Sou eu me esgueirando para fora de um quarto de bebê, e o Dr. Ferber diz algo como: "Isto que estão vendo aqui é o que *nunca* se deve fazer. Está completamente errado".

Pensei: *Esse Dr. Ferber acaba de me jogar debaixo do ônibus da escola de ninar bebês.* Todo mundo se vira para me encarar, e eu me limito a continuar bebendo.

Volto para o meu quarto de hotel e acordo no dia seguinte e vejo na minha caixa de entrada um e-mail do Dr. Richard Ferber. O cabeçalho do e-mail é "Por que você não me disse que eu te conhecia?".

Penso: *O Dr. Ferber ficou maluco.*

Então abro o e-mail e minha cabeça está a ponto de explodir, porque acontece que, sem saber, eu ia a um acampamento de verão com o filho do Dr. Ferber, inesquecivelmente chamado Thad Ferber. Eu e ele éramos amigos e companheiros de acampamento, até que fui expulso do lugar. Ele morava a duas cidades de distância de mim, o que aos treze anos significa que você só vê o sujeito uma vez por ano.

Mas em 1990 meu programa com Thad Ferber consistiu numa excursão à Tower Records na Newbury Street em Boston, para comprar discos de rap. Eu era DJ e MC, e era isso que eu fazia.

Chegamos à Tower Records e descobrimos que a seção de rap era vigiada por um retrato de papelão em tamanho natural de MC Hammer, ele próprio uma figura muito controvertida em 1990 – não era visto como o cara mais autêntico ou talentoso por hip-hoppers linha-dura como eu.

Então eu naturalmente rasgo fora a cabeça do retrato de papelão e enfio na minha jaqueta – não num ato de roubo, mas de decapitação. E quando tento sair de fininho da Tower Records, Thad Ferber e eu somos interpelados e capturados pelos seguranças do local. Eu e Thad Ferber – culpado por cumplicidade – somos levados à masmorra, nas entranhas profundas da Tower Records, onde nos fazem sentar e nos informam que o retrato de papelão de MC Hammer vale cinco mil dólares, o que parece espúrio em retrospecto, e que só sairemos dali para a delegacia de polícia ou sob custódia dos pais.

Verdade seja dita, aquela não foi minha primeira cagada. Eu me metia em encrencas o tempo todo. Aquela era uma terça--feira normal para mim. Então dei aos seguranças da Tower Records um número de telefone que tinha decorado para ocasiões como aquela, um que eu sabia que só ficava chamando e chamando e ninguém atendia, e que não tinha secretária eletrônica. Era um telefone incrivelmente importante para ter à mão quando eu tinha treze anos.

E teria funcionado. Eles teriam insistido umas três vezes, depois se entediariam e nos deixariam ir embora.

Thad Ferber, porém, nunca tinha feito uma cagada daquelas. Então ele deu o número de telefone de verdade da casa dele, e em pouco tempo o Dr. Richard Ferber apareceu na Tower Records. Não sei bem por quê, mas me deixaram sair sob a custódia dele, e ele me levou de carro para casa.

Ah, e eu e Thad Ferber ficamos impedidos por toda a vida de entrar na Tower Records. O que acabou sendo "toda a vida" da empresa, não a minha, porque agora ela é um defunto.

Tudo isso voltou em ondas a mim enquanto eu lia o e-mail. E tirou um grande peso dos meus ombros, porque estava claro que nem mesmo o grande e poderoso Dr. Richard Ferber é tão infalível como pai, pois deixou seu filho sair por aí comigo.

Começo a pensar que talvez toda a preocupação que eu venho tendo seja desnecessária. Talvez eu não seja nem mais nem menos perito em criação de filhos do que qualquer outra pessoa que já teve um filho.

Talvez eu não esteja fingindo de fato. Ou talvez *todos nós* estejamos fingindo igualmente. E talvez eu saiba mesmo uma ou duas coisas. Por exemplo, manter o senso de humor a qualquer custo. Ou abraçar o absurdo das situações nas quais a gente se mete.

Ou ainda perceber que há coisas piores do que passar duas horas aprisionado num quarto com a pessoa que você mais ama no mundo.

Quer dizer, você podia estar no porão de uma Tower Records. Ou assistindo a um show de slides do Dr. Ferber.

Então, com uma sensação de alívio profundo, despachei minha família. E pelo que parecia ser a primeira vez em muito, muito tempo, voltamos para casa.

ADAM MANSBACH é romancista, roteirista de cinema, crítico de cultura e humorista. É autor do livro *Vai dormir, porra*, que chegou ao topo da lista de mais vendidos do *New York Times*, foi traduzido para quarenta idiomas, escolhido "Coisa do Ano" da revista *Time* em 2011 e vendeu mais de 2 milhões de exemplares em todo o mundo. Em 2014 o livro teve uma continuação, *You Have to Fucking Eat*. Seus romances incluem *Rage Is Back*, *Angry Black White Boy* e *The End of the Jews* (no Brasil, *O fim dos judeus*), vencedor do California Book Award, bem como dos thrillers *The Dead Run* e *The Devil's Bag Man* e vários títulos infantojuvenis. Escreveu também "Wake the Fuck Up", um vídeo de campanha estrelado por Samuel L. Jackson que ganhou um Gold Pollie como o melhor da eleição presidencial daquele ano, conferido pela American Association of Political Consultants. Mansbach foi New Voices Professor of Fiction entre 2009 e 2011 na Rutgers University, participou do Laboratório de Roteiros do Sundance em 2012 e foi escritor-visitante do Berkeley Repertory Theatre em 2013. Tem textos publicados na *New Yorker*, no *New York Times*

Book Review, na *Esquire*, na *Believer* e no *Guardian*, além dos programas *This American Life* e *All Things Considered*, da National Public Radio. É coautor, com Alan Zweibel e Dave Barry, de *For This We Left Egypt?: A Passover Haggadah for Jews and People Who Love Them*. Escreveu o roteiro do filme *Barry*, sobre o primeiro ano de Barack Obama em Nova York. Estrelado por Devon Terrell, Anya Taylor-Joy e Ashley Judd e dirigido por Vikram Ghandi, estreou nos cinemas dos Estados Unidos em dezembro de 2016.

Esta história foi contada em 21 de setembro de 2015 no Boulder Theater, em Boulder, Colorado. O tema da noite era Alta Ansiedade. Diretora: Sarah Austin Jenness.

Pânico na estrada para Jericó

Nadia Bolz-Weber

A situação menos confortável na qual sou capaz de me imaginar é estar numa sala de conferências com quinhentos luteranos. É superdesconfortável para mim, ainda que eu mesma *seja*, tecnicamente, uma pastora luterana.

Quando eu me vi exatamente nessa situação alguns anos atrás, terminei passando a maior parte do encontro no saguão, com mais meia dúzia de clérigos misantropos me fazendo companhia e falando mal de outras pessoas.

Então um deles disse: "Ei, vamos fazer uma roda e cada um diz qual adjetivo seria *o pior* que alguém poderia usar para defini-lo".

E alguém disse: "Burro".

Pensei: *Ah, sim, esse é péssimo.*

E então outro alguém disse: "Chato".

E eu: *Ah, sim.*

Mas quando chegasse a minha vez eu saberia, sem hesitação, o que iria dizer: "Carente".

Eu preferiria ser descrita como burra ou chata a ser descrita como carente.

É muito importante para mim que todos saibam que sou forte como o diabo e posso enfrentar tudo sozinha. Aliás, minha mãe dizia que, na primeira vez que falei mais de uma palavra numa frase quando criança, eu disse direto: "Faz mim mesma".

Faço eu mesma.

Em geral isso funciona muito bem para mim, mas não quando tive uma oportunidade de ir à Terra Santa como pastora luterana. Eu queria muito ir, mesmo se tratando de uma excursão com vinte Luteranos Supersimpáticos do Wisconsin.

E assim elaborei uma estratégia para lidar com o fato de estar o tempo todo com vinte Luteranos Supersimpáticos do Wisconsin. Decidi que manteria certa distância. Eu não ficaria íntima de ninguém nem me envolveria muito nos programas deles, em grande parte por temer que pudessem querer alguma coisa de mim, como rir de piadas manjadas ou admirar um monte de fotos de seus netinhos.

Então optei por ficar na minha. E o plano funcionou muito bem até que, lá pelo quinto dia de viagem, partimos numa excursão de um dia de Belém a Jericó. Já que eu não me relacionara com pessoa alguma, ninguém sabia que eu tinha um medo terrível de rodar por estradas de montanha – um verdadeiro transtorno de ansiedade (o que não é lá muito conveniente, pois sou do Colorado...).

Mas ninguém sabia disso.

Eu sabia que Jericó era o local habitável mais baixo do planeta e que Belém ficava ao nível do mar. O que eu *não* sabia era que a estrada que teríamos que tomar para ir a Jericó era tão íngreme que nem seria legalmente permitida nos Estados Unidos e que percorreríamos aquela estrada num ônibus de turismo. A estrada tinha tantas curvas fechadas e tão poucas barreiras de proteção que passei o tempo todo rezando e praguejando, rezando e praguejando.

Mas mantive tudo isso em segredo, tendo meu pequeno ataque de pânico particular. Quando finalmente chegamos a Jericó, comemorei em silêncio o fato de ter "feito mim mesma", mas também percebi que não dispunha de muitas reservas de energia, e sabia que passaria o tempo todo em Jericó apavorada com a perspectiva de ter que tomar a mesma estrada de volta, dessa vez no escuro.

Eu estava empolgada para fazer uma coisa nova em Jericó: subir de teleférico até um lindo mosteiro escavado no flanco de uma montanha. (Não tenho medo algum de altura, a não ser que esteja dentro de um carro numa estrada, então aquilo não me incomodava.)

Então, enquanto o grupo de Luteranos Supersimpáticos de Wisconsin faz fila para esperar o teleférico, abordo um a um do meu grupo perguntando se alguém tem um comprimido de tranquilizante para me "emprestar". Para a maioria deles, era a primeira vez que eu falava alguma coisa em cinco dias.

Tentar parecer superforte e autossuficiente é difícil quando a gente pergunta às pessoas se elas têm um Valium sobrando.

Mas abordei um a um, e todos deram a mesma resposta com a cabeça inclinada, típica do meio-oeste: "Oh, desculpe não poder te ajudar", naquele tom consternado e totalmente sincero.

Cheguei à última pessoa e disse: "Ei, Sharon". (E mal pude acreditar que acertei o nome dela.) "Ei, Sharon, você teria um Valium?"

Ela respondeu: "Não".

E eu pensei: *O.k., vou ter que ser capaz de enfrentar isso. Eu posso enfrentar isso.*

Entro no teleférico, e à medida que ele sobe para o ar seco posso ver Jericó do alto. E pensei na história bíblica sobre Jericó. Foi ali que o povo hebreu lutou aquela incrível batalha, e as muralhas começaram a desabar. E a única razão pela qual eles foram capazes de vencer foi que os dois espiões enviados antes de todos os outros tinham obtido ajuda da personagem chamada Raabe. Mas ela era meio que a mais improvável para ajudá-los. Raabe era uma prostituta.

Fiquei pensando se fora humilhante, para eles, receber ajuda de uma prostituta. Será que eles teriam falado com ela se a encontrassem na rua em outras circunstâncias?

Meu teleférico chega ao topo da montanha, e todo o meu grupo sai para fazer algum tipo de atividade devota em grupo. Mas sigo na minha, conversando somente com estranhos completos. Eu não falava com as pessoas com quem passaria duas semanas, mas era bem simpática com gente que eu sabia que não veria por mais de cinco minutos naquela viagem. (Tenho uma estratégia semelhante em aviões, onde desapareço em revistas e fones de ouvido até a descida final, quando então decido ser simpática, virando para meu vizinho ou minha vizinha de poltrona para lhe perguntar se está partindo ou voltando para casa. Assim, se eles forem burros, ou chatos, ou carentes, o dissabor será de dez minutos, no máximo.)

De modo que bati papo com um grupo de estranhos. Mas na maior parte do tempo, enquanto estávamos lá em cima no mosteiro, fiquei bolando um plano de como voltar para a estrada sem nenhum Valium emprestado.

Pensei: *É só não olhar pela janela. E, por mais penoso que seja, vou me entregar a uma conversinha qualquer com alguém e talvez me distrair o bastante para não entrar em parafuso.*

Uma hora depois, ao entrar no teleférico para descer de volta, percebo que ele está cheio, não com gente do meu grupo de excursão, mas com cinco quenianos, todos com aquelas vistosas camisas de igreja azul-turquesa.

Tão logo o teleférico começa a se mover, uma grande e linda negra ao meu lado agarra meu joelho e começa a se balançar para a frente e para trás.

Olho para os amigos dela como quem pergunta: *Que diabos está acontecendo?*

E eles dizem: "Ela tem medo de altura".

Então eu ponho a mão sobre a mão dela que agarrou meu joelho e, com a outra mão, acaricio suas costas, dizendo: "Tudo bem. Estou aqui. Tudo bem. Estou aqui".

E de repente estou rezando. E os amigos dela estão cantando hinos.

Eu digo: "Se Deus pode derrubar as muralhas de Jericó, Ele vai conduzir em segurança este teleférico morro abaixo, eu lhe prometo. Vai ficar tudo bem".

E naquele momento me perguntei se ela alguma vez imaginara que toparia com uma branca alta e cheia de tatuagens vinda da América. Sou alguém com quem ela falaria voluntariamente na rua ou não? Eu não sabia. Mas naquele momento eu a estava ajudando quando ela precisava de ajuda.

Quando finalmente chegamos ao pé da montanha, todo o meu grupo está à minha espera, e eles veem essa cena inexplicável de cinco quenianos e eu saindo do teleférico, todos se abraçando, e a mulher que tinha medo de altura pondo-se de joelhos e dizendo: "Louvado seja Jesus".

E agora esses quenianos são meio que meus melhores amigos, mas não falei com nenhuma das vinte pessoas do *meu* grupo durante cinco dias.

Então nos dirigimos de novo ao ônibus e eu penso: *Eu consigo. Vou me distrair.*

Tenho êxito total por dez minutos. Estou jogando conversa fora, sentindo-me toda orgulhosa, e definitivamente não estou olhando pela janela. Mas eis que de repente o ônibus dá uma freada brusca, e o solavanco nos joga para a frente, e há um ruído muito alto debaixo do ônibus.

Que diabos?

Giro o corpo e olho pela janela, percebendo que não conseguimos fazer uma curva muito fechada. E agora o lado esquerdo do ônibus está de frente para um penhasco, e o lado direito está bloqueando o tráfego em ambos os sentidos na curva fechada, nesta estrada de pista única e mão dupla.

Tão logo o motorista tenta engatar de novo a embreagem para seguir em frente, resvalamos uns três metros para trás, e ele abre a porta automática e diz: "Larguem suas coisas e saiam já do ônibus!".

Minha visão se nubla nos cantos e começo a sentir dificuldade de respirar. Corro para fora do ônibus e tudo o que consigo ver é a mureta de concreto ao longo da beira da estrada, e vou em linha reta até ela. Escalo a mureta de concreto, sento-me nela e começo a balançar o corpo para a frente e para trás.

Meus joelhos estão ensopados de lágrimas e estou tremendo. Não consigo oxigenar meus pulmões. Meus pulmões rejeitam o oxigênio o tempo todo, sem parar. O ar não entra. Tenho um ataque de pânico completo diante de vinte Luteranos Super-simpáticos do Wisconsin, o que é basicamente a pior coisa que poderia me acontecer.

Não sei quando ela chegou até mim, mas de repente me dou conta de que as mãos de Sharon estão nos meus ombros e ela diz: "Tudo bem. Estou aqui com você. Está tudo bem".

As mãos dela estavam de certa forma me segurando para que não escapasse de mim algo de que eu precisava, como minha sanidade ou a capacidade de meu corpo e mente estarem no mesmo lugar ao mesmo tempo. Ela estava sendo tão forte e calma e fantástica, tudo aquilo que eu quero que as pessoas pensem que eu sou, e tudo aquilo que eu não era naquele momento. Ela era exatamente o que eu precisava. E, feito uma estúpida, uma hora antes eu mal conseguia lembrar seu nome.

Logo o ônibus se endireitou e colocou-se numa posição na estrada em que podia seguir adiante, e todos os outros subiam de volta a seus lugares.

Vendo isso, eu seguia balançando para a frente e para trás, dizendo: "Não vou voltar para esse ônibus. Não vou subir nesse ônibus".

Sharon virou-se para o nosso guia e disse: "Sob nenhuma circunstância a Nadia pode subir de novo nesse ônibus" (e eu a amei por isso).

Então paramos o primeiro carro que apareceu, um Audi, e dois palestinos baixaram o vidro, mostrando seus cigarros acesos, e perguntaram: "Podemos ajudar em alguma coisa?". Concordaram em levar em segurança a trêmula, louca, carente e cheia de tatuagens mulher alta norte-americana de volta pela estrada para Belém.

No dia seguinte, fui a primeira pessoa a chegar para o café da manhã. Havia aquela luz atravessando a janela e eu me sentia purificada, como a gente se sente depois de um bom choro ou de uma chuva forte. E me dei conta de que, independentemente do que eu estivesse tentando proteger naquela estrada, aquilo tinha sido tirado de mim.

Então vi Sharon e seu marido chegarem para o café da manhã e fiz sinal para que se juntassem a mim. Eu me dei conta de que eles tinham me visto em meu estado mais desprotegido, sem disfarces e carente, um estado em que *eu não podia fazer mim mesma*, e não tinham dado muita importância para isso. Só queriam se assegurar de que eu estava bem.

Mas eu sabia que tinha passado pelo que me pareceu uma esfoliação espiritual por meio da humilhação. Podia ter demorado cinco dias, mas meu coração estava finalmente aberto para aquelas pessoas.

Quer dizer, não o suficiente para que eu risse das piadas manjadas. Mas quando eles se sentaram, olhei para eles e disse: "Então, gente, vocês têm fotos dos seus netinhos?".

NADIA BOLZ-WEBER é autora de dois livros de memórias que ficaram entre os mais vendidos do *New York Times*, *Pastrix: The Cranky, Beautiful Faith of a Sinner & Saint* (2013) e *Accidental Saints: Finding God in All the Wrong People* (2015). É pastora luterana ordenada (Elca) e também trabalha como a pastora fundadora da House of All Sinners and

Saints (Casa de Todos os Pecadores e Santos) em Denver, Colorado. Nadia faz viagens domésticas e internacionais como oradora e apresentou-se nos programas *Morning Edition* e *Fresh Air*, da rádio NPR, e no *On Being with Krista Tippett*, da CNN, bem como no *Washington Post*, na revista *Bitch*, no site *Daily Beast* e nas revistas *More* e *The Atlantic*. A cobertura da mídia internacional inclui BBC World Service, *The Guardian* e revistas da Alemanha, Polônia e Suíça. Nadia vive em Denver com sua família e seu cão dinamarquês Zacchaeus.

Esta história foi contada em 24 de junho de 2015, no The Players, em Nova York. O tema da noite era Emaranhado e Torcido: Histórias dos Laços que Unem. Diretora: Jenifer Hixson.

Jenny

Samuel James

Eu tinha doze anos e já estava em meu terceiro lar adotivo. E o meu primeiríssimo pai adotivo acabara de telefonar.

Ele ligou para dizer que sentia muito pela morte da minha mãe. Mas o que *ele* não sabia era que ninguém tinha me contado que ela estava morta.

Eu vivia em lares adotivos porque meus pais bebiam. Não eram pessoas ruins; sempre me senti amado. Mas quando não estavam bebendo eram pais melhores. E eles bebiam com uma frequência cada vez maior.

Com o tempo as pessoas começaram a notar. Eu nunca notei, porque não tinha outra infância para comparar com a minha. De modo que, quando me tiraram de casa, fiquei muito confuso e perturbado.

Quando descobri que ela havia morrido, fiquei simplesmente vazio – sem nada por dentro. E como mais ninguém ligou para dizer que ela havia morrido comecei a ficar furioso de verdade.

Sabem como é: aquela fúria de querer botar fogo no mundo.

E sendo um garoto, um garoto negro, em casas adotivas no Maine, com uma fúria de botar fogo no mundo, não são muitas as casas adotivas que querem ter você por muito tempo.

Comecei a mudar de uma para outra bem depressa. Aprendi que o número mágico era cinco. Se você passa por cinco casas adotivas, fica marcado. Seu nome é encrenca.

Então você não consegue mais um lugar, e se torna um sem-teto. E aí começa a ir para abrigos. Você só pode ficar num abrigo por trinta dias, aí tem que mudar para outro, e para outro e para outro.

Isso é chamado carinhosamente de "a dança dos abrigos".

A educação que se recebe no abrigo é melhor nem mencionar. Quando eu era pequeno, lembro de meu pai me dizendo que, pelo fato de ser negro, eu teria que ser duas vezes mais esperto que o branco mais esperto da sala para obter metade do reconhecimento dele.

De modo que a educação sempre foi algo muito importante para mim. Eu tinha que me endireitar. Quando fiz catorze anos e cheguei a meu sétimo lar adotivo, eu sabia que precisava me agarrar a ele como uma questão vital, a qualquer custo.

Então eu chego ao meu sétimo lar adotivo. O assistente social me deixa na porta. Levo minhas coisas para o quarto, meu quarto, que era no porão. (Quase sempre são no porão.)

Estou nervoso de verdade, porque não quero botar tudo a perder. Então subo para a varanda e acendo um cigarro.

O pai adotivo também sai para a varanda, e então me ocorre que aquele homem, que o Estado colocou como meu guardião, talvez faça alguma objeção. Mas ele não faz objeção nenhuma. Em vez disso ele se debruça sobre o parapeito comigo e acende seu próprio cigarro.

Eu penso: *Que maravilha. Só eu e ele, vendo o sol se pôr sobre os pinheiros. Beleza pura.*

Ele se volta para mim e diz: "Pois é, eu nunca tive problemas com gente de cor".

E eu penso: *Bem, com uma atitude como essa, como poderia ter?*

Então esse homem, como foi ficando evidente, não era o príncipe que eu podia ter imaginado. Havia outro filho adotivo ali, um garoto de doze anos que tinha síndrome de alcoolismo fetal, e aquele homem gostava de torturá-lo. O homem tinha também um cachorro que estava velho e moribundo, e ele gostava de chutar o cachorro.

A coisa não está indo bem, e se transformava em frustração porque esta é a sua vida e você não pode fazer nada quanto a isso. Não posso ajudar o garoto. Não posso ajudar o cachorro. Não posso ajudar a mim mesmo.

É como estar morrendo de fome e a única fonte de comida é uma maçã entre as rochas. Você pode estender a mão e agarrá-la, mas não pode puxá-la dali enquanto a segura. E esta é a sua vida.

Mas, no ônibus para a escola, lá está aquela moreninha bonita chamada Jenny, sentada sozinha, nariz enfiado num livro. E aquilo era o que *eu* geralmente fazia. Então um dia perguntei a ela se queria ser antissocial junto comigo.

Ela riu. E eu vou dizer para vocês que é uma maravilha ter na vida alguém que ri.

Então converso com ela no ônibus todos os dias, e em pouco tempo estamos conversando também todas as noites por telefone. E isso é muito bom mesmo, mas no lar adotivo as coisas vão de mal a pior. Tem uma reunião informal de família, e durante o jantar o pai adotivo explode comigo, e me chama de negro bastardo na frente de todo mundo na sala.

Não era a primeira vez que eu ouvia uma ofensa racista sair daquela boca. Mas não era isso. Era a raiva na voz dele. E o fato de que havia uma sala cheia de gente, e quando encarei cada par de olhos na sala, eles simplesmente olharam para o chão.

Eu estava abandonado, completamente sozinho, e ninguém me apoiou. Foi então que o pânico se instalou. Chegou o ponto em que tinha se tornado difícil demais ficar ali. Eu tinha que ir embora.

Na manhã seguinte meu assistente social me deixa no abrigo. A esta altura, já aceito isso numa boa, porque não tenho como obter um oitavo lar adotivo. Está muito claro que não vou aguentar mais três anos naquele lugar, então é o melhor a fazer.

Mas aproveito o tempo de telefone a que tenho direito à noite e ainda ligo para Jenny. Não lhe digo onde estou, porque acabo de perder minha única chance de chegar à universidade. E por mudar tanto de casa, perdi todos os amigos que cheguei a fazer na vida, incluindo ela.
Só que ela ainda não sabe.
E enquanto eu puder segurá-la ao telefone, ela não saberá.
Mas a coisa acabou escapando. E não consigo lembrar o que ela disse. Só lembro que me senti vazio de novo e desliguei o telefone.
Esperei a semana seguinte para ligar de novo, e quase imediatamente ela passou o telefone para o pai. Bom, àquela altura eu já escutara na vida uma porção de conversas do tipo "Não ligue para cá de novo", "Não apareça por aqui", "Você é uma má influência". Mas não foi essa a conversa que eu tive.
O que ele me diz é: "Quer vir morar com a gente?".
Agora, quando lhes digo isso, vocês precisam entender que meu relacionamento com Jenny tinha sido só por telefone ou no ônibus. Ela nunca tinha ido à minha casa. E eu nunca tinha ido à dela. E o pai dela, com quem eu estou conversando agora, sequer me conhecia.
Ele nunca tinha visto a minha cara. O primeiro contato que estamos tendo é *agora mesmo*, por telefone.
Então, quando ele me perguntou se queria fazer aquilo, minha reação visceral foi pensar: *Não, nem ferrando*. Porque eu tenho parentes de sangue que não me acolheram quando fui enviado a famílias adotivas. Nenhuma família jamais me fizera algum bem.
Mas meu pai me educou desde quando eu era bem pequeno para saber que era normal sentir medo, mas nunca ser burro.
Então eu disse: "Sim".
Meu assistente social me deixa na casa de Jenny, e é um lugar enorme, lindo. Todo mundo ali tem sorrisos enormes, lindos. O pai dela, a mãe. Os quatro irmãos e irmãs.

Eu nunca na vida tinha visto um bando maior de alunos brilhantes. Nenhum deles jamais tirara um A⁻ na escola. E foi então que percebi que, pela primeira vez na vida, eu tinha em quem mirar para me superar. Porque até então tudo tinha sido uma questão de sobrevivência. Mas agora seria uma questão de aprimoramento, de conquistas.

Enquanto tudo isso acontece, meu pai está tentando provar ao Estado que se estabilizou e que consegue cumprir seu papel, e por fim vamos a um lugar onde temos uma visita supervisionada.

Ora, uma visita supervisionada significa o seguinte: ficaremos eu, ele e um assistente social num escritório com luz fluorescente e cheirando a bolor. Estou petrificado, porque sempre segui aqueles pequenos credos que meu pai me ensinou.

Mas há uma parte de mim que pensa: *Posso ter inventado isso só para me safar. Talvez ele seja o bêbado babaca que eles acham que é. Mas eu preciso que ele seja o homem que* eu *acho que ele é.*

Lá vou eu. E ele é o homem que acho que ele é.

Então com o tempo conseguimos arranjar para que ele vá à casa de Jenny. E ele vai, e eles são naturalmente protetores com relação a mim e um tanto temerosos do que pode acontecer.

Eles têm um velho piano, e eu comento: "Meu pai toca piano".

O que eu não digo é que meu pai é um pianista de jazz de classe internacional. Então, quando ele senta para tocar o piano, a única coisa mais linda que o som que sai das teclas é o som dos queixos caindo ao mesmo tempo.

E naquilo que era um momento verdadeiramente *surreal* para eles, torna-se *real* para eles também. E eles passam a apoiar minha reaproximação, e depois de um tempo eu volto a viver com meu pai.

Por fim eu chego à faculdade. E outro dia, conversando com Jenny justamente sobre isso, eu disse a ela que o que guardo dessa coisa toda é que eu era mesmo um garoto estourado. Eu não era um bom garoto. Aquelas pessoas me acolheram. E de jeito nenhum eu lhes retribuí com gentileza enquanto estava lá. Eu ainda era muito, muito estourado.

E não sai da minha cabeça que eu não os tratei tão bem como eles me trataram.

Jenny disse: "Não me lembro de você ser um garoto mau. Acho que está sendo duro consigo mesmo".

E não sei dizer se ela tem razão, e nesse caso estou sendo duro demais comigo mesmo, ou se é ela que está sendo tão bondosa como só alguém criado por seus pais deve ser.

SAMUEL JAMES é um músico de expressão mundial e criador do *Kitty Critic*, uma websérie cômico-musical na qual músicos tocam ao vivo para os gatos de seus fãs. James é o último representante de uma linhagem de artistas que inclui dançarinos, contadores de histórias, cantores de coro, violonistas de rua e um pianista de jazz, cujas origens remontam ao século XIX. Pode-se encontrá-lo em therealsamueljames.com e em kittycriticmusic.com.

Esta história foi contada em 5 de junho de 2014 no State Theatre em Portland, Maine. O tema da noite era Salto de Confiança. Diretora: Meg Bowles.

Déjà vu (de novo)

Cole Kazdin

Eu queria um novo começo. Estava morando em Nova York. Meu namorado, Adam, tinha acabado de romper comigo e de se mudar para Los Angeles, do outro lado do país. Era um bom sujeito – mas estávamos em um daqueles relacionamentos "que não vão para lugar algum durante três anos".

Nenhum de nós havia feito nada horrível, como ter um caso com outra pessoa. Simplesmente não combinávamos muito bem.

Era isso que minha mãe ficou me dizendo ao telefone ao longo daqueles três anos. Muito delicadamente. Tipo: "Vocês dois são boas pessoas. Talvez apenas não combinem muito bem".

Mas acontece que Adam e eu éramos passivos o bastante para empurrar com a barriga. Quando as coisas iam mal, e um dos dois poderia começar a juntar coragem para apertar o botão do término, calhava de ser o aniversário de um de nós. Ou tínhamos conseguido ingressos para um concerto fantástico. E com isso o relacionamento se arrastava por mais alguns meses. E os meses viraram anos.

Em três anos Adam nunca disse que me amava. E acho que eu o amava, mas não seria a primeira a dizer. (Porque sou muuuuito madura.)

Então uma noite Adam me levou para um jantar maravilhoso. Contou que tinha um afeto profundo por mim. E que nunca desejou casar comigo.

Foi essencialmente um pedido de casamento ao contrário. E foi isso. Ele rompeu comigo, mudou-se para Los Angeles, acabou-se o que era doce. E foi muito doloroso para mim. Lembro que eu tentava esquecê-lo – esquecer os três anos anteriores e simplesmente acordar um dia e começar de novo.

Meu desejo se realizou.

Acordei numa ambulância, vestida com uma roupinha de animadora de torcida (o que, se você tem mais de trinta anos e não é Halloween, desperta interrogações, vocês sabem).

Havia paramédicos ao meu redor, e em seguida eu estava numa maca de rodinhas. Fui colocada num aparelho de tomografia e logo eu estava num quarto de hospital com uma porção de estranhos preocupados à minha volta.

Mas não eram estranhos. Eu é que não conseguia identificá-los.

O que eu não sabia era que, mais cedo naquele dia, houvera um acidente. Eu estava filmando um piloto para a televisão. Era um programa de paródias de filmes. O piloto era uma paródia de *Teenagers: as apimentadas*, o filme sobre animadoras de torcida. Pediram-nos para fazer uma coreografia que não tínhamos ensaiado nenhuma vez.

O número consistia em me jogarem para o alto e me *segurarem* de volta.

Fui jogada para o alto... mas me estatelei com as costas e a cabeça no chão.

Sofri uma forte concussão e desloquei um disco da coluna. Eu mal podia andar e não tinha a mínima ideia de quem eu era.

Diagnóstico: amnésia.

Eu também não sabia que meu namorado tinha me dado um pé na bunda algumas semanas antes e mudado para Los Angeles. Eu não sabia de absolutamente nada.

No hospital alguém pôs o telefone no meu ouvido e me disse que era minha mãe. Escutei uma voz feminina frenética do outro lado da linha, mas ela não significava nada para mim. Um amigo sabia onde eu morava, me levou para casa, achou as chaves na minha bolsa, me enfiou no meu apartamento e me botou na cama.

Eu quis ligar para o meu pai. Lembro-me de ter tido esse pensamento.

Meu amigo disse: "Por que você não descansa? A gente liga para ele depois".

Mas eu queria ligar para o meu pai e precisava de ajuda, pois não sabia o número.

Mais uma vez meu amigo tentou me fazer desistir da ideia. "Por que você não descansa? Depois a gente telefona. Tente dormir algumas horinhas."

Comecei a ficar irritada. "Por que você não está me ajudando? Quero *ligar para o meu pai!*"

Meu amigo me encarou como se eu estivesse fora do meu juízo.

Por fim ele disse: "Você não se lembra? Acabou de ligar para o seu pai. Já falou com ele três vezes. Fizemos isso *três vezes*. Então você pode telefonar para ele, mas será a quarta vez. E acho que ele pode começar a ficar assustado".

Essa conversa toda, diga-se de passagem, está acontecendo comigo ainda vestida de animadora de torcida. Com aquela sainha plissada branca e top combinando. Porque quando o hospital libera a gente, é como na prisão: eles devolvem a roupa que a gente estava usando ao chegar, o que no meu caso era o figurino do programa.

Eu tive amnésia tanto de curto como de longo prazo. De modo que eu sabia algumas coisas: sabia falar, sabia ler. Mas não sabia as coisas grandes, tipo quem eu era.

Também não conseguia reter nada. De modo que, se alguém saísse do quarto e voltasse dez minutos depois, tínhamos que começar do zero.

Eu estava aproveitando literalmente cada momento.

Um gato entrou no quarto. *O que esse gato está fazendo aqui?* As pessoas me informam que era o meu gato.

Toda aquela gente que entrava e saía – não passavam de estranhos vindos de um passado que eu nem sabia que tinha existido. Tentavam ajudar. Lembro da minha melhor amiga, Amy, entrando abruptamente no quarto aos gritos: "Ela é vegetariana! Não deixem ela comer carne!!".

Isso não me parecia estranho, mas não significava nada. Quer dizer, eu podia estar me refestelando com uma perna de vitela. Mas achei que era importante e eu não quis esquecer, por isso anotei num papel. Havia um bloquinho de recados numa mesinha junto à minha cama.

Escrevi: *"Você é vegetariana"*.

Alguém tinha ligado para Adam, e ele veio voando de Los Angeles e estava ao lado da minha cama com lágrimas nos olhos.

Na verdade, na primeira noite em que ele dormiu comigo, lembro que foi uma coisa meio bizarra e até imprópria, pensei, porque, afinal: *Quem é esse cara na minha cama?* Ele disse que era meu namorado, mas podia ser o carteiro. Não sei – tenho amnésia.

No dia seguinte Adam me mostrou fotos de nós dois juntos, para ver se, quem sabe, aquilo chacoalhava minha memória (e talvez até para comprovar que de fato éramos um casal). Fotos de uma viagem recente que eu fizera a Los Angeles: Adam e Cole na praia, Adam e Cole em frente ao Mann's Chinese Theatre, Adam e Cole na roda-gigante no píer de Santa Mônica.

Eu estava nas fotos, mas não me lembrava de nada daquilo. Anotava tudo. Tinha pavor de esquecer. Cada migalha de informação era preciosa. Toda vez que alguém me contava alguma coisa, ou nas raras ocasiões em que alguma coisa me voltava por conta própria, eu botava no papel.

"Você é vegetariana."

"*Estamos em guerra com o Iraque.*"

"*Kristen é uma amiga sua meio vagaba.*"

Uma tarde eu estava num táxi, de volta da fisioterapia para casa, passando pela Queensboro Bridge. Notei o buraco na silhueta dos prédios onde as Torres Gêmeas já tinham estado. Meu acidente acontecera em novembro de 2001, e desde então tinha transcorrido mais ou menos um mês.

Pensei: *Que engraçado...*

Escrevi num post-it: "*Torres Gêmeas desapareceram*".

Adam era o Namorado Maravilhoso. Aquele acidente foi a melhor coisa que poderia ter acontecido ao nosso relacionamento. Ele se mudou para o meu apartamento. Me levava às minhas consultas semanais com o neurologista e à minha fisioterapia quase diária.

Ele me dava os remédios à noite e me abraçava quando eu acordava gritando por causa dos pesadelos que esses remédios me causavam. Ou simplesmente pela desorientação de não saber quem eu era e onde estava.

Uma garota da ioga veio me visitar. *Eu faço ioga? O que mais eu faço?* Eu estava nessa missão detetivesca de descobrir quem eu era.

Encontrei diários escritos com a minha letra, em outra língua. Adam me contou que era português, da época em que morei no Brasil. *Eu morei no Brasil?*

Legal. O que mais?

Eu pinto?

Eu sei cozinhar?

Sou uma idiota?

(Quero dizer, e se eu for uma idiota?)

Entreouvi médicos dizendo coisas como "Não sabemos por quanto tempo ela vai ficar assim" e "Não sabemos ao certo se ela vai chegar a se restabelecer completamente". E estavam falando de mim. Quer dizer, eu estava sentada bem ali na mesma sala.

A única coisa que eu podia ter certeza era daquela pilha de post-its com anotações na mesinha de cabeceira. Eu pensava que, quanto mais a pilha aumentasse, mais eu me tornaria uma pessoa. Mas ainda não era eu. Eram só informações, preenchendo um espaço vazio.

Então, uma tarde, eu estava num táxi voltando de novo da fisioterapia, de novo na Queensboro Bridge. Comecei a chorar. Não tinha ideia do motivo. Mas não conseguia parar.

E foi justamente quando passamos pelo buraco na linha do horizonte em que ficavam as Torres Gêmeas. Quando aconteceu a primeira vez, o que havia era aquele espaço vazio realmente arrepiante, como fantasmas de edifícios.

Eu me senti inundada. Quero dizer, eu chorava aos soluços. E não conseguia entender. Então me dei conta: eu estava *lembrando*. Mas não se tratava de um fato ou uma coisa – era um *sentimento*. Era a primeira vez desde o acidente que eu me sentia real.

Naquela noite Adam estava me colocando na cama. Tinha acabado de me dar os remédios e estava escrevendo isso num *post-it*, para quando, dali a cinco minutos, eu perguntasse se era hora dos meus remédios, como eu fazia toda noite.

Observei aquele homem cuidando de mim com tanto carinho e me vi tomada pela emoção.

Eu disse: "Te amo".

E ele não disse nada.

Então eu disse de novo (porque eu tinha amnésia e podia usar isso como desculpa).

"Te amo."

De novo ele não abriu a boca. Eu não entendia.

Então me lembrei. O término e toda a dor que veio junto. A mudança dele para Los Angeles. E depois uma reconciliação pós-Onze de Setembro. Tinha acontecido o Onze de Setembro e faríamos uma nova tentativa.

Fui a Los Angeles para visitá-lo. Fomos à praia, fomos ao Mann's Chinese Theatre, andamos de montanha-russa no píer de Santa Mônica.

Pensei em tudo o que ele estava fazendo por mim. Se não era amor, então o que era isso? Por que ele estava ali, para começo de conversa? E acho que a resposta é: ele é um homem muito bom, e tinha um afeto profundo por mim. Mas era um namorado tipo o Giuliani*. Bom em crises.

Talvez ele me amasse e simplesmente não conseguisse dizer isso em palavras. Nunca saberei. Quero dizer, acho que eu o amava, e queria ouvi-lo dizer o mesmo. Mas talvez eu só quisesse dizer "Obrigada" e não fosse capaz de diferenciar uma coisa da outra.

Levei uns seis meses para me restabelecer. Minha memória foi voltando devagar. E então acho que fiquei plenamente curada, porque, alguns meses mais tarde, Adam e eu rompemos de novo. Só que dessa vez eu sabia que ia acontecer, porque já tínhamos feito isso antes.

Eu queria um recomeço. E tive. Me perdi completamente e depois recuperei a mim mesma, quase como se seguisse um script, reprisando toda a minha história com Adam. Nada tinha mudado.

Mas dessa vez foi reconfortante. Porque, se nada havia mudado, significava que eu sabia quem era. Que eu era uma pessoa real.

E que, mesmo sem minha memória, eu ainda era eu.

---

* Provável referência a Rudy Giuliani, prefeito de Nova York na época dos ataques de 11 de setembro de 2001.

COLE KAZDIN é escritora, performer e produtora de jornalismo televisivo, ganhadora de quatro Emmys. Mora em Los Angeles, é colaboradora regular da revista *VICE* e já escreveu para o *New York Times*, a *Salon* e a *Cosmopolitan*. Produziu para a HBO Documentaries, para a ABC Network News e para o Discovery. Cole apresentou-se no programa *The Moth Radio Hour*. Seus escritos foram incluídos nas antologias *Afterwords: Stories and Reports from 9/11 and Beyond* e *The Best American Sex Writing*. Ela conta histórias pelo país afora com The Moth MainStage e se apresenta por toda Los Angeles, onde é uma orgulhosa tricampeã do Moth GrandSLAM. Tem dado palestras em universidades e ensina escrita e narração de histórias por todo o país. Cole sobreviveu à amnésia, à vida em Nova York e a uma entrevista muito constrangedora com Kirk Cameron durante a qual ele disse que ela iria para o inferno. Ela não se arrepende de nada. Pode-se encontrá-la em colekazdin.com.

Esta história foi contada em 27 de agosto de 2014 no Byham Theater, em Pittsburgh. O tema da noite era Não Olhe para Trás. Diretora: Catherine Burns.

Pode me chamar de Charlie

Josh Bond

Administrei um hotel num condomínio residencial em Santa Mônica por uns sete anos. Eu morava num apartamento no conjunto residencial e tinha um escritório no hotel, do outro lado da rua. Um trajeto casa-trabalho superfácil. Algo particularmente formidável quando se mora em Los Angeles.

A gente conhece uma porção de pessoas interessantes quando administra um condomínio. Por exemplo, havia um casal de aposentados que morava no apartamento colado ao meu – os Gaskos. A primeira vez que vi o marido foi quando eu estava em meu apartamento tocando violão e tentando escrever uma música.

Alguém bate à porta, e ao abri-la encontro um homem de setenta anos segurando uma caixa negra. Ele diz que me ouviu tocando música, e que gostou, porque era boa, e achou que talvez eu pudesse usar seu chapéu de caubói Stetson.

Um gesto muito simpático. Eu agradeço e ele diz que seu nome é Charlie.

Corta para cinco anos mais tarde, e estou tirando um cochilo em meu sofá. Venho trabalhando direto há duas semanas, sem folga, de plantão todas as noites. Mas essa quarta-feira eu saí do trabalho cedo e vou assistir à banda My Morning Jacket em Hollywood. Vou encontrar um amigo. Tudo planejado.

Às duas da tarde toca o telefone, e meu colega de trabalho está no hotel com o FBI.

Quando vejo, estou ao telefone com um agente do FBI, e ele diz: "Preciso falar com você sobre um morador de seu condomínio".

Estou em meu sofá, de modo que digo: "Podemos fazer isso amanhã?". Ele diz que não.

"Onde você está? Venha para cá agora mesmo."

Então eu chego no meu escritório, me sento e na minha frente está um homem grandalhão vestindo uma camisa havaiana e jeans.

Ele fecha a porta e joga uma pasta de papelão reciclado sobre a escrivaninha. Abre-a e aponta para uma folha de papel. No alto da folha está escrito "Procurados" e abaixo da palavra está a foto e os nomes de um homem e uma mulher.

Ele pergunta se aquelas pessoas vivem no apartamento colado ao meu. Bato o olho e percebo que a mulher é minha vizinha, Carol Gasko. Sim, conheço esses dois, são meus vizinhos.

E, embora nunca tenha ouvido o nome "Catherine Greig", o nome "James J. 'Whitey' Bulger" é muito familiar. Escutei-o muitas vezes quando estava na faculdade, na Boston University.

Mas não sabia praticamente nada sobre ele. Para mim, era um sujeito do tipo Jimmy Hoffa, isto é: "Ah, esse cara está desaparecido, nunca vai ser encontrado". Era quase uma piada.

Então lá estou eu em pé diante das fotos, e o agente do FBI pergunta: "O que você me diz?".

Respondo: "O que a minha cara diz?".

Ele diz: "Preciso de porcentagens de certeza".

Eu digo: "Noventa e nove e meio por cento, cem por cento".

Então ele fala no rádio e, enquanto isso está ocorrendo, é quase como num filme depois de uma explosão quando o som simplesmente desaparece, e a gente tenta processar algo que não nos é familiar. A gente não sabe o que está acontecendo, e muito menos o que está para acontecer.

Aquele é o velho que comprou um farol de bicicleta para mim uma vez porque estava preocupado comigo andando de bicicleta à noite sem iluminação. E agora descubro que ele é um notório fugitivo.

Logo surge outro agente, que diz: "Precisamos das chaves do apartamento dele, e se você não nos entregar, vamos derrubar a porta".

Eu digo: "O.k., aqui estão as chaves".

Ele sai, e então o outro agente, o da camisa havaiana, diz: "Olha só, esse cara está no topo da lista dos mais procurados. A gente bem que podia contar com sua ajuda para pegá-lo".

Minha primeira reação é dizer: "Acabei de lhes dar as chaves do apartamento deles e confirmei que ele mora ali. Não sei bem o que mais eu posso fazer".

Ele diz: "Bom, nós não podemos simplesmente ir ao apartamento dele. Temos que ter certeza de que ele está lá. Se estiver somente a mulher, não serve para nós. Então, por que você não vai lá e bate na porta para ver se ele está em casa?".

Nos meses anteriores, Carol vinha dizendo às pessoas do prédio: "Charlie tem demência e tem problemas de coração".

Eles pregavam avisos na porta durante o dia dizendo: "*Não bata na porta*". Eu sabia, por nossas conversas ao longo dos anos, que ele dormia durante o dia.

Explico isso ao agente, e sem pestanejar ele diz em seguida: "O que você vai fazer hoje à noite?".

Respondo: "Vou a um show".

Ele diz: "Talvez seja o caso de cancelar esses planos".

Então ligo para o meu chapa e digo: "Olha só, acho que não vou conseguir ir ao show esta noite, e não posso te falar o motivo".

À medida que o choque inicial vai se dissipando, percebo que ficarei com aqueles caras até eles algemarem o meu vizinho.

Então as coisas de fato começam a acontecer. Eles posicionam um agente no hotel numa janela que tem uma boa visão da sacada do apartamento dos Gaskos.

Aí o agente quer ir ao meu apartamento. Eu o levo por um beco nos fundos e algumas ruas laterais, para não passarmos na frente do prédio, expostos à visão de Charlie e Carol. Paramos diante de cada carro, e ele fala no rádio, e há agentes por todos os lados. Começo a achar que o negócio é sério. Só pode ser. Por que mais haveria tanta gente de campana na vizinhança?

O agente do FBI diz: "Eles fecharam as persianas. Foi você que passou o serviço?".

"Ora, eu estive com vocês o tempo todo, *claro que não*."

Chegamos ao meu apartamento e eu desenho para eles uma planta do apartamento dos Gaskos. Trocamos ideias sobre como fazer o sujeito sair de casa.

A minha sala de estar é parede com parede com o quarto de dormir de Charlie, de modo que digo: "Ahn, sabe que esse cara pode escutar tudo o que estamos falando? Outro dia ele repetiu uma conversa que tive à noite com uns amigos, me perguntando por que a gente não discute e fala palavrão como ele e os amigos faziam no tempo dele".

Passamos para o meu quarto e temos uma ideia. Decidimos arrombar o depósito dele no subsolo. Descemos até a garagem, e o agente do FBI vai até seu carro, onde tem um alicate de cortar cadeados.

De repente estou totalmente pilhado. Estou envolvido em alguma coisa. É como um filme. Estou quase me divertindo a essa altura. A adrenalina me ajuda a esquecer meu relacionamento de anos com aquelas pessoas. Quero dizer, este é o mesmo homem que me trouxe um presente em todos os Natais nos quatro anos em que fomos vizinhos.

Rompido o cadeado, voltamos ao meu apartamento e o agente me diz: "O.k., o que vai acontecer é o seguinte: vou descer, nós vamos deixar tudo pronto, vou ligar para você, aí você vai lá, bate na porta dele e o leva para baixo".

E eu respondo: "Não, eu vou é para o hotel. Aí eu *ligo* para ele, e o chamo para se encontrar comigo lá no depósito. Então vocês fazem o que têm que fazer".

Estou no meu escritório, pensando nesse sujeito, meu vizinho, que cuidava de uma senhora do primeiro andar. Que uma vez, quando não escrevi um bilhete de agradecimento por um presente de Natal dado por ele, me deu um estojo com caneta e bloco de papel.

Estou pensando: *O que será que esse cara FEZ?*

Então eu vou à Wikipedia e leio sobre assassinatos, extorsão e jogos clandestinos.

Chego à última linha, e numa de suas últimas aparições públicas com um de seus comparsas mafiosos, ele declarou: "Quando eu for pego, sairei de armas na mão cuspindo fogo".

Começo a repensar meu envolvimento nos acontecimentos do dia.

Convenientemente, meu telefone toca, e é o FBI, dizendo: "Ligue para ele agora".

Começo a gaguejar: "Olhe, amigo, acabo de ler umas coisas sobre esse sujeito... e não sei, não".

Ele diz: "Não, não, não, ele nunca vai ficar sabendo, nunca".

O que, obviamente, *não é verdade*.

Mas estou prestes a conseguir ir ao show, de modo que digo: "Tudo bem, vou ligar para ele".

Telefono do hotel para os Gaskos, e ninguém atende. Fico aliviado. Que ótimo que eles não atenderam o telefone.

Ligo de volta para o agente e digo: "Bem, amigo, sinto muito, eles não respondem. Vai ser preciso fazer outra coisa".

Ele diz: "Tem *certeza* que não quer bater na porta deles?".

E eu: "Olha só, meu caro, cortinas fechadas, armas cuspindo fogo. E se ele abrir a porta de arma na mão?".

Ele diz: "É só chegar e dizer: 'E aí, cara, o que está acontecendo?'".

Penso comigo mesmo: *Ui, ele me dá um tiro antes de eu terminar essa frase*.

Digo ao agente que não vou entrar nessa. Mas aí Carol me liga de volta. Pego o telefone e explico a ela que o depósito deles foi arrombado. Posso chamar a polícia, ou então o Charlie pode se encontrar comigo no depósito para dar uma olhada.

Então ela conversa com ele e volta ao telefone para dizer: "Ele vai descer em cinco minutos".

"Então tá. Ótimo".

Desligo, ligo para o FBI. "Ele vai descer. Agora é com vocês."

Então saio do prédio e quando estou no pátio do hotel Carol sai para a sua sacada, que fica bem em frente, do outro lado da rua. Ela olha para mim, depois baixa rapidamente os olhos para a garagem, e volta a olhar para mim. Não sei se ela sabia, mas parece preocupada.

Ela volta para dentro do apartamento, e recebo uma ligação do FBI: "Pegamos o sujeito, você já pode ir para o seu show".

Então troco de roupa, com a adrenalina a mil, e me apresso. Assim que abro a porta, é como uma cena em câmera lenta de vans e viaturas e agentes do FBI por todo lado. E meu vizinho, Charlie Gasko, ali em pé, algemado, cercado de agentes, rindo e contando casos.

Parece até aliviado.

Contemplo a cena de olhos arregalados, e ao passar por ele vejo Carol a poucos metros, algemada. E a magnitude de tudo o que está acontecendo começa a fazer sentido.

Ela olha para mim e diz: "Oi, Josh", e sou incapaz de responder.

Só consegui acenar debilmente e caminhei até o meu carro, peguei a estrada, telefonei para o meu irmão e disse: "Você não vai acreditar no que aconteceu comigo hoje".

"O que foi?"

"Ajudei o FBI a prender o homem mais procurado do país."

Alguns meses depois, minha família está um pouco preocupada comigo, e meus amigos fazem apostas em torno de quanto tempo ainda tenho de vida. Chego em casa um dia e na caixa do correio tem uma carta vinda da Penitenciária de Plymouth. Abro o envelope e vejo a mesma letra cursiva familiar, no mesmo tom de abobrinha que eu conhecia nos quatro anos de convivência com Charlie Gasko.

Mas naquela carta ele se reapresentava como Jim Bulger.

Então escrevi de volta, dizendo: "Olhe, você sabe que tive alguma coisa a ver com o dia da prisão, e a minha família está um pouco preocupada. De modo que, bem, você sabe, um simples bilhete dizendo 'está tudo bem' seria bem bacana".

Ele escreveu de volta dizendo: "Olha só, eles iam me pegar de qualquer jeito, com ou sem a sua ajuda".

Com isso, minha mãe passou a se sentir muito melhor.

Novos vizinhos acabaram ocupando o apartamento, e pareciam gente boa.

Mas vai saber, né?

JOSH BOND reside em Santa Mônica, Califórnia, onde administra imóveis comerciais e residenciais. Também compõe músicas e toca sozinho e com sua banda, For the Kings. Nascido e criado no delta do Mississippi, frequentou a Boston University, onde se graduou em produção de cinema.

Esta história foi contada em 2 de março de 2015 no Music Hall em Portsmouth, New Hampshire. O tema da noite era Propaganda Enganosa. Diretora: Sarah Austin Jenness.

Família moderna

Sara Barron

Há seis meses me casei com um homem chamado Mike. E meu casamento com Mike fez de mim uma madrasta.
 De uma cadela.
 O que eu quero dizer não é simplesmente que Mike tinha uma cadela e que por isso, agora que somos casados, nós dois somos os donos dela. (Embora, em certa medida, isso seja verdade.) O que quero dizer mais exatamente é que Mike compartilha a guarda de uma cadela com sua ex-namorada. E, como agora sou mulher dele, eu *também* compartilho a guarda de uma cadela com sua ex-namorada.
 Fiquei sabendo dessa situação de guarda compartilhada da cadela bem no início do nosso relacionamento. Na primeira vez em que fui ao apartamento dele, havia uma cadela lá. E ela já foi dizendo: "Au, au".
 Então eu disse: "Oh, meu Deus, você não é uma graça? Não é uma fofura?!".
 Que fique claro: não sou uma pessoa chegada a cachorros.
 Também não sou uma pessoa *não* chegada a cachorros. É que, antes de compartilhar a guarda de um, eu não tinha familiaridade com o amor incondicional de um animal. De modo que aquilo sempre me pareceu uma tremenda duma babaquice, e não me interessava muito como assunto de conversa.
 No entanto, se estava interessada num homem que *tinha* uma cadela, eu era capaz de cantar uma música inteira e dançar para o bicho, para dar o assunto por encerrado.

Diria: "Ah, bla, bla, bla. Uau! Sua cadela!".

Sempre senti aquilo como uma espécie de teste bizarro, surreal, do meu instinto materno.

Então eu disse: "Ah, bla, bla, bla, uau! Mike! Sua cadela!".

Então, uma semana mais tarde, voltei ao apartamento dele, mas dessa vez não tinha cachorra nenhuma.

Perguntei: "Mike, cadê a cachorra?".

E Mike diz: "Ah, bom, o engraçado, na verdade... é que eu divido a guarda. Da cadela. Com minha ex".

E eu: "Isso é *muito engraçado*... e também tão surpreendente, na verdade, porque eu nem sabia que *havia* uma ex, porque eu NÃO fiquei stalkeando você no Facebook!".

E ele: "Você está sendo sarcástica".

E eu: "Sim, estou sendo sarcástica".

Então ele diz: "O.k., mas o que quero saber aqui, de um jeito não sarcástico, de um jeito, digamos, genuíno, é como você se sente nesta situação toda?".

E eu disse: "Bom... não sei".

Porque não sabia mesmo. Havia uma *parte* de mim que pensava: *Ah, tudo bem. É isso que gente bacana e descolada faz!*

Mas a outra parte de mim dizia: *Esta merda está parecendo bem disfuncional. Como assim?!*

Eu tinha esses dois lados, e o que vou contar agora é piegas, e já peço desculpas de antemão. Mas o fato é que eu estava encantada com Mike (a gente estava bem no comecinho), e então fiz aquilo que todo mundo que está encantado faz, que é fazer de conta que está tudo ótimo.

Não é que a gente faça de conta, porque quando está genuinamente encantada, a gente de fato *sente* que está tudo ótimo. Tipo: "Claro! Topo qualquer coisa". E então é meio que: *Tá nas mãos de Deus se eu vou ou não ficar ressentida com você mais tarde.*

Algumas palavrinhas rápidas sobre a cadela. Ela é um minischnauzer e é bem fofinha, de verdade. O nome dela é Wilma.

Algumas palavrinhas rápidas sobre a ex. Ela é uma mulher da espécie humana. E também é bem fofa, na verdade, e o nome dela é Kelly. Mike e Kelly ficaram juntos por dez anos, o que é um bom tempo. Nunca se casaram, não tiveram filhos. Mike tomou a iniciativa de terminar. E dois meses depois de ter terminado – o que não é muito tempo – Mike me conheceu.

E um mês *depois* de Mike ter me conhecido – o que, de novo, não é muito tempo –, Kelly ficou sabendo sobre nós. Descobriu que estávamos saindo juntos, o que foi horrível, e aconteceu porque eu e Mike tínhamos ido jantar com uma amiga minha... e ela tinha adorado o Mike, e ele também, e ela adorara nós dois juntos, e foi uma daquelas raras e impossíveis boas noitadas sociais.

E então – já que essas coisas não existem de verdade hoje em dia se você não posta uma foto delas no Facebook – descobri ao acordar na manhã seguinte, para meu profundo desprazer, que minha amiga postara uma foto de Mike e eu juntos no Facebook.

E não só isso: ela nos marcou na foto.

E não só *isso*: colocou a legenda "Pombinhos".

Umas palavrinhas rápidas sobre mim. Antes de conhecer Mike, eu era solteira, o que é óbvio. Mas a razão que me leva a fazer questão de dizer isso é que eu não apenas era solteira – eu *me identificava* com a condição de solteira.

Com isso quero dizer que eu era *muito* solteira. Eu havia saído com uma porção de homens que diziam: "Sara, acho você muito legal, mas a verdade é que...".

Et cetera.

Então, agora que de repente eu *era* aquela que estava com o cara e uma companheira da minha irmandade estava sofrendo, em parte por minha causa, fiz uma promessa, não muito diferente da promessa das meninas escoteiras:

Palavra de honra que vou tentar servir à irmandade das solteiras sendo bondosa e compreensiva com esta mulher que acabou de passar por uma separação.

E claro que manter essa promessa devia ser fácil. Mas o fato é que, bem, *não* foi nada fácil. E a razão disso, pelo menos em parte, foi que eu não estava preparada – e isso cabia a mim –, mas eu não estava preparada para o tanto de... digamos, *envolvimento* que Kelly queria ter na vida atual de Mike. Sem contar todas as coisas relacionadas com a situação canina.

Então há uma porção de telefonemas. Uma porção de mensagens de texto. Uma intensa atividade na velha página do Facebook. Uma porção de "A gente tem que se encontrar para tomar um café. A gente tem que se encontrar para jantar".

E a melhor parte de mim compreendia que aquela coisa toda, cada centímetro dela, tinha a ver com uma mulher que estava sofrendo, certo? Ela estava enfrentando uma separação. Essas coisas levam tempo, e ela *não tivera tempo*.

Mas a pior parte de mim... que é, basicamente, eu... só queria desesperadamente que ela sumisse. E isso fazia com que eu me sentisse mal comigo mesma. Então fiz o que as pessoas fazem com os sentimentos que as deixam mal consigo mesmas: simplesmente varri-os para baixo do tapete e fingi que eles não existiam.

O que poderia dar errado?

De modo que esse foi meu modo de atuação por um bom tempo. Foi assim que levei minha vida por cerca de um ano.

Então, por volta do aniversário de um ano, aconteceu uma coisa aparentemente insignificante, mas na verdade bem significativa. A coisa foi que Mike teve uma pinta removida – me acompanhem – bem no alto, mas bem no alto mesmo, do lado de dentro da coxa.

Ele fez isso porque pedi. Porque ele faz parte daquela grande legião de pessoas que pensam: *Se você não vai ao médico, o problema não existe!* Ao passo que *eu* faço parte da grande legião de pessoas que pensam: *Se você não for ao médico, você vai* MORRER*!* E eu estava de olho naquela pinta, certo? Era perigosamente rugosa. Então meu pensamento era: ELA TEM QUE CAIR FORA.

Então finalmente Mike faz como pedi e remove a dita pinta, e eu fico verdadeiramente agradecida e aliviada. No dia seguinte à remoção da pinta, ele posta no Facebook uma coisinha minúscula, pretensamente engraçada, a respeito do assunto.

E Kelly, como é de seu feito, deixa um comentário. Que diz o seguinte: "O quê? Não! Você é no mínimo 1% menos você mesmo sem aquela pinta. Vou ficar de luto pelo falecimento dela".

E eu li esse bendito comentário, e pensei nele por um segundo. E não sei qual é o termo médico para o que aconteceu em seguida, mas, falando como uma pessoa leiga, posso dizer para vocês: Fiquei puta.

Foi como se todos os pequenos *Ah, você tá me gozando?* que eu tinha reprimido durante um ano explodissem no maior, no mais retumbante *VOCÊ TÁ ME GOZANDO, PORRA?!* da minha vida.

Saí do sério. Berrei, soquei a parede. Disse coisas em voz alta para mim mesma, do tipo: "Quer saber, Kelly? Vá em frente e escreva 'Mike e eu éramos tão íntimos que eu sei COMO ELE É PELADO' no Facebook. É sério. Faça isso. Porque pelo menos seria mais honesto e direto da sua parte".

Eu estava furiosa por um monte de motivos:
1. Eu tinha reprimido meus sentimentos por um ano e era assim que era recompensada.
2. Kelly não ia para lugar nenhum. Por causa da Wilma. Kelly estava sempre por perto, e continuaria a rondar, e como resultado eu me sentia impotente.
3. Eu tinha sido lembrada, como tão frequentemente acontece, da duração e da intimidade do relacionamento de Mike e Kelly. Era tipo: *Ah, está certo, é* CLARO *que ela*

conhece aquela pinta, porque ELES DIVIDIRAM UMA CAMA POR DEZ ANOS! Era uma extensão de tempo esmagadora.

E 4. Porque aquela pinta era uma porcaria pré-cancerosa.

Era só uma pinta, mas era tudo.
E então, se você não pode fugir da onda, precisa mergulhar nela, fiz a única coisa que eu sabia fazer.
Voltei ao Facebook.
Fui ao comentário de Kelly e cliquei no perfil dela.
Cliquei no link de mensagem no perfil de Kelly.
E então escrevi o seguinte: "Kelly, tendo em vista o relacionamento que nós duas já temos, deixe-me ir direto ao ponto. Eu estava pensando que talvez pudéssemos nos encontrar para tomar um drinque. Acho que pode fazer muito bem para nós duas. Mas me diga o que você acha. Tudo de bom, Sara".

E Kelly escreveu de volta: "Sara, li sua mensagem e tive dois pensamentos predominantes. O primeiro foi: obrigada. O segundo foi: cai fora. Mas o fato é que a parte de mim que pensa 'obrigada' é a parte de que gosto mais. Então sim, vamos tomar um drinque".

Três dias depois eu e Kelly nos encontramos para um drinque.

Pessoalmente, me preparei para o que hoje chamo de os "X Games da Emoção" fazendo as unhas e uma depilação facial completa, porque eu tinha que *arrasar*. Entendem o que eu quero dizer? Porque eu estava tremendamente nervosa com a coisa toda desde o começo, e o que piorou tudo foi que o metrô teve uma pane no caminho do encontro, e então tive que literalmente correr nos últimos quinze minutos. E não sei há quanto tempo *vocês* combinaram pela última vez um tanto de suor com uma depilação facial completa, mas arde, viu? De modo que eu só me lembro de ter entrado naquele bar pensando: *Minha cara está pegando fogo! Minha cara está pegando fogo!!* Então Kelly entrou, e ela estava perfeita, e *isso* me deixou mais nervosa.

Então, como pontapé inicial da conversa, eu disse: "Ei, você se parece com todas as fotos suas que *stalkeei* no Facebook". Mas ela não riu. Não que devesse, mas como ponto de partida aquilo foi um desastre.

Aos poucos, porém, parei de transpirar. E ambas tomamos um drinque. E em seguida tomamos mais um par de drinques. E então o desastre ficou menor. Porque o fato é que nós duas tínhamos aparecido para os X Games da Emoção, e isso ajudou a construir aquele patamar básico de respeito que nos permitiu conversar com franqueza. Kelly explicou que muitas de suas ações em relação a Mike simplesmente lhe pareciam uma luta por uma amizade *com* Mike.

Eu falei a ela sobre a promessa que eu tinha feito à irmandade das garotas solteiras, mas que eu achava difícil cumprir. E conversamos sobre o que uma representava para a outra – que, evidentemente, você pode construir uma vida com alguém... e essa pessoa pode tomar a decisão de ir embora.

De modo que tudo levou mais ou menos uma hora, mas acabamos ficando juntas por outras cinco.

Vou explicar como. Mais ou menos assim: depois de despejar toda a carga para fora e colocá-la em cima da mesa, percebi que gostei dela. Achei que ela era mais centrada pessoalmente do que parecia on-line. Era divertida, era afetuosa, e eu realmente fiquei grata a ela por estar aberta a falar sobre tudo aquilo na tentativa de desarmar a bomba.

Porque, acreditem, foi isso que a gente fez. Conversamos, ficamos bêbadas, rimos e desarmamos a bomba. E quando cheguei em casa, às três da madrugada, Mike disse algo como: *"Oh, meu Deus! Pensei que ela tivesse te matado"*.

E eu: "Quem? Minha amiga Kelly? De jeito nenhum, cara. Sem essa! Desarmamos aquela merda. Desarmamos, e eu gostei dela, e ela gostou de mim, e eu entendo por que você ficou tanto tempo com ela, e é bem capaz de eu estar bêbada, e estou me sentindo muito bem".

Eu adoraria que esta história pudesse terminar comigo dizendo: "E daquele dia em diante, nos tornamos as melhores amigas!". Mas infelizmente aquele sentimento de "Minha amiga Kelly" não era sustentável, porque, mesmo que você goste de uma pessoa *em* pessoa, isso não acontece na maior parte do tempo se ela não estiver presente. E se essa pessoa costuma mandar mensagens para o marido da gente com mais frequência do que gostaríamos, a gente ainda fica... *aborrecida*.

Vários meses atrás eu levei Wilma, a cadela, para passear, e no caminho topamos com outro minischnauzer, e bati um papo com a dona, como a gente costuma fazer.

Ela disse: "Oh! Sua cadela é tão fofa!".

E eu: "Oh! Obrigada! Seu cachorro é tão fofo!".

E ela: "Quantos anos ela tem?".

E eu: "Oh, cinco anos. Quantos anos *ele* tem?".

E ela: "Oh! Bom, *este* docinho aqui está com dezoito... Moça... moça... você está bem?".

E eu estou. Estou ótima.

Ainda tenho treze anos para resolver todos os meus problemas.

SARA BARRON é autora de *The Harm in Asking* e *People Are Unappealing*. Seus trabalhos apareceram também na *Vanity Fair*, na série *This American Life*, do canal Showtime, e no HBO Comedy Festival. Você pode encontrá-la no Twitter @sarabarron e no site sarabarron.com.

Esta história foi contada em 19 de março de 2014 no The Players, em Nova York. O tema da noite era Esta Espiral Mortal: Histórias de Carne e Osso. Diretora: Jenifer Hixson.

R2, cadê você?

Tig Notaro

Quando eu era pequena, meu quarto era uma bagunça, como o de qualquer criança. A diferença entre mim e as outras crianças era que a pessoa que supervisionava a minha arrumação era meu padrasto, Rick. Ele era advogado e militar. Era muito estoico, distante, impassível.

Eu gostava de dizer brincando que ele era meio como o C-3PO, mas com menos emoção. E então recentemente me toquei que a piada na verdade não faz muito sentido, porque o C-3PO é muito emotivo.

Ele vive aflito: "R2, cadê você?!", sabem como é. Meu padrasto nunca ficava em pânico procurando por mim do modo como o C-3PO procurava pelo R2.

Então, no que se refere à arrumação do meu quarto, eu tinha um tempo determinado, e quando este tempo se esgotava Rick entrava, e tudo o que estivesse fora do lugar ele jogava num grande saco de lixo. E em seguida trancava o saco no porta-malas do carro. Então eu tinha que fazer outras tarefas para ganhar dinheiro para comprar meus brinquedos de volta.

Eu sei, parece severo – porque é mesmo.

Mas, a bem da verdade, os preços eram justos. Eu podia comprar uma Millennium Falcon inteira, um Evel Knievel de corda e um macaco de pelúcia por cinco centavos cada. Totalmente razoável.

Mas Rick, ele era durão.

Por outro lado, minha mãe era muito emotiva, passional e afetuosa. Era impulsiva e divertida. Viera do sul do Mississippi e foi criada numa família muito conservadora.

Queria sempre ter certeza de que eu sabia que a coisa mais importante da vida era ser feliz. E ela apoiava qualquer coisa que eu fizesse. Tudo o que eu fizesse era ótimo, e eu sempre estava linda, e tudo era uma maravilha, sabem como é?

Mesmo quando abandonei o colégio. Minha mãe até se gabava para as pessoas.

Dizia: "É, a Tig saiu da escola, sabia? Ela está seguindo seu próprio caminho".

Meu próprio caminho? Não estava acontecendo nada. Eu estava trabalhando numa pizzaria ou vendendo *po'boys*.* Isso era eu "seguindo meu próprio caminho".

Mas então descobri o *stand-up* e imediatamente passei a ter um foco na minha vida. Eu tinha paixão e entusiasmo por aquilo.

E para minha mãe pouco importava se eu estava em algum clube fuleiro no interior do país ou na TV, ela simplesmente achava ótimo. Se eu estivesse feliz, ela estava feliz.

Rick me dizia que minha carreira era uma perda de tempo e que eu estava desperdiçando minha inteligência, achava que eu devia ser médica ou advogada. Sugeriu que eu largasse a comédia e entrasse na escola de administração de empresas. E isso uns dois anos atrás, quando minha carreira estava indo muito bem e eu estava ganhando um bom dinheiro.

Eu disse: "Então você está me dizendo que, se eu largar a comédia e estudar administração, uma coisa em que *não estou nem um pouco interessada*, e terminar trabalhando num

---

* Sanduíches baratos feitos no pão francês com recheio de carne, rosbife ou, mais comumente, peixe, e complementos. Tem origem na culinária franco-americana da Louisiana e seu nome vem do fato de ter sido inicialmente alimento de *poor boys* (meninos pobres).

cubículo num escritório sei lá onde, com a vida tomada de mim, você vai me apoiar?".
Ele disse: "Exatamente".
Uau, tá bom, vou dizer o quê?
Embora minha mãe fosse uma grande incentivadora, certamente tínhamos nossas diferenças e problemas. Lembro que uma vez, uma década atrás, estávamos discutindo ao telefone, e a discussão não ia a lugar algum; quando eu estava no meio de uma frase ela passou abruptamente o telefone para Rick.
Ele disse: "Tig, sua mãe não quer falar com você", e desligou na minha cara.
Tentei ligar de volta, ninguém atendeu. Foi tão frustrante e sufocante.
Em março deste ano meu telefone tocou e a palavra PAIS apareceu no identificador de chamadas. Pensei: *Ah, deve ser minha mãe ligando para me dar feliz aniversário.* Porque uns dias antes tinha sido meu aniversário, e senti falta do telefonema dela.
Mas quando atendi o telefone, era o Rick. E ele me telefonou tipo umas duas vezes na vida.
Uma delas foi para me dizer... não tenho a menor ideia de qual foi o assunto.
Mas a segunda vez foi aquela, e ele estava me ligando para contar que a minha mãe tinha caído e batido a cabeça, e que não iria resistir.
Imediatamente a imaginei deitada num hospital, entre a vida e a morte, dizendo: "Telefone para a Tig. Diga para ela vir ao Texas para se despedir".
Eu disse: "Posso falar com a minha mãe? Passe o telefone para ela".
E ele respondeu: "Não. Você nunca mais vai poder falar com ela".

Minha mãe tinha sofrido uma grande hemorragia cerebral, com zero chance de recuperação. Era muito intenso processar aquilo – que eu nunca mais poderia falar com ela de novo. Tenho pensado muito, nos últimos tempos, sobre aquele telefonema de uma década atrás em que discutimos, e tenho certeza de que minha mãe daria tudo no mundo para ser capaz de voltar a falar comigo.

Sempre penso que se alguém chegasse e dissesse: "O.k., você pode voltar, mas tem que voltar àquele telefonema em que estava brigando com a Tig", não haveria briga nenhuma. Seria só *Eu te amo* e *Me desculpe* da parte das duas.

Depois do funeral da minha mãe, saímos do Mississippi, da nossa cidade natal onde ela foi enterrada, e estávamos na estrada de volta para o Texas. Meu irmão e meu tio estavam num carro e Rick e eu estávamos no outro.

Ele disse: "Tig, quero conversar sobre uma coisa com você".

E eu, cá comigo: *Ah, beleza. Que conversa seria essa? Não estou no clima.*

Ele disse: "Queria conversar com você sobre aquela vez que você disse que feri seus sentimentos. Aquela vez que eu disse que você devia cursar administração de empresas".

Eu disse: "Ah, sim. Aquilo feriu meus sentimentos, mas o que realmente me machucou foi você ter dito que a minha carreira era uma perda de tempo e desperdício de inteligência. Aquilo sim doeu".

E ele começou a chorar. O robô começou a chorar.

Ele disse: "Eu estava errado, e queria pedir desculpas por isso. Nunca compreendi você quando criança. Eu não te entendia de jeito nenhum, e tentei projetar em você minha vida e minha trajetória, e esperava que você tivesse uma trajetória idêntica. E estou me dando conta de que não é responsabilidade da criança ensinar aos pais quem eles são. É responsabilidade dos pais aprender quem é a criança, e eu não fiz isso, sinto muito".

E eu também comecei a chorar. Falei: "Então, você está dizendo que, se eu dissesse que ia largar a comédia e estudar administração, você não me apoiaria mais?".

Ele respondeu: "Isso mesmo. A comédia é a única coisa no mundo que você deve fazer".

E eu pensei: *Oh, meu Deus. Eu nem tinha me dado conta de como eu queria desesperadamente ouvir isso.* E a única coisa que me entristece é que minha mãe não estava lá para ouvir o Rick.

No último Dia de Ação de Graças fui ao Texas, e passamos o feriado com a família do Rick. Eu precisava dar uma escapada e simplesmente ser eu mesma, então decidi ir de carro à casa de minha mãe e Rick. Quando estacionei na entrada da garagem, tive uma repentina e total crise de choro, fiquei ali soluçando, porque pensei: *Oh, meu Deus, minha mãe não está nessa casa.*

E claro que eu já sabia disso antes, mas a ficha caiu bem ali. Então entrei, e a casa ainda tinha o cheiro dela. E tudo estava tão quieto. Eu olhava em volta, e as fotos enquadradas pareciam tão imóveis – momentos congelados do tempo e perdidos para sempre. Todas as fotos ainda estavam nos mesmos lugares em que minha mãe as colocara ao longo dos anos.

Comecei a abrir gavetas, simplesmente porque queria ver alguma coisa da minha mãe. Ela costumava escrever bilhetes para si mesma, do tipo *"Dentista amanhã às duas da tarde"*. E era uma artista, e me desenhava com perfeição num guardanapo quando eu estava sentada por perto, e então lá estava eu procurando esse tipo de coisas nas gavetas, mas não havia nada dentro delas.

Fui abrir um armário e não tinha nada dentro. Não encontrei nada em gavetas e armários, e comecei a percorrer a casa, só observando, para ver se achava alguma coisa. Então entrei em pânico e comecei a chorar mais ainda.

Rick tinha esvaziado a casa, como fazia, munido de seu saco de lixo, quando eu era criança.

Tudo tinha desaparecido, e eu pensei: *Então é isso. Para mim, chega dessa pessoa*. Eu não podia acreditar que tinha caído naquela conversa e estava decidida a riscá-lo da minha vida imediatamente. Hora de dar um basta.

Liguei para ele do meu celular e ele disse: "Oi, Tig, como você está?".

Eu disse: "Nada bem. Nada bem. Todas as coisas da minha mãe sumiram, e também as coisas da minha infância".

Ele disse: "Espere um minuto. Vá ao meu quarto. Entre no meu *closet*", e ele começou a me orientar.

E eu: "O quê?".

Ele disse: "Olhe na prateleira do alto".

E lá no alto ele tinha colocado as coisas da minha mãe e as da minha infância. Abri a caixa. Ela havia sido bailarina, também, e lá estavam suas sapatilhas de balé e fotos.

Eu disse: "Você está com sorte".

E embora, antes de março, quando a palavra PAIS aparecia no meu identificador de chamadas, isso significasse minha mãe e Rick, agora quando a mesma palavra aparece é apenas Rick.

Temos técnicas muito diferentes de arrumação, mas estou aprendendo a me acostumar com isso.

TIG NOTARO está atualmente escrevendo, produzindo e atuando na série cômica semiautobiográfica *One Mississippi* para a Amazon Studios, onde ela também pode ser vista em seu papel recorrente de "Barb" na série *Transparent*, de Jill Soloway. Seu livro de memórias ansiosamente aguardado, *I'm Just a Person*, foi publicado em junho de 2016 pela HarperCollins Publishers, acompanhado de uma turnê nacional de lançamento. Tanto o especial de *stand-up* de Tig para a HBO, *Boyish Girl Interrupted*, como o documentário original da Netflix intitulado simplesmente *Tig*, aclamados pela crítica na sua estreia, estão disponíveis em *streaming*. Em 2013 Tig foi indicada para um Grammy Award por seu segundo CD, *LIVE*, que vendeu mais de 100 mil unidades em seis semanas. *LIVE* é o registro de um espetáculo de *stand- -up* apresentado dias depois de Tig ser diagnosticada com câncer de mama bilateral invasivo. De lá para cá ela anunciou que o câncer está em remissão. Tig é uma atração frequente no *talk show Conan* e no programa radiofônico *This American Life*, e gosta de observar pássaros com sua mulher em sua casa em Los Angeles. Mais em tignotaro.com.

Esta história foi contada em 5 de dezembro de 2012 no Avalon Hollywood, em Los Angeles. O tema da noite era Carpe Diem: Histórias de Nossos Momentos Mais Vitais. Diretora: Sarah Austin Jenness.

A graça chega
sem pedir licença

A ducha

Tomi Reichental

Estou no campo de concentração de Bergen-Belsen. Nem sei o que é um campo de concentração. Tenho apenas nove anos, e vejo arame farpado e uma torre de vigia. Portanto, sei que não sou livre.

Não muito tempo antes, eu estava em minha aldeia, chamada Merašice, na Eslováquia, onde eu ainda podia brincar. No verão eu corria descalço. No inverno deslizávamos de tobogã. De modo que a minha aldeia era, para mim, uma espécie de paraíso.

Mas agora me vejo como um pequeno prisioneiro. Estou confuso. Estou com muita fome. Estou com frio. E estou muito, muito infeliz.

No dia 16 de outubro de 1944, fomos traídos, detidos pela Gestapo e deportados para este inferno na Terra, Bergen-Belsen.

Eu me lembro do dia em que nós, crianças, começamos a compreender o que se passava à nossa volta, e a perceber o que os adultos já sabiam.

Fazia talvez duas semanas que estávamos em Bergen-Belsen. Havia uma rotina. Todos os dias tínhamos que fazer fila para uma chamada.

Tínhamos que ficar em pé ao ar livre durante uma hora, num frio de congelar, e esperar por nossas supervisoras. Eram jovens guardas femininas da SS.

Mas naquele dia elas estavam acompanhadas por um grupo de soldados armados.

Eu podia ouvir sussurros à minha volta: *Alguma coisa está errada. Por que esses soldados?*

Chamavam nosso número, e tínhamos que dizer: "*Ja*". Depois da chamada, mandaram buscar na barraca nossos cobertores e toalhas porque iríamos a outro lugar tomar uma ducha. Aquela era uma boa notícia: uma ducha quente. Para mim era uma notícia formidável, porque eu não teria que ir ao banheiro externo e me lavar com água gelada.

Mas houve trocas de olhares em volta, e achei que as mulheres pareciam meio desconfortáveis. Corremos para pegar os cobertores e toalhas, criando uma grande agitação dentro da barraca.

E vi uma mulher meio que se inclinar para sua vizinha e dizer: "Você acha que está tudo bem? Estão nos falando a verdade?".

A vizinha se limitou a dar de ombros e não disse nada. Mas pude ver que tinha lágrimas nos olhos.

Eu queria perguntar para minha mãe: *O que está acontecendo?*

Mas ela estava ocupada ajudando minha *omama** e minha prima Chava a apanhar os cobertores e toalhas.

Tia Margo, em pé junto à porta, nos mandava sair rápido, porque os soldados estavam impacientes do lado de fora, esperando por nós.

Então as pessoas foram saindo devagar, e quando todo mundo estava fora tivemos que fazer uma fila e começar a marchar. Estava muito frio e sinistramente calmo. Eu estava mais apavorado do que de costume, mas não sabia bem por quê (embora me incomodasse perceber que nenhum dos adultos me olhava nos olhos).

Eu tinha ouvido as mulheres conversarem sobre como seria bom tomar uma ducha, e de repente a gente teria uma, e elas não pareciam contentes com isso.

---

* Em alemão no original: "vovó".

Vi uma mulher à minha frente tirar subitamente do dedo a aliança de casamento. Ela olhou em volta para verificar se algum dos soldados estava olhando. E então jogou a aliança no chão, na poeira.

Conversando com sua amiga, ela disse: "Esses filhos da mãe não vão ficar com meu ouro".

Continuamos a andar e depois de uns trinta minutos paramos diante de uma grande construção de concreto com uma chaminé alta no telhado.

Houve sobressaltos ao meu redor.

E uma mulher chegou a clamar meio alto: "Oh, meu Deus!".

Meu irmão e minha prima estavam perplexos, e eu não conseguia entender o pânico à minha volta.

Em seguida os soldados começaram a nos apressar para entrar na construção. "*Schnell, schnell.*"*

De modo que fomos empurrados para dentro. Entramos num longo corredor. À esquerda, víamos bancos. Havia um cheiro químico pairando no ar, e carrinhos de metal com barras no alto e cabides pendurados. E do lado direito víamos aquelas pesadas portas de metal.

De novo os soldados vociferavam ordens. Eu não entendia. Estavam falando alemão.

Mas tia Margo transmitiu a ordem para que nos despíssemos e colocássemos nossas roupas e cobertores nos carrinhos, para que deixássemos tudo lá.

Todo mundo começou a se despir. Os soldados, em pé ao lado, gracejavam e sorriam, faziam comentários e caretas.

E quando estávamos ali em pé, todos nus, houve um pequeno incidente no qual um dos soldados, bastante jovem, de repente começou a vir na nossa direção. Estava olhando fixamente para minha prima Chava. Assim como eu e meu irmão,

---

* Em alemão no original: "rápido", "depressa".

ela não parecia muito judia. Tinha longos cabelos dourados pendendo sobre os ombros.

Quando minha tia viu isso, postou-se na frente da filha e barrou o soldado, e o soldado disse: "O que esta garota ariana está fazendo aqui?".

E minha tia retrucou, em voz alta o bastante para que as mulheres da SS pudessem ouvir: "FIQUE LONGE!".

Ele virou o corpo e se afastou, e nada mais se falou sobre o assunto.

Ao olhar ao redor, fiquei chocado ao ver as mulheres mais velhas com sua pele branca e enrugada, incluindo minha avó. Eram tão patéticas ali em pé, inocentes e nuas.

Senti a vergonha e a injúria. Me senti conspurcado.

Mandaram-nos caminhar para as portas, e cada um recebeu um pedaço de sabão. Entramos num grande espaço com chão de concreto e canos com chuveiros cruzando o teto.

E quando todos já estavam dentro, fez-se de repente um grande silêncio. Não ouvíamos mais os soldados. A porta bateu com força atrás de nós. Ficamos ali em pé, e os adultos todos olhavam para aqueles chuveiros.

Eu não sabia o que estava acontecendo. Vi que algumas das mulheres estavam chorando.

Fazia frio. Minha mãe puxou meu irmão e eu e nos apertou contra o corpo.

Não sei quanto tempo ficamos ali assim, talvez alguns minutos ou muitos segundos, até ouvir aquele som gorgolejante percorrendo os canos. Minha mãe nos apertou com mais força. Eu podia ouvir o coração dela batendo muito forte, como se ela estivesse ofegando em busca de ar.

Todo mundo olhava para o teto. Ouvíamos aquele som se aproximar cada vez mais. De repente a água quente começou a brotar dos chuveiros.

E aquilo era exatamente o que eu estava esperando.

Mas eu não podia acreditar no que acontecia ao meu redor. As mulheres beijavam seus filhos. Estavam rindo e chorando ao mesmo tempo. Abraçavam-se umas às outras. Eu não conseguia entender. O que estava acontecendo ali? Eu só queria me lavar com sabão e água quente. Nunca mais ouvi risadas como aquelas enquanto estive no campo. Na verdade, aquela foi a única ducha que tomamos durante nossa estada no campo de prisioneiros sob o domínio alemão.

Claro que àquela altura, final de 1944, os adultos entre nós já sabiam de Auschwitz e Birkenau. Sabiam das câmaras de gás. Mas nós, crianças, não sabíamos absolutamente nada a respeito.

Milhões de judeus foram enganados ao receber sabão e ouvir que iam tomar uma ducha, terminando em câmaras de gás. Então hoje eu consigo imaginar no que nossas mães estavam pensando naquele momento.

O campo de Bergen-Belsen foi libertado em 15 de abril de 1945. Daqui a uma semana comemoraremos o 70º aniversário da nossa libertação. Aquele foi o dia em que nosso pesadelo teve fim.

TOMI REICHENTAL é engenheiro, escritor e ativista de direitos humanos. Foi tema de um documentário de uma hora intitulado *I Was a Boy in Belsen*, dirigido pelo produtor vencedor do Emmy Award Gerry Gregg. Seu segundo filme, *Close to Evil*, também dirigido por Gregg, teve sua estreia no XXV Festival Internacional de Cinema de Galway, onde ficou em segundo lugar na categoria documentário de longa- -metragem. Em 2012 Reichental foi condecorado com a Ordem do Mérito pelo presidente da República Federal da Alemanha, por seu incansável compromisso com a promoção do entendimento mútuo, da reconciliação e da amizade Alemanha-Irlanda. Recebeu um Global Achievement Award e o prêmio de Personalidade Internacional do Ano em 2014. Reichental é autor de *I Was a Boy in Belsen* e no momento trabalha em seu segundo livro.

Esta história foi contada em 9 de abril de 2015 no Liberty Hall Theatre, em Dublin, Irlanda. O tema da noite era Os Laços que Unem. Diretora: Meg Bowles.

Corta!

Josh Broder

É o final dos anos 1980 e estou entrando na faixa dos trinta. Sou um dos atores principais de uma companhia teatral badalada no *downtown* de Nova York. Naqueles gélidos galpões de ensaio e naqueles abafados teatros de porão eu sou todo-poderoso. Confio em meus instintos. Tenho grandes sacadas. Surpreendo tremendamente à minha plateia. Ir às nossas apresentações é como ir a uma festa selvagem, e em alguma medida *eu sou a festa*.

Mas o *downtown* é um mundo muito pequeno. Um amigo empresário me disse uma vez que gostava de impressionar mulheres no primeiro encontro levando-as aos nossos espetáculos, "Porque vocês são tão engraçados, tão inteligentes, e ninguém nunca ouviu falar de vocês".

Só que, quando sua relação com a fama é "ninguém nunca ouviu falar de vocês", isso tem implicações financeiras. Numa boa semana, minha companhia pode me pagar cento e vinte e cinco dólares. E, mesmo um quarto de século atrás, em Nova York, isso significava uma miséria abjeta. E miséria abjeta não é legal.

Duas da madrugada, final de quinze horas de ensaio técnico, a ideia é: será que posso tomar um táxi para a curta corrida até a minha casa, atravessando a ponte do Brooklyn? São dez dólares. A conta não fecha. O negócio é descer no metrô e torcer pelo melhor, que já é uma merda.

Não quero abrir mão da diversão. Não quero abrir mão da festa. Mas preciso de algum dinheiro. E isso significa cinema ou televisão. Não pretendo ser um astro. Só quero ter condições de tomar um táxi de vez em quando.

E não é só dinheiro em termos de salário. O teatro experimental funciona fora das leis de oferta e procura.

Só tem oferta.

Não tem procura.

E seja qual for o motivo, quero testar a mim mesmo no mercado. Quero ver se meu trabalho tem valor. Quero ver se posso fazer o que sei fazer quando tem dinheiro na parada.

Mas de um teatro fuleiro clandestino até Hollywood o caminho é longo.

Mas eis que o diretor de cinema Jonathan Demme se torna um fã da minha trupe. Ora, eu adoro os filmes de Demme. Acompanho o trabalho dele desde *Melvin e Howard*. Eu *adoraria* estar num filme de Jonathan Demme.

E isso também poderia me abrir portas. Ele colocou um amigo meu do *downtown* em *De caso com a máfia*. O sujeito arranjou um ótimo agente. Três meses depois ele está em *Miami Vice* sendo devorado por crocodilos.

E como seria de esperar, quando começa a escalar o elenco de seu filme seguinte, Demme inclui nele alguns sujeitos da minha trupe.

Mas não eu.

Bom, o tempo é de aperto, então junto coragem e peço a Jonathan Demme um papel em seu próximo filme. Fiel à sua natureza generosa, Jonathan topa.

Mas as sementes da dúvida foram plantadas. Quero dizer, no *downtown* nova-iorquino, eu sou a festa. Aqui eu nem fui convidado para a festa. Estou mais para um penetra.

Mas, sabe de uma coisa? Que se dane. Consegui um papel. Estou empolgado. Começo a ler o roteiro.

O que é isso? Jonathan Demme está fazendo um filme de terror sobre um *serial killer*? Que diabos é isso? Olho para a capa. *O silêncio dos inocentes*. Que sei eu? Pode ser bom. Qual é o meu papel? Continuo lendo. Tudo bem, eu encarno um paramédico. Ah, essa não, sou morto no interior da minha ambulância por Anthony Hopkins na pele de Hannibal Lecter.

Se eu conseguir dar conta disso, vai ser ótimo.

Se.

Voo até a locação. Pittsburgh. Tomo um táxi para um hotel bem bacana.

Jantar íntimo naquela noite na casa que alugaram para Jonathan. Estão presentes eu, Demme, a mulher dele (a artista Joanne Howard), seu sócio produtor, seu diretor de fotografia. E Anthony Hopkins, que acabou se sentando ao meu lado.

Pelas perguntas que faz, dá para perceber que o sujeito não sabe nada sobre Jonathan Demme. Aquilo era para ser meramente um trabalho de umas duas semanas num ano sobrecarregado.

Ele me diz que só um louco tentaria julgar um filme pelas filmagens de cada dia. "Mas devo dizer que elas estão me parecendo tremendamente boas, e que nunca me diverti tanto num *set*."

Bom, eu ainda nem vi o set, mas até agora estou me divertindo bastante.

E não paro de repetir a mim mesmo que encarar uma conversa com Anthony Hopkins não é a mesma coisa que encarar uma cena com Anthony Hopkins, mas por enquanto estou me saindo muito bem.

Estão filmando à noite, e nas primeiras duas noites eu sou apenas um figurante bem pago. Estou sentado no banco da frente da ambulância e pedindo para que entrem depressa com a maca.

Então chega a noite da minha primeira cena de verdade. Não minha cena com Hopkins, mas a primeira cena em que tenho falas.

Minha equipe de figurantes se acotovela em torno daquele policial aparentemente ferido enquanto eu grito ordens e a câmera rodopia à nossa volta. Sinto-me solto, concentrado, comprometido com as circunstâncias imaginárias. Acaba sendo fácil fingir quando eles tornam a coisa tão real. O sujeito parece de fato estar nas últimas. Seu rosto está rasgado em pedaços.

No primeiro *take*, eu arraso.

O segundo é melhor ainda.

No terceiro *take*, confio nos meus instintos, tenho uma grande sacada. Disparo um caco obsceno: "Rápido, preciso da porra do oxigênio!".

Corta, edita, por hoje chega.

Demme me dá um grande abraço de urso. O sujeito da cara rasgada me cumprimenta batendo a palma da mão na minha. A equipe técnica, guardando o equipamento, adotou minha frase grosseira improvisada: "Jill, me passa a porra da fita crepe!". Isso aqui é como o *downtown*, só que com um salário gordo e toda a comida que a gente puder comer. Eu sou a festa.

Corta para algumas noites depois. Minha última noite no *set*. Minha grande cena com Hopkins. Agora, alerta de *spoiler* – vocês estão preparados? Não é um policial no interior da ambulância. É Hannibal Lecter, vestindo o uniforme e o rosto do policial que ele matou.

Ora, eu digo que é a minha grande cena. Mas, para a equipe, é só uma coisa para resolver logo e tirar do caminho. A grande questão da noite é o dublê que dirige a ambulância. Isso vai tomar algum tempo.

Há apenas uma rodovia interestadual que atravessa as montanhas por meio de túneis para chegar ao centro de Pittsburgh. E eles fecharam essa rodovia na entrada do túnel de Fort Pitt.

Temos o período entre o fim da hora do rush do anoitecer e o começo da hora do rush da manhã seguinte para a gente se livrar da minha cena, fazer a manobra automobilística com o dublê, empacotar as coisas e liberar o caminho para que Pittsburgh possa começar a funcionar de manhã.

Eu me sinto pronto. Pronto para arrematar o trabalho em alto nível.

Montar o set leva mais tempo do que deveria. É quase meia-noite e ainda nem começamos a pensar na minha cena, e então alguém se dá conta de que a minha fala – umas poucas frases em jargão médico berradas no aparelho de rádio enquanto Hannibal Lecter se ergue atrás de mim – é curta.

Mas a tomada, com o movimento de câmera e os gestos de Hopkins, é *longa*. Precisam de mais palavras para eu dizer.

E todos os olhos se voltam para um sujeito que está na periferia do *set*.

É um cara dali mesmo, com formação médica. Foi ele que alugou a ambulância para as filmagens daquela noite. Vejo seu rosto se iluminar. Esta é sua chance de escrever uma fala para um filme de Hollywood. Agora ele é a festa, e sei que não vou me divertir nem um pouco.

O sujeito rabisca três páginas de uma lenga-lenga médica de dar nó na língua: "*Pós-ictal com Ringer com lactato em nível duplo IV, evisceração viscosa*". E por aí afora. E me entregam essas três páginas, e me dizem para decorá-las, e depressa.

E eu decoro. Mas, ensaiando em meu trailer, eu pronuncio aquelas palavras com o *élan* de um garoto às vésperas do *bar mitzvah* que fugiu das aulas de hebraico até a manhã do grande dia.

Ainda não rodamos um mísero fotograma, e estou fodido. Pareço um homem no corredor da morte quando caminho do meu trailer até a ambulância, sob os gritos de incentivo de meus novos amigos da equipe: "Um *take*, Josh! Uma porra de um *take*! O relógio está correndo!".

Está rolando um degelo de meio de inverno e a temperatura estacionou nos 21º Celsius. A neve evaporada se condensou num denso nevoeiro.

Subo pela parte de trás da ambulância e desabo no banco. Com as luzes da filmagem, faz pelo menos uns 32º ali dentro. E está úmido também.

Hopkins é levado para dentro da ambulância e deitado na maca. A máscara de silicone está no lugar, e eles começam a colocar vísceras de espaguete picado em seu rosto.

Aquele cubículo infernal se impregna instantaneamente com o cheiro rançoso de uma cantina de escola primária.

Take um, AÇÃO! É um desastre. Mal consigo pronunciar as palavras, mas, pior que isso, dá para ver meus olhos percorrendo as páginas escritas que visualizo diante de mim.

Corta, começa tudo de novo!

Leva vinte dos preciosos minutos da noite para refazer a maquiagem de Hopkins. Começo a entrar em pânico. Tenho que descer dessa ambulância. Tenho que respirar. Tenho que voltar para Manhattan, que é o meu lugar. Mas todas as rotas de fuga estão bloqueadas. Hopkins e o pessoal da maquiagem, a câmera, as luzes. Entro na ambulância encolhido como um animal encurralado.

Todo mundo, menos eu, está pronto para o segundo *take*.

Demme me orienta: "Só despeje sua fala, Josh. É só cuspir as palavras". Tento cuspir as palavras, mas de modo geral eu só cuspo.

Corta, começa de novo!

Meu coração está aos pulos, e meu cérebro começa a entrar no mesmo ritmo: *Você estragou tudo, você vai estragar tudo, você estragou tudo, você vai estragar tudo.*

E estrago de novo.

A postos para o quarto *take*, Hopkins pergunta: "Será que eu posso falar com Jonathan um instante?".

Demme luta para espremer a cabeça entre a câmera e a porta da ambulância.

"Vamos demorar muito com isso ainda? Estou me sentindo meio claustrofóbico, e esta gosma está me dando náuseas."

Anthony Hopkins está infeliz. Quando o quarto *take* ainda deixa a desejar, Demme entra no modo "intervenção numa crise", decepando grandes pedaços da minha fala, enquanto o diretor de fotografia simplifica a contragosto essa tomada que justifica toda a sequência da fuga.

Mas o problema de cortar pedaços de uma fala que mal conheço é que isso só me desnorteia ainda mais.

O quinto *take* é o meu pior até agora.

Take seis – corta!

Take sete – corta!

Take oito – corta!

À espera do nono *take*, começo a pensar no cidadão que se dirige todo dia a Pittsburg. Não tenho ideia de que horas são. Ele está acordado? Já está pegando o carro? Já está a caminho do túnel?

Take nove, ação!

E alguma coisa dentro de mim dá um estalo. No meio da minha fala, fico chocado ao me ouvir de repente gemer: "Jonathan!".

Ora, de todas as pessoas de grande sucesso que eu conheço, Jonathan Demme é, de longe, a mais bondosa. Mas agora ele é obrigado a recorrer a um amor de pai disciplinador.

"Continuem filmando! Faça o que tem que fazer e pronto, Josh!"

[*BAM!*] Ele bate com força a porta da van.

E funciona.

Take nove, continuando, fica um pouco melhor.

Take dez, melhor ainda.

Para o *take* onze, reinstauram minha fala inteira, e todo o complexo movimento de câmera, e meu cérebro se recompõe para acomodar a nova informação.

Take onze, ação, e estou *no papel*. Linguajar médico que usei durante anos jorra dos meus lábios enquanto olho fixo através de um para-brisa que na verdade não estou enxergando. O instinto me diz que há algo errado com meu paciente, e ao virar o corpo vejo que ele está se erguendo da maca... com um rosto novo. Sem lacerações, mas banhado em sangue. Ele leva uma faca até o meu pescoço.

Encaramos um ao outro. Ninguém diz "Corta!". Posso ouvir o motor da câmera ainda rodando.

Sem palavras, mas no meu olhar há uma pergunta: *O que está acontecendo?*

O olhar de Hannibal Lecter me responde: *Vou devorar você.*
Precisa mesmo fazer isso?
Oh, sim.

Uma grande onda de aflição me inunda, e Hannibal Lecter se banha nela.

Estou atuando. Com Anthony Hopkins.

Do lado de fora da van, num pequeno monitor, Jonathan Demme assiste com prazer. Nestes poucos instantes, nós três somos a festa.

JOSH BRODER trabalhou como ator e diretor por mais de vinte anos. Agora ele ganha a vida como escritor e *coach* de executivos. Desenvolve um *coaching* baseado em "liderança narrativa" – isto é, liderança por meio de relatos pessoais. Ele fez sua estreia como ator no Public Theater e participou de uma turnê de dois meses pela Sibéria antes do colapso da União Soviética. Seus papéis favoritos incluem Abby Hoffman e Pretty Boy Floyd. Josh é coautor de dois roteiros de cinema, um deles baseado em seu trabalho numa desafortunada turnê pela Bible Belt* de uma montagem da Paixão de Cristo, enquanto o outro é uma cinebiografia de um grande charlatão norte-americano. Tem escrito para o *Washington Post* e para a revista *Travel + Leisure*, entre outros veículos. Josh vive no Brooklyn com sua mulher, Karen, e seu filho Luca.

Esta história foi contada em 23 de agosto de 2012, no New Hazlett Theater, em Pittsburgh. O tema da noite era O que Está por Trás: Histórias de Férrea Obstinação. Diretora: Kate Tellers.

---

* Bible Belt, ou Cinturão da Bíblia: região dos Estados Unidos, abarcando todo o sudeste do país, onde a religião protestante está profundamente entranhada na cultura e na população.

Um telefonema

Auburn Sandstrom

O ano é 1992, em Ann Arbor, Michigan. Estou encolhida em posição fetal num tapete imundo num apartamento muito bagunçado. Estou numa horrível crise de abstinência de uma droga em que sou viciada há vários anos.

Em minha mão tenho um pequeno pedaço de papel. De tanto dobrá-lo e desdobrá-lo, ele está a ponto de se desmanchar. Mas ainda dá para ler o número de telefone escrito nele.

Meu estado é de franco terror. Se vocês já tiveram um ataque de ansiedade, a sensação é a mesma.

Fazia cinco anos que eu vivia um contínuo ataque de ansiedade. E eu nunca estivera numa situação mais deprimente ou mais desesperada do que naquela noite. Meu marido estava fora, percorrendo as ruas, tentando se apossar de um pouco do bagulho de que precisávamos, mas eu sabia que, se conseguisse, ele não dividiria comigo.

E se eu pudesse, saltaria fora da minha própria pele e sairia correndo pela rua para conseguir o que eu precisava. Mas bem atrás de mim, dormindo no quarto, está meu bebê.

Bem, eu não ia ganhar o prêmio Mãe do Ano em 1992. Na verdade, aos vinte e nove anos, eu era um fracasso numa porção de coisas.

Eu tinha começado de modo bastante auspicioso. Fui criada no conforto e no privilégio. Era uma garota que tinha aulas de ópera, falava francês fluentemente e cursava uma faculdade cara paga pelos pais. Era aquela pessoa que, quando minha conta bancária ficava zerada, dizia alguma coisa a meus pais e duzentos dólares apareciam magicamente.

Eu sei: quando vier a revolução, serei a primeira a ser morta, não é mesmo?

Então passei um ano no exterior. Concluí meu mestrado. Eu tinha, vocês sabem, pedigree.*

Mas aos vinte e poucos anos fui parar em Ann Arbor, Michigan, e comecei a perceber coisas como pobreza, racismo e uma injustiça absurda. E que eram pessoas como eu que estavam, em grande parte, causando aquilo. Foi uma enorme revelação para mim.

Cheguei à conclusão de que o que eu precisava fazer com meus privilégios e com todo o conforto que eu desfrutara a vida inteira era destruí-los.

Rasgá-los no meio. Cuspir em cima. Mijar em cima. Botar fogo.

E saibam vocês, toda vez que chego a uma grande conclusão errada na vida, logo chega o homem que vai me ajudar a levar a coisa até o fim. E daquela vez não foi diferente.

Nossa, ele era maravilhoso – um revolucionário radical, poeta galã de Detroit.

Eu estava com vinte e quatro anos, ele com quarenta, e eu fiquei caída, apaixonada. Era tão excitante – quem ele era, o modo como falava, o modo como encarava o mundo. E aquilo foi lindo por um tempo, até ele me apresentar a um de seus velhos amigos ativistas, que nos apresentou a droga em que agora eu estava viciada.

Eu tinha tentado mudar minhas relações sociais e me transformar. Tinha desejado me descolar de minha classe. Teria me descolado da minha raça, se fosse possível.

---

* A autora faz um jogo de palavras com "pedigree" e "*master's degree*" (o título de mestre).

Mas, em vez de transformação, o que temos sou eu e meu poeta a cento e quarenta quilômetros por hora na I-94, num carro cheio de álcool e drogas ilegais. O bebê está na cadeirinha (provavelmente não é uma cadeirinha de acordo com as determinações legais). Está soterrado de balas e chocolates, porque é preciso manter um bebê entretido enquanto a gente cuida do próprio interesse, buscando algum alívio.

Aquela noite a coisa era grave, porque estávamos em liberdade condicional. Se fôssemos parados, teríamos sido trancafiados e nosso filho seria tirado de nós.

Por trás de minha crise de abstinência e da terrível ansiedade eu tinha plena consciência de estar levando uma vida que me faria perder a coisa mais preciosa que já tivera na vida: meu bebê.

Eu estava tão desesperada naquele momento que fiquei querendo martelar os números no aparelho.

O número de telefone era uma coisa que minha mãe tinha me mandado. Agora, pensem só, fazia uns três, quatro, cinco anos que eu não falava com meus pais ou com qualquer outra pessoa.

Mas ela deu um jeito de fazer aquele número chegar a mim pelo correio, e disse: "Olhe, ele é um psicólogo cristão, e já que você não pode falar com mais ninguém, talvez em algum momento possa telefonar para esse cara".

Ora, acho que não preciso dizer que eu não estava me relacionando muito bem com esse tipo de coisa naqueles dias. Mas estava aflita demais, num estado de desespero total. Estava definhando, coberta de hematomas.

Martelei os números. Ouvi o telefone ser atendido.

Ouvi um homem dizer: "Alô".

E eu disse: "Oi, quem me deu esse número foi minha mãe. Ahn, o senhor acha que pode, quem sabe, conversar comigo?".

Ouvi ele se revirar na cama, sabem como é? Dava para imaginar que ele estava puxando os lençóis em torno do corpo e erguendo o tronco para ficar sentado. Ouvi um rádio baixinho ao fundo, e ele o desligou, tornando-se muito atento.

Respondeu: "Sim, sim, sim. O que está acontecendo?".

Eu não tinha contado a verdade a ninguém, nem a mim mesma, por muito, muito tempo. E contei a ele que não estava me sentindo nada bem, e que estava apavorada, e que as coisas tinham ficado péssimas no meu casamento.

Não demorou muito para eu começar a lhe contar outras verdades, do tipo: talvez eu tenha um problema com drogas, e amo de verdade o meu marido e não gostaria que alguém dissesse qualquer coisa de ruim sobre ele, mas o fato é que ele me bateu algumas vezes. E teve uma vez em que ele empurrou eu e meu bebê para fora de casa no maior frio e bateu a porta na nossa cara.

E uma vez estávamos a quase cem por hora na estrada e ele tentou nos jogar para fora do carro.

Comecei a contar essas verdades. E aquele homem não me julgou. Simplesmente ficou ali, bem presente, me escutou, e tinha uma enorme bondade e uma enorme gentileza.

"Conte mais... Puxa, isso deve doer... Oh."

E, querem saber, fiz aquela ligação às duas da madrugada. E ele ficou acordado comigo a noite toda, só conversando, só ouvindo, só estando ali até o sol nascer.

Àquela altura eu já estava me sentindo calma. O pânico em estado puro havia passado. Estava me sentindo o.k.

E me sentia meio assim: *Posso lavar o rosto na água fria hoje, e provavelmente conseguirei enfrentar o dia.*

Não importava se o sujeito fosse um Hare Krishna ou um budista – o tipo de crença ele tinha não fazia diferença para mim.

Eu estava muito agradecida a ele, e por isso disse: "Ei, sabe de uma coisa, eu te agradeço muito pelo que fez por mim esta noite. Mas o senhor não deveria estar me dizendo para ler algum versículo da Bíblia ou algo do tipo? Porque se for isso, tudo bem, eu faço, sabe? Tudo bem mesmo".

Ele riu e disse: "Bem, fico contente de ter ajudado você".
E conversamos um pouco mais, e eu voltei à carga.
"Não, de verdade. O senhor é muito, muito bom nisso. Fez mesmo uma coisa grandiosa para mim. Há quanto tempo atua como psicólogo cristão?"

Faz-se uma longa pausa. Ouço-o se remexer. "Auburn, por favor não desligue o telefone", diz. "Eu estava tentando não falar sobre isso."

"O quê?", pergunto eu.

"Você não vai desligar, né?"

"Não."

"Estou com muito receio de lhe dizer isso. Mas o número que você discou..." Ele faz mais uma pausa. "Você ligou para o número errado."

Bem, eu não desliguei na cara dele, e até conversamos um pouco mais. Eu nunca soube o seu nome, nem voltei a ligar para ele.

Mas no dia seguinte senti uma espécie de júbilo, era como se eu estivesse resplandecendo. Ouvi dizer que isso é chamado de "paz que ultrapassa todo entendimento". Eu me dera conta de que existia esse amor completamente aleatório no universo. Que ele podia ser incondicional. E que um pouco dele estava destinado para mim.

Não posso dizer que minha vida entrou totalmente nos trilhos naquele dia. Mas foi possível obter alguma ajuda e sair do inferno. E também foi possível a uma mãe solteira abstêmia, quase mentalmente sã, criar aquele precioso bebê coberto de chocolate até ele se tornar um magnífico universitário e atleta, que se diplomou com honras na Universidade Princeton em 2013.

É isso que eu sei. Na mais escura e profunda noite de desespero, se você tiver um minúsculo ponto de luz... a graça entra sem pedir licença.

AUBURN SANDSTROM é conferencista sênior (em tempo parcial) de escrita acadêmica na Universidade de Akron. Ganhou o Ohio Arts Council Award de ficção, uma condecoração por Excelência no Ensino de Escrita Criativa da Universidade de Michigan e um Cowden Award de ficção. É instrutora profissional de escrita acadêmica com mestrado em Belas-Artes (ficção) e tem Certificado de Ensino de Artes da Linguagem do sétimo ano do fundamental ao terceiro ano do ensino médio em Ohio e licenciatura de diretora entre o quinto ano do fundamental e o terceiro ano do ensino médio, também em Ohio. Defensora durante muito tempo de estudantes urbanos, no momento, ela faz doutorado em política de educação urbana na Cleveland State University.

Esta história foi contada em 21 de novembro de 2015 no Academy of Music Theatre em Northampton, Massachusetts. O tema da noite era Achados e Perdidos. Diretora: Jenifer Hixson.

Em quem se pode confiar?

Mary-Claire King

A semana do Dia da Mentira de abril de 1981 começou mal. Naquela noite de domingo meu marido disse que estava me deixando. Tinha se apaixonado por uma de suas alunas universitárias e partiria com ela para os trópicos no dia seguinte.
 Fiquei arrasada. Foi totalmente inesperado. Trinta e três anos depois, ainda não sei o que dizer sobre o assunto. Fiquei simplesmente fora de mim.
 Ele me deu um aspirador de pó para suavizar o golpe.
 Estávamos no meio do período letivo de primavera em Berkeley, de modo que no dia seguinte eu tinha minha aula, como de costume. E das duas uma: ou eu dava a aula ou arranjava uma justificativa.
 Era muito mais fácil dar a aula, então deixei nossa filha Emily no jardim de infância – que estava com quase seis anos na época –, junto com seu fiel pastor-australiano, que ia a toda parte com ela. Segui para a escola e dei minha aula.
 Quando estava saindo, o chefe do meu departamento me abordou.
 Ele disse: "Venha até a minha sala".
 Respondi: "Claro". (Tinha achado que podia escapar.)
 Entrei na sala, e ele disse: "Eu queria lhe dizer: acabo de saber que você foi efetivada como professora".
 E claro que caí no choro.
 Ora, aquele chefe de departamento, bendito seja, era um cavalheiro uma geração mais velho que eu. Tinha três filhos

adultos. Não tinha filhas. Certamente nunca antes tivera sob seu comando uma jovem professora assistente.

Ele segurou meus ombros, depois recuou um passo e disse: "Ninguém jamais reagiu assim antes".

E acrescentou: "Sente-se, sente-se. O que está acontecendo?".

Eu disse: "Não é a efetivação. É que meu marido me disse ontem à noite que está indo embora".

Ele olhou para mim, abriu uma gaveta da sua escrivaninha, apanhou uma enorme garrafa de Jack Daniel's, encheu um copo para mim e disse: "Beba isso. Vai se sentir melhor". Eram nove e meia da manhã de uma segunda-feira.

E eu bebi – e bebi. Fiz a travessia daquele dia, fiquei sóbria e por volta das três e meia rodei de volta morro acima para apanhar Emily na escolinha. Ela saltou para dentro do carro com Ernie, o cachorro, e fomos para casa.

Chegamos em casa, subimos a escada, abrimos a porta e... encontramos o caos absoluto.

Alguém tinha invadido a casa. Estava tudo completamente revirado. Pensando retrospectivamente, o que deve ter acontecido é que meu então marido costumava trabalhar em casa, e os ladrões que rondavam a vizinhança tinham descartado a nossa residência, porque ele quase sempre estava lá. Mas naquele dia, claro, ele não estava, então ficamos vulneráveis e fomos roubadas.

Liguei para o 911 e um jovem policial de Berkeley apareceu e começou a inspecionar a casa. Claro que eu não tinha ideia do que tinha sido roubado e do que não tinha, porque meu marido levara muita coisa com ele naquele domingo à noite. Eu não sabia ao certo o que deveria estar ali ainda.

Expliquei isso ao policial Rodriguez e ele disse: "À medida que for lembrando, faça uma lista".

Então ele subiu ao andar de cima com Emily. Abriram a porta do quarto dela, e havia uma camada de meio metro de puro caos. A cama tinha sido desmontada, as cortinas arrancadas, o conteúdo das gavetas despejado no chão.

Emily – com quase seis anos – olhou para o policial Rodriguez e disse: "Não sei dizer se os ladrões estiveram aqui ou não". E o policial Rodriguez, justiça lhe seja feita, sequer esboçou um sorriso. Estendeu seu cartão a ela e disse: "Senhorita, se descobrir que alguma coisa está faltando, por favor me telefone".

Então chegamos à noite de segunda-feira. Estava programada para mais adiante, naquela semana, uma apresentação minha em Washington, DC, para os Institutos Nacionais de Saúde. O modo como a coisa funcionava naquela época era o seguinte: se você fosse um professor universitário jovem, concorrendo pela primeira vez a uma subvenção, era convocado com frequência aos Institutos para fazer o que era chamado de "visita reversa". Você explicava o que planejava fazer, e a partir disso eles decidiriam se lhe dariam ou não uma quantia bastante substancial de dinheiro pelos próximos cinco anos.

Era tremendamente importante. Eu nunca tinha feito aquilo antes. Era novidade absoluta para mim. Seria o primeiro grande subsídio só meu.

O plano anterior era de que Emily ficaria com o pai e que minha mãe viria no dia seguinte (terça-feira) para dar uma força. Tinha parecido, na ocasião, um ótimo plano.

Minha mãe, que estava morando em Chicago, obviamente não sabia nada a respeito dos eventos das vinte e quatro horas anteriores, então pensei: *Vou simplesmente esperá-la e explicar tudo quando ela chegar aqui.*

Parecia muito melhor do que telefonar àquela hora, que seria bem tarde em Chicago, pois eu estava envolvida com aquele problema todo do roubo, da polícia e tudo mais.

Então no dia seguinte fomos buscar minha mãe no Aeroporto de San Francisco e, no carro, voltando para Berkeley, expliquei a ela o que acontecera no domingo.

Ela ficou muito, muito aborrecida.

Disse: "Não acredito que você deixou esta família se despedaçar. Não acredito que esta criança vai crescer sem um pai" (o que nunca foi verdade nem antes nem depois). "Como você pôde fazer isso? Como pôde deixar de colocar sua família em primeiro lugar?" Emily estava ali dentro do carro. "Simplesmente não consigo imaginar", continuou ela. "Vou falar com o Rob."

Eu disse: "Ele está na Costa Rica".

"Isso simplesmente não é possível", e ela foi ficando cada vez mais aborrecida. Quando chegamos em casa, em Berkeley, estava extremamente agitada. Emily estava aterrorizada. É claro que não daria certo que ela ficasse aos cuidados da minha mãe.

Depois de algumas horas, minha mãe disse: "Vou para a minha casa. Simplesmente não consigo conceber que isso tenha acontecido. Você tem que ficar aqui e cuidar da sua filha. Como pode pensar em fugir para a Costa Leste num momento como este?".

Para colocar, tantos anos depois, as coisas no contexto, meu pai tinha morrido havia pouco tempo, depois de minha mãe ter cuidado dele por mais de vinte anos. Apenas dois meses depois daquela visita, minha mãe foi diagnosticada com epilepsia. Levando em conta esse contexto, sua reação não foi tão irracional como pareceu naquele momento, mas na época, claro, foi devastadora.

Então eu disse: "O.k., você está certa. Vou providenciar uma passagem para você voltar para casa amanhã. Vamos levar você ao aeroporto e vou cancelar minha viagem".

Telefonei para o meu mentor, que tinha sido meu supervisor de pós-doutorado na Universidade de São Francisco até uns dois anos antes.

Ele já estava em Washington, por acaso, participando de um encontro de oncologia, e eu disse: "Não tenho condições de ir", e expliquei brevemente o que tinha acontecido.

Claro que ele me conhecia muito bem. E se limitou a ouvir tudo aquilo.

Ele tinha filhas adultas e disse: "Venha, deixe de onda".

Eu disse: "Não posso".

Ele disse: "Traga a Emily. Emily e eu nos conhecemos. Eu tomo conta dela enquanto você estiver fazendo sua apresentação". Ele tinha netos.

Acrescentou: "Vai ser ótimo".

Eu disse: "Ela não tem passagem".

Ele retrucou: "Assim que eu desligar o telefone vou entrar em contato com a companhia aérea e conseguir uma passagem para ela. Apanhe a passagem no aeroporto amanhã quando levar sua mãe de volta. Será no mesmo voo que o seu. Tudo vai correr bem".

Perguntei: "Tem certeza?".

E ele respondeu: "Sim. Tenho que ligar agora para a companhia aérea. Boa noite". E desligou o telefone.

(Naquele tempo era muito fácil rearranjar passagens.)

Consegui uma passagem para minha mãe voltar a Chicago. Seu voo era às dez da manhã. Então saímos de Berkeley com tempo de sobra, em princípio, para chegar ao Aeroporto de São Francisco. Mas era um daqueles dias em que a Bay Bridge fica totalmente congestionada. Foi horrível de atravessar. O que deveria ter sido uma viagem de quarenta e cinco minutos demorou uma hora e quarenta e cinco.

Quando enfim chegamos, o voo da minha mãe partiria em quinze minutos, o meu e de Emily seria em quarenta e cinco minutos, e em frente ao guichê para apanhar as passagens havia uma longa fila. E, claro, estávamos com nossas malas. Minha mãe estava carregando a dela, e já estava bastante frágil.

Então lá estávamos nós três na fila, e eu disse: "Mãe, será que você consegue ir sozinha ao seu embarque?". Tenham em mente o seguinte: não havia controle de bagagem de mão naquela época, mas havia, claro, longos corredores.

Ela disse: "Não".
Então eu disse a Emily: "Vou precisar ir com a vovó até o avião dela".
E minha mãe deu um grito estridente: "Você não pode deixar esta criança aqui sozinha!".
(Palavras sensatas.) De repente uma voz inconfundível atrás e acima de mim disse: "Emily e eu vamos ficar bem".
Eu me virei para o homem em pé atrás de nós, e disse: "Obrigada".
Minha mãe me encarou e disse: "Você não pode deixar a Emily com um desconhecido".
E eu disse: "Mãe, se você não puder confiar em Joe DiMaggio,* vai confiar em quem?".
Joe DiMaggio, que assim como nós estava em pé ali, esperando na fila, olhou para mim, olhou para minha mãe e abriu um grande sorriso para Emily. Então estendeu a mão e disse: "Oi, Emily, eu sou o Joe".
Emily apertou a mão dele e disse: "Olá, Joe. Eu sou a Emily".
E eu disse: "Vamos, mãe".
Então minha mãe e eu seguimos corredor abaixo. Chegamos ao avião e minha mãe embarcou sem problemas. Tinham passado uns vinte e poucos minutos quando voltei e a essa altura já tinha chegado a vez de Emily e Joe e os dois conversavam animadamente junto ao guichê.
Joe DiMaggio tinha conseguido apanhar o bilhete para Emily. Ela estava com ele na mão. Ele claramente estava me esperando voltar para ir ao seu próprio avião.
Olhei para ele e disse: "Muitíssimo obrigada".

---

* Joe DiMaggio (1914-99) foi um dos maiores jogadores de beisebol dos Estados Unidos de todos os tempos. Foi casado com Marilyn Monroe de janeiro de 1954 a outubro de 1955.

E ele respondeu: "Foi um prazer".
E ele se foi corredor adentro. Virou à direita. Me mandou uma grande saudação e um tremendo sorriso e foi para seu avião. Eu e Emily fomos para Washington, DC. A entrevista correu muito bem. Consegui a subvenção e aquele foi o início do trabalho que agora, trinta e três anos depois, tornou-se a história do câncer de mama hereditário e o início do projeto que se tornaria o BRCAI.

A Dra. MARY-CLAIRE KING é professora da American Cancer Society no Departamento de Medicina e no Departamento de Ciências Genômicas da Universidade de Washington, em Seattle. Foi a primeira a mostrar que o câncer de mama é hereditário em algumas famílias, como resultado de mutações do gene que ela chamou de BRCAI. Seus interesses de pesquisa incluem as bases genéticas da esquizofrenia, as causas genéticas de transtornos mendelianos congênitos e a diversidade e evolução da genética humana. Foi pioneira no uso do sequenciamento de DNA para investigações de direitos humanos, desenvolvendo a abordagem de DNA mitocondrial preservado em restos mortais humanos, método aplicado à identificação de crianças sequestradas na Argentina e subsequentemente a casos de violações de direitos humanos em seis continentes. Em 2016 foi agraciada com a Medalha Nacional da Ciência pelo presidente Obama.

Esta história foi contada em 29 de maio de 2014, no The Players, em Nova York. O tema da noite era Mercúrio em Ascensão: The Moth no Festival Mundial da Ciência. Diretora: Catherine Burns.

Um novo lar

Dori Samadzai Bonner

Cresci no Afeganistão durante a ocupação russa, e quando eu era criança lembro que meu pai estava sempre fora. O paradeiro de meu pai era meio que um tabu na minha casa, porque minha mãe nos dizia para nunca fazer perguntas a respeito dele, de modo que nunca fazíamos. E às vezes eu ficava me perguntando se ele se preocupava comigo.

Crescer durante a guerra foi muito difícil, porque havia explosões de bombas e ataques de mísseis praticamente todos os dias. Quando eu tinha dez anos, essas explosões estavam chegando cada vez mais perto de Cabul, onde morávamos. Na verdade, o míssel produz um assobio característico antes de atingir seu alvo, e às vezes a explosão era tão próxima que era possível ouvi-lo.

Ao mesmo tempo havia um rumor sobre uma mudança de regime, o que era uma notícia devastadora para o meu pai, um oficial de alto escalão a serviço do regime então vigente. Historicamente, o novo regime costuma tomar o poder desmantelando violentamente o antigo. Meus pais tentaram desesperadamente sair do país, mas não conseguiram porque o governo bloqueou os vistos de todo mundo; para os governantes era preciso que todos ficassem para lutar por eles na guerra.

O único jeito de sair do país era com documentos falsos. No início dos anos 1990, depois de uma ousada fuga no meio da noite, eu, meus pais e meu irmão emigramos para os Estados Unidos com documentos falsos e pedidos asilo político.

Isso significava que poderíamos ficar no país temporariamente enquanto examinavam nosso caso. Deram-nos uma permissão de trabalho, carteira de motorista e cartão de seguridade social.

Então todos nós começamos a trabalhar. Tínhamos familiares na Califórnia que nos ajudaram a nos instalar. Corta para cinco anos depois: nossas vidas estavam tão normais que a minha maior preocupação na época era fazer minha mãe relaxar meu toque de recolher e me deixar ficar fora de casa até mais tarde.

Até que um dia, quando eu estava em meu primeiro emprego, na Men's Wearhouse, meu pai me telefonou. Pelo tremor de sua voz eu percebi que estava acontecendo alguma coisa em casa.

Ele me diz: "Você precisa vir para casa agora mesmo, porque chegou uma carta da imigração".

Sou quem melhor fala inglês na minha família, por isso ele queria que eu fosse para casa traduzir a carta.

(E para aqueles de vocês que têm a sorte de não conhecer de perto o sistema de imigração, eles não costumam mandar cartas rotineiras, do tipo: "Ei, ainda estamos pensando no seu caso, não esquecemos de vocês".)

Corro para casa e encontro meu pai vestido com seu uniforme de guarda de segurança. Minha mãe e meu irmão estão em casa, porque meu pai os chamou também.

Mal acabo de me sentar à mesa da sala de jantar, os três estão meio debruçados sobre mim, me apressando. "Vamos, leia logo. O que é que diz aí?"

Então leio somente os pontos principais, bem depressa. Diz que nossa entrevista ficou para a semana que vem, e que precisamos levar todos os nossos documentos legais, nossas fotos de família e outras coisas importantes.

Damos pulos de alegria, pensando: *É isso. É a entrevista que estávamos esperando.*

No dia da nossa entrevista, rodamos de carro uns quarenta e cinco minutos até o centro de Los Angeles e entramos num grande edifício governamental. Subimos e havia um funcionário da imigração esperando por nós, para nos conduzir até sua sala.

No momento em que as portas se abriram, nós nos entreolhamos. A sensação era de que estávamos no lugar errado. As pessoas sentadas ali estavam visivelmente perturbadas. Algumas ainda estavam chorando.

Disseram-nos: "Esperem sentados que vamos chamar pelo sobrenome".

Depois de um tempo meu pai me pediu para ir até o segurança e perguntar quanto tempo aquela entrevista demoraria, e por que estávamos ali.

Então eu me levanto e pergunto ao funcionário da imigração: "Oi, o senhor pode me dizer quanto tempo pode demorar esta entrevista? Porque meu pai precisa voltar para o trabalho".

Ele diz: "Seu pai vai voltar para o trabalho, sim, só que não neste país".

Meu coração disparou. Voltar não era uma opção, porque agora éramos considerados traidores e seríamos presos assim que descêssemos do avião.

Voltei a me sentar e, de modo hesitante, contei aquilo ao meu pai, e vi seu rosto perder toda a cor.

De repente meu pai está todo curvado, com as mãos no peito. Está visivelmente sofrendo algum tipo de dor.

Então eu me levanto e vou até o mesmo funcionário e lhe pergunto se posso usar o telefone. Ele diz que não. Então eu lhe pergunto se posso usar o banheiro, e ele permite. Abro aquelas portas enormes e saio apressada. Há um longo corredor e eu olho para a direita e para a esquerda, à procura de um telefone. Por fim, avisto um no final do corredor, pego o telefone e disco o número da nossa advogada.

Devo dizer que eu estava muito aborrecida com nossa advogada, porque às vezes não tínhamos dinheiro nem para pagar nossas refeições, mas sempre fizemos questão de ter dinheiro para um advogado. Assim, o fato de ela não estar ali me enraivecia de verdade.

Uma garota atende o telefone – soa como alguém de dezoito anos, minha idade na época. Eu lhe peço para colocar nossa advogada na linha, mas ela insiste em se recusar.

Eu lhe digo que é uma emergência – "POR FAVOR, COLOQUE JODY NA LINHA!" – e assim que ouço a voz de Jody eu desmorono completamente. Explico a ela que alguma coisa está errada com meu pai e eles não nos deixam buscar ajuda para ele.

Ela me diz para aguentar firme enquanto vai ver o que pode fazer. Então lá estamos nós sentados, e meu pai continua a sentir dor.

Depois de uns quarenta e cinco minutos, um homem entra na sala e diz nosso sobrenome, e nós quatro nos levantamos e o seguimos. Não sabemos bem para onde, mas o seguimos. Acabamos entrando em sua sala, que era tão pequena que só eu e meu pai coubemos nela.

Há um homem lá dentro trabalhando em sua mesa. Nem toma conhecimento de que estamos ali em pé. Não nos diz uma palavra. Simplesmente entrega um papel que diz que nosso visto foi estendido por três meses, para que meu pai possa ter assistência médica.

Os três meses seguintes foram, de longe, o pior período da minha vida, porque todo santo dia temíamos ser deportados.

Sempre que víamos o carteiro aparecer e colocar cartas em nossa caixa de correio, era um momento de pavor – nenhum de nós queria verificar a correspondência. E o comportamento do meu pai chegava a ser completamente descabido.

Ele se mudou do quarto da minha mãe para a sala de estar. Nossas persianas ficavam fechadas dia e noite, e ele dormia com uma muda de roupas do lado. Toda vez que ouvia o som de passos ele saltava do sofá e olhava pelas frestas da persiana para ver quem era.

Ao fim de alguns meses, finalmente temos nossa entrevista definitiva. Vamos com nossa advogada, e noto que é um juiz diferente que está sentado ali. É um senhor mais velho e parece muito sério. Nem esboça um sorriso.

O juiz tem uma conversinha rápida com nossa advogada e depois volta sua atenção para o meu pai. Depois de algumas perguntas básicas, entra no assunto e começa a perguntar ao meu pai se ele tem um tradutor, e meu pai diz: "Minha filha vai traduzir para nós".

Eu estava me sentindo um tanto intimidada.

O juiz me diz: "Moça, tudo o que eu lhe disser deve ser traduzido exatamente, nada mais, nada menos. E tudo o que seu pai disser, a senhorita me traduza exatamente, nada mais, nada menos".

De acordo. Ele faz perguntas ao meu pai, perguntas bem humilhantes, como: "Entendi errado ou o senhor entrou aqui com documentos falsos?".

E meu pai começa a balbuciar: "Bem, sim, mas...". E então meu pai embarca numa longa explicação.

Mas o juiz corta o discurso do meu pai e diz: "Só quero ouvir um sim ou não. Não me interesso pela explicação".

E a conversa continua desse jeito, com avanços e recuos, e não está indo nada bem.

Por fim ele diz ao meu pai: "Sabe, aqui nos Estados Unidos nós não concedemos cidadania as pessoas que violam a lei. Não podemos e não vamos fazer isso".

E tão logo traduzo isso para o meu pai, baixo a cabeça e começo a rezar.

Quando abro os olhos, vejo meu pai erguendo-se da cadeira. Ele começa a desafivelar o cinto, e a essa altura penso que ele perdeu totalmente o juízo. Não sei bem o que ele está fazendo.

Mas ele ergue a camisa do lado direito e, na língua dele, olha para o juiz e diz: "Veja o que os comunistas me fizeram".
Está apontando para uma cicatriz de facada de doze centímetros.
Em seguida ele baixa as calças na parte de trás e se vira um pouco, voltando a dizer: "Veja o que os comunistas me fizeram", indicando três ferimentos de bala.
E tira os sapatos e as meias, e diz: "Veja o que os comunistas me fizeram".
Está apontando para as unhas dos dedos dos pés, que tinham tentado arrancar com um alicate.
Lembro de ter pensado: *Sei que estou ouvindo o que estou ouvindo*. Mas isso tudo não estava sendo registrado, porque eu estava traduzindo aquelas coisas horríveis e também tomando conhecimento pela primeira vez do paradeiro de meu pai. Todas aquelas vezes, anos atrás, em que eu não sabia onde ele estava, me perguntando se ele se importava comigo, ele estava na prisão sendo torturado.
E naquele momento me sinto mal comigo mesma como nunca antes.
Ele continua a dizer ao juiz: "Para o senhor é fácil me julgar. Sentado nessa cadeira, vestido com essa toga. Mas se o senhor viesse para o lado de cá, se olhasse para mim – de homem para homem –, veria que tudo o que eu fiz foi para salvar meus filhos. Eu não tive escolha.
"E o senhor talvez negue agora mesmo, mas se estivesse no meu lugar faria a mesma coisa. Se o senhor precisa mostrar à população norte-americana que não nos dá moleza, eu entendo. Mande-me de volta. Eu me disponho a ir. Mas por favor deixe meus filhos ficarem. Por favor dê a meus filhos um novo lar."
Em seguida ele baixa a cabeça e começa a chorar como uma criança.
O juiz deixa a sala. Estamos num intervalo.

O juiz volta depois de uma hora, e assim que entra na sala, eu noto que não está mais vestindo a toga. Ele sobe até seu cercadinho, apanha alguma coisa e começa a caminhar de novo até nós.

Estamos muito nervosos. Os olhos dele estão o tempo todo no meu pai.

Ele passa por mim e se detém bem junto ao meu pai. Meu pai ergue os olhos para ele, e o juiz diz: "Sr. Samadzai, deixe-me ver sua mão".

Meu pai lhe mostra sua mão e o juiz coloca um carimbo na sua palma, dizendo: "Sr. Samadzai, eu gostaria que o senhor mesmo carimbasse os papéis de seus filhos".

Juntos eles carimbam os nossos papéis e, quando afastam suas mãos, dá para ler: "Asilo concedido".

Então ele vira as páginas e carimba os documentos de meus pais com o mesmo carimbo.

Em seguida ele baixa os olhos para o meu pai, põe a mão no seu ombro e diz: "Bem-vindo à América".

Demorou dezoito anos, desde que chegamos aqui, para eu obter a cidadania norte-americana. Em 29 de janeiro de 2009, fui declarada cidadã norte-americana e jurei lealdade à minha nova pátria.

E é por meio de meus filhos – meu filho de dois anos e meu bebê que ainda está no ventre – que garantirei que essa gratidão que transborda todos os dias do meu coração continue a viver muito depois que eu tiver partido.

Que Deus abençoe a nossa América.

DORI SAMADZAI BONNER é uma escritora cujo premiado ensaio "Vermelho, branco e azul" foi publicado na *Direction*, a revista literária do Pierce College. Em 31 de agosto de 2010, por conta de sua paixão pelo tênis e por suas lutas pessoais no Afeganistão, Dori foi homenageada na cerimônia de abertura do torneio US Open ao lado dos astros do tênis Martina Navratilova, James Blake e Esther Vergeer. Apareceu na capa da *Montgomery Advertiser News*, na Bloomberg News, na revista da Associação de Tênis dos Estados Unidos, na revista *Achiever*, da University of Maryland University College (Umuc), e na National Public Radio. Dori e seu marido têm dois meninos adoráveis. Porém, é de seu amor por sua nova pátria que ela mais se orgulha acima de tudo.

Esta história foi contada em 12 de novembro de 2014, no Great Hall da Cooper Union em Nova York. O tema da noite era Agora Você Está Vendo: Histórias de Iluminação. Diretora: Maggie Cino.

A grama mais verde

Jane Green

Não sou propriamente do tipo que gosta de noitadas. Mas quando algumas amigas me convidaram para beber e jantar na cidade, eu disse: "Vamos". Estava precisando de uma trégua na monotonia e, a bem da verdade, estava precisando me produzir e me sentir bonita.

Tomei o metrô Norte em frente à minha casa no subúrbio e saí na esquina da Rua 48 com a Park Avenue. Ao caminhar pela avenida, percebi que havia um mar de homens de terno andando em minha direção.

Eu estava me sentindo muito bem, caminhando alegremente, e de repente me dei conta de que nenhum dos homens tinha sequer olhado para mim.

E me espantei ao ver que aos quarenta e quatro anos – minha idade na época – eu tinha me tornado completamente invisível.

Eu tinha um casamento feliz. Estava imersa na condição de esposa e mãe e – ocasionalmente, ao que parecia – escritora. A despeito da monotonia do subúrbio mais opaco e profundo, e de ter que cuidar de cinco filhos, dois cachorros, cinco gatos e dezessete galinhas, a vida era boa. A vida estava assentada, segura, confortável. A vida era o que meu marido costumava chamar de "panelas e frigideiras". Eu sabia tudo sobre ele, ele sabia tudo sobre mim.

Mas bastava raspar a superfície para ver que na verdade estávamos atravessando um trecho difícil da estrada. Tínhamos muito pouca energia e havíamos esquecido de alimentar nosso relacionamento. Havíamos esquecido de dar atenção um ao outro.

Estávamos exauridos. Eu costumava dizer que uma noite boa era estar na cama às nove, mas uma noite estupenda era estar na cama às oito. Nosso grande momento mensal era pedir comida chinesa.

E eu não estava feliz de verdade.

Pouco tempo depois da noitada com as garotas, fui convidada a tomar parte em um debate literário na Califórnia. Antes do evento eu estava sentada no bar do hotel e, pelo canto do meu olho, notei que um homem jovem, de cabelo escuro, se aproximou e sentou ao meu lado junto ao balcão.

Logo me dei conta de que ele era um dos outros escritores daquele evento, então me virei e me apresentei. No mesmo momento me espantei com o quanto ele era bonito. Tinha um brilho divertido no olhar que era desconcertante.

Começamos a conversar. Falamos sobre livros, sobre escrever e publicar. Então saltamos a conversa sobre amenidades e entramos direto no que importa – os relacionamentos, os sentimentos, a vida.

Ele era amável, cativante, brilhante, e era o tipo de conversa que só se pode ter de fato num bar de hotel com um estranho, quando a gente não conhece um ao outro e pode revelar coisas que normalmente não revelaria.

Lembro-me de ter olhado para seu rosto, sua pele, e pensado: *Deus do céu, como você é jovem, e Deus do céu, como é bonito.* E a certa altura da nossa conversa eu pensei: *Estou ficando louca ou ele está flertando comigo? Está rolando uma química entre nós?*

Em seguida pensei: *Jane, não seja ridícula. Você tem quase idade para ser mãe dele.*

Entramos para o evento e nos sentamos todos numa mesa comprida sobre um palco, e ele foi o primeiro a falar.

Ele se pôs de pé e disse: "Estava agora mesmo sentado no bar do hotel com uma mulher encantadora, e quando eu lhe contei que não sabia o que ia dizer, ela sugeriu: 'Ah, basta contar histórias engraçadas e falar sobre celebridades'".
Eu quis morrer. Mergulhei a cabeça entre as mãos. Fiquei vermelha, meus ouvidos estavam zunindo de aflição, porque era verdade, eu tinha dito aquilo, e não totalmente de brincadeira.
Mas tudo o que eu conseguia pensar era na expressão "mulher muito encantadora". Ele disse *"mulher encantadora"*.
Em seguida era minha vez, e me levantei, e quando estava prestes a começar a falar, senti um tapinha no ombro. Eu me virei, e lá estava o escritor em pé no palco, de braços abertos para um abraço de desculpas. Então eu me entreguei ao seu abraço, e lá estava eu no palco diante de centenas de pessoas, abraçando um homem que não conhecia e pensando: *Que diabo está acontecendo?*
Ele perguntou o que eu iria fazer depois do evento, mas eu tinha uma reunião e depois iria embora. Então ele me deu seu livro e eu levei aquele livro para casa, e não parei de pensar: *O que foi isso? Foi um flerte? Será que estou tão entrincheirada na meia-idade que esqueci completamente como é isso?*
Três dias depois parti para Londres numa turnê literária e levei aquele livro comigo no avião. Ao aterrissar em Londres eu já tinha terminado de ler o livro dele, e mandei-lhe um e-mail.
Eu disse que, na minha opinião, era uma "história formidável, contada de modo brilhante".
Ele respondeu imediatamente dizendo: "Se você não me mandar seu livro pelo correio, vou até sua casa e me planto diante da sua janela como John Cusack no filme *Digam o que quiserem*".
(Eu não tinha visto esse filme, mas adivinhem se não acabei vendo em menos de uma hora.)

E aquela cena – John Cusack em pé diante da janela da garota com um aparelho compacto de som, uma das grandes cenas românticas da história do cinema – tem uma trilha sonora, que é "In Your Eyes", do Peter Gabriel. E eu escutei essa canção inúmeras vezes, tentando decifrá-la, tentando descobrir se havia um sentido oculto na letra.

Aquele e-mail fez com que eu me sentisse viva pela primeira vez em anos. Saltitava pelas ruas de Londres, me sentindo vibrante, sexy, deslumbrante. Sentia-me uma mulher completamente diferente.

Trocamos e-mails durante aquela viagem, e toda vez que via o nome dele na minha caixa de correio eu sentia um pequeno frêmito, uma leve palpitação. Eu tinha o cuidado de não dizer nada aberto ou sugestivo – de não flertar, enfim. Mas estava... entusiasmada. Escrevia longas mensagens e contava os minutos até ele escrever de volta.

Parecia seguro. Ele morava do outro lado do país, e seus e-mails faziam com que eu me sentisse linda. Faziam com que me sentisse desejável. Tudo o que ele precisava fazer era me mandar três linhas que começavam com *"My sweet lady Jane"**, e eu ficava derretida pelo resto do dia.

É assim que começam os casos?, eu pensava.

Não para mim. Eu nunca teria um caso!

Para minha tristeza, os e-mails dele logo começaram a rarear. Ele ainda escrevia ocasionalmente, e quando via seu nome na minha caixa de correio eletrônico, ainda sentia uma minúscula palpitação. A verdade é que a vida ficou mais atribulada. E melhor. Mas eu sentia falta do *frisson*.

Não muito tempo depois, meus editores me telefonaram dizendo: "Temos um evento para você em Los Angeles, então

---

* Verso da canção "Lady Jane", dos Rolling Stones.

vamos mandá-la para lá". Fiz uma pausa e pensei: *Los Angeles. O escritor jovem e bonito está em L.A.*
Assim, entrei em contato com ele e disse: "Ei, estou indo para a sua cidade".
Ele disse: "Que ótimo. Vamos nos encontrar".
Então traçamos um plano.
Cheguei para o meu marido e disse: "Querido, tenho que ir a L.A. no dia 4 de setembro".
Ele disse: "Quatro de setembro?"
"Sim."
E ele: "Acho que não".
E eu: "Como assim?".
Fiquei ofendida.
Ele disse: "Jane, você não vai para L.A. no dia 4 de setembro".
Fiquei indignada.
Acho que cheguei a dizer: "É minha carreira. Vou para Los Angeles. Meus editores querem me mandar para lá e eu vou".
Ele disse: "Jane, 4 de setembro? É meu aniversário".
Eu me senti péssima. Horrível. Eu não apenas tinha esquecido o aniversário do meu marido, mas estava planejando passar a data arrastando a asa para outra pessoa.
"Eu podia ir com você", disse meu marido. "Vamos aproveitar o fim de semana."
Encarei meu marido com os olhos de um cervo surpreendido pelos faróis de um carro.
Então meu marido vai comigo a Los Angeles, e na manhã do nosso encontro (porque meu marido agora vai participar do meu encontro) eu demoro um tempão decidindo o que vestir.
A propósito, meu marido sabe a respeito do escritor, porque pouco depois de eu tê-lo conhecido naquela mesa-redonda literária eu o encontrei para um rápido drinque em Nova York. Quando cheguei em casa no final daquela noite, atordoada pelos martínis e pelo flerte, meu marido me olhou e disse: "Uuhhh,

minha mulher está caidinha por alguém" (coisa que eu neguei com veemência).

Então lá vamos nós ao restaurante, e quando estamos chegando eu vejo o escritor sentado no banco do lado de fora. Está com as mangas arregaçadas e usando óculos escuros tipo aviador, mais lindo e charmoso do que nunca.

Nós nos cumprimentamos e entramos no restaurante. Sentamos e eu não digo... nada. Porque meu marido e o escritor estão conversando animadamente como se fossem velhos amigos.

A certa altura o escritor pede licença para ir ao banheiro e meu marido se volta para mim e diz: "Uau! É o homem mais bonito que eu já vi!".

O escritor volta à mesa e sugere que a gente saia para caminhar ao longo dos canais em Venice, mas antes de fazer o passeio passamos na sua casa para que ele troque de roupa.

E eu tenho a ocasião de ver a grama mais verde – de ver a casa dele, que é linda. É muito moderna, com pouca mobília, serena. Penso em minha própria casa, com gatos, cachorros e crianças, e uma galinha em cada superfície, e pilhas de papéis por todo lado, e barulho e bagunça e caos.

Saímos os três para nosso passeio. É um dia de calor escaldante, e em dez minutos já tenho gotas de suor na testa e meu cabelo se encrespou até ficar parecendo uma nuvem de algodão-doce. Minha calça jeans, que já era dois números menor, agora dá a sensação de ser quatro números menor.

E as sandálias – as sandálias que eu tinha comprado especialmente para o brunch, porque a mensagem que elas transmitiam era: *Ei, olhem como sou casual. Não fiz muito esforço para isso, mas sou bem sexy* –, ficou claro que aquelas sandálias foram feitas para fazer um brunch, não para caminhar.

Então lá estou eu caminhando, atrás do meu marido e do escritor, que estão bem juntinhos, numa espécie de romance masculino rolando entre eles. E uns cinco metros atrás deles sigo eu, mancando pateticamente, formando bolhas nos pés, com calor, suada, grudenta, e irritada, e só consigo pensar em: *Bem feito para mim.*

Naquela noite eu fiquei observando meu marido, sua barba grisalha de velho lobo do mar, suas mãos reconfortantes, e pensei no modo como ele tem trazido tanta bondade, estabilidade e amor à minha vida, e me senti envergonhada.

Uma amiga uma vez me disse que a grama é mais verde onde a gente a rega: eu tinha esquecido de regar minha grama.

No dia seguinte, o escritor me mandou um e-mail. E meu coração não estremeceu.

Ele disse: "Seu marido é formidável. É inteligente e bonito e amável".

E eu pensei: *Sim, tem toda razão.*

JANE GREEN é autora de dezessete romances, dezesseis dos quais entraram na lista de mais vendidos do *New York Times*. Ex-jornalista no Reino Unido, ela teve seu próprio programa de rádio na BBC Radio London e é colaboradora regular no rádio e na televisão, incluindo os programas *Good Morning America*, *The Martha Stewart Show* e *Today*. Além de escrever livros e blogs, colabora com várias publicações, tanto on-line como impressas, incluindo *Huffington Post*, *Sunday Times*, *Cosmopolitan* e *Self*. Tem uma coluna semanal na revista *Lady*, a mais antiga revista semanal da Inglaterra, e publicou três livros em 2016: *Falling: A Love Story*, *Summer Secrets* e *Good Taste. Good Food. A Good Life*. Mora em Westport, Connecticut, com seu marido e a família dos dois.

Esta história foi contada em 9 de novembro de 2015, no Great Hall da Cooper Union em Nova York. O tema da noite era O Estado das Coisas. Diretora: Meg Bowles.

Como se eu não estivesse ali

Peter Pringle

Era a semana anterior ao Natal e eu estava sentado na cela da morte na Portaloise Prison em County Laois, Irlanda. Algumas semanas antes eu tinha sido injustamente culpado e sentenciado à morte pela Corte Criminal Especial por um assassinato que não cometi. A Corte Criminal Especial é um tribunal sem júri.

Eu estava naquela cela da morte, que era um lugar muito sinistro. As janelas tinham sido vedadas. Não havia nenhuma luz natural, e sim uma fileira de luzes florescentes no teto, que nunca se apagavam, seja dia ou noite, e que depois de um tempo começaram a queimar meus olhos. Eu era obrigado a estar sempre na presença de pelo menos dois carcereiros, e eles se sentavam bem perto de mim.

Um dia escutei uma conversa entre eles. Estavam discutindo a função que talvez desempenhassem no meu enforcamento.

Um deles disse ao outro: "Seamus, te contaram também que dois de nós terão que participar dessa execução?".

(Isso foi dito como se eu não existisse, como se eu não fosse um ser humano.)

E Seamus disse: "Sim, é isso mesmo. O que você acha que vamos ter que fazer?".

O terceiro sujeito, Eddie, disse: "Bom, seja o que for que a gente precise fazer, vão ter que nos pagar um extra, porque esse não é nosso trabalho habitual, de modo que vamos ter que ganhar um bônus pra fazer esse serviço".

Seguiram discutindo qual seria a função que talvez precisassem desempenhar e chegaram à conclusão de que, na minha execução, dois carcereiros seriam posicionados sob o patíbulo. Quando meu corpo descesse pelo alçapão, cada carcereiro teria que puxar uma das minhas pernas para garantir que meu pescoço se quebrasse rapidamente. Era como se eu não estivesse ali. Era como se não estivessem falando sobre *mim*. E fiquei muito enfurecido e incomodado com aquilo, pois ilustra bem a desumanidade da pena de morte. Ela afeta até os carcereiros. Eles não têm permissão para falar com o prisioneiro condenado, porque não lhes traria nada de bom aprender a gostar do prisioneiro ou a respeitá-lo. Porque como é que você pode ter sangue-frio para ajudar a matar alguém que você gosta ou respeita?

Ora, isso foi no ano de 1980, e fazia vinte e seis anos que este estado não executava ninguém. E havia uma corrente da opinião pública que dizia não ser provável que levassem aquilo a termo. Mas quando ouvi aqueles carcereiros debatendo minha execução, e o fato de as autoridades terem dito que eles teriam uma função nela, não restou dúvida na minha mente de que eu estava diante da morte. Tentei me distanciar tanto quanto possível e refrear minha raiva.

Tive um Natal solitário e deprimente, sem nenhum contato com o mundo exterior, e sem contato com as pessoas que eu amava. Pouco depois do Natal, quando a correspondência era entregue aos prisioneiros, o carcereiro veio me entregar um cartão-postal. Era um cartão-postal extraordinário.

Tinha sido escrito por uma mulher que eu não conhecia, e no postal ela contava como, no dia seguinte ao Natal, tinha caminhado pela praia em Greystones, ao sul de Dublin, de luto por seu irmão, cujo nome era Peter. Ele era marinheiro e perdera a vida num acidente marítimo.

E ela lembrou que havia outro Peter diante da morte. Vejam, eu tinha sido pescador e passara muito tempo no mar. Ela lembrou que havia outro homem do mar, chamado Peter, e pensou em me escrever para me desejar boa sorte, e em rezar para que eu não fosse executado.

Quando recebi esse postal, ganhei novo ânimo. Aquela mulher, que eu não conhecia, restituiu minha humanidade e elevou meu estado de espírito. E embora eu soubesse que estava diante da morte, e tivesse a certeza de que a pior coisa que poderiam fazer comigo era me matar – enquanto eles não fizessem isso eu pertencia a mim mesmo.

Se podiam me aprisionar fisicamente, não podiam aprisionar minha mente, nem meu coração, nem meu espírito. Então foi nesses reinos dentro de mim que decidi que eu viveria. Dentro da cela da morte, naquele espaço exíguo que me cercava, eu tinha meu próprio refúgio. Aprendi a praticamente ignorar o que estava à minha volta.

Uns seis meses depois, onze dias antes da data da minha execução, minha sentença de morte foi comutada para quarenta anos de trabalhos forçados sem remissão da pena, e fui devolvido à população prisional comum. Na época, uma execução não era politicamente interessante para o governo.

Ora, eu sabia que não teria como aguentar quarenta anos ali, e então, animado por ter escapado do corredor da morte, decidi tentar provar minha inocência. Estudei direito na prisão, e assumi meu próprio caso. Com a ajuda de um advogado de direitos humanos chamado Greg O'Neill, levei o caso à Corte Criminal de Apelação. Embora houvesse uma série de fundamentos pelos quais minha condenação poderia ser revogada, em maio de 1995 ela foi revogada por causa de testemunhos contraditórios dos policiais, e fui libertado da Corte Criminal Especial.

Aquilo foi quase surreal, e quando saí do tribunal me deparei com uma multidão enorme de gente da mídia com suas câmeras e microfones, enfiando-os na minha cara, lançando-me perguntas e querendo que eu fizesse coisas como uma saudação de punho cerrado e toda aquela babaquice.

Não tive sequer um momento comigo mesmo. E então meu advogado me levou a uma emissora de televisão, e demos uma entrevista para o telejornal. Mais tarde, fui levado a uma festa organizada por meus amigos, e todo mundo estava alegre, bebendo, curtindo, conversando comigo, dando tapinhas nas minhas costas.

Mas eu não estava realmente presente. Não tivera tempo de assimilar minha liberdade.

Naquela noite fiquei na casa de um amigo no subúrbio de Dublin. Na manhã seguinte acordei cedo e desci as escadas. O resto da casa ainda estava dormindo, e fui até o quintal.

Eles tinham um quintal encantador. Estendia-se por um bom terreno atrás da casa. E caminhei pelo jardim dos fundos, e o sol estava radioso, e eu me sentia muito bem. Comecei a respirar o ar fresco, as cores, a vegetação, e a ouvir os pássaros cantando.

No final do jardim havia uma macieira muito velha. Fui até aquela árvore, estendi minha mão e toquei seu tronco, que era nodoso.

Estava pensando sobre aquela árvore, que crescera ali durante incontáveis anos, estação após estação. A cada ano produzindo seus frutos, perdendo suas folhas, produzindo novas folhas, e simplesmente seguindo seu ofício natural, alheia à metrópole à sua volta.

Alheia ao ódio, à raiva, à injustiça, às guerras, à devastação, à fome e a tudo o que acontece no mundo. Simplesmente estando na natureza.

Coloquei meus braços em torno daquela árvore e chorei.

PETER PRINGLE conquistou sua liberdade em 1995. Desde então instituiu, com sua mulher, Sunny Jacobs, o Sunny Center, onde proporcionam abrigo e reabilitação a pessoas recém-saídas da prisão depois de condenações injustas. Saiba mais em thesunnycenter.com. Peter graduou-se no The Moth Community Program e participou de uma oficina em parceria com o Innocence Project.

Esta história foi contada em 5 de setembro de 2014 no Freemason's Hall em Dublin, Irlanda. O tema da noite era Não Olhe para Trás. Diretores: Sarah Austin Jenness e Larry Rosen.

Agir como homem

Tropeçando no escuro

John Turturro

Ao volante da minha perua Volvo prateada vou do Brooklyn até a casa da minha mãe em Rosedale, Queens, numa tarde quente de agosto de 2003.
    Minha mãe é viúva. Meu pai morreu de câncer quinze anos antes, em 1988, e ela não voltou a namorar. Não quis mais saber de homens por nada neste mundo.
    Ela me disse: "Nunca mais na vida vou lavar uma cueca. Essa espécie para mim acabou. Para mim chega".
    Ela está com algo em torno de oitenta anos, mas não sei bem ao certo, porque ela nunca me contou sua idade. Para falar a verdade, na minha certidão de nascimento dá para ver que ela alterou a própria idade.
    Sou muito próximo da minha mãe. Sempre tivemos um vínculo, um amor silencioso entre nós. Falo com ela quase todas as noites para me certificar de que ela está bem, e para aliviar sua solidão.
    Até onde me lembro, sempre fui o protetor da minha mãe contra meu pai, meu irmão e o resto do mundo, e ela também foi minha protetora.
    Cresci numa casa muito volátil. Meu pai era veterano da Segunda Guerra Mundial. Sofria de transtorno de estresse pós-traumático, que não era diagnosticado direito naquela época. Meu irmão mais velho, que também tinha problemas, morava no andar de baixo.

Quando o câncer atingiu meu pai, ele perdeu sua voz trovejante. Mas, à medida que sua voz enfraquecia, a voz do meu irmão, no porão, ficava mais alta. E devo dizer que isso não era um bom sinal do que estava por vir.

Sabem como é, quando estamos crescendo, todos pensamos que vamos nos casar, formar nossa própria família e deixar a outra família para trás – nossos irmãos e nossos pais. Mas não é bem assim que acontece. É muito difícil romper os laços com aquela primeira família que nos formou.

Mas, voltando ao assunto, naquele dia eu e minha mãe entramos no carro e estamos indo visitar meu irmão Ralph, que não mora mais com ela. Ele agora reside no Creedmore Psychiatric Center. É o hospital psiquiátrico do estado, aquele que fica no Queens, junto à rodovia Union.

Ele não está muito contente com isso, mas é lá que vive há sete anos. Foi diagnosticado como paranoico esquizofrênico, bipolar, obsessivo-compulsivo, borderline – enfim, pensem num diagnóstico e ele estará dentro, certo?

Ele fez terapia. Passou por tratamentos de choque. Usou todas as combinações de drogas antipsicóticas, com todos os efeitos colaterais que as acompanham – o aumento de peso, a perda de dentes, os tremores, o enrijecimento, o diabetes.

Quando está estável, somos autorizados a levá-lo para passear, e ele adora sair para passear, porque o levamos às compras, e ele pode comer alguma coisa diferente, já que não gosta da comida do hospital.

Também adora ir ao cabeleireiro. O cabelo do meu irmão Ralph é muito importante para ele. Ele não tem muitos dentes, mas seu cabelo tem que estar em perfeita ordem. Se não estiver, seu estado emocional desaba, e aí sobra para a gente.

De modo que estamos a caminho de Creedmore. Ele mora no Bloco 40, um prédio de dezessete andares, e fica numa ala trancada no décimo primeiro andar.

Quando crianças, costumávamos passar por Creedmore na avenida arborizada, e era o lugar onde vivia o bicho-papão – onde viviam *todas* as pessoas malucas.

Meu pai costumava dizer: "Vocês não vão querer terminar em Creedmore".

E agora lá é a casa do meu irmão.

Chegamos e temos que atravessar duas séries de portas, e então ficamos trancados. Caminho até o elevador, aperto o botão e, enquanto esperamos que ele desça, as luzes se apagam. Olhamos em volta. Não sabemos o que aconteceu. Passaram-se dois anos desde o Onze de Setembro. Todo mundo está meio nervoso. Estamos pensando: *Ei, vai ver que é outro ataque ou algo do tipo*. Estamos em 2003 e a maioria das pessoas não tem celular. Eu mesmo não tenho celular.

Uns dez minutos depois, informam: "É um blecaute".

É o blecaute de 2003, que afetou, se não me engano, 50 milhões de pessoas e paralisou Ontário e oito estados norte-americanos. Mas na hora não sabemos disso. Tudo o que eu sei é que meu irmão tem uma licença para passear, e que ele quer sair – está ávido por isso.

Então pergunto aos funcionários se eles podem ligar para o médico lá em cima e falar com ele. Eles ligam, conversam com ele e dizem que posso subir.

Digo para minha mãe: "Me espere aqui".

Começo a subir pela escada os onze andares. São lances bem longos. Está um tanto escuro.

E fico pensando na montanha-russa que é uma doença mental. Não apenas para o paciente, mas para todos os envolvidos. É uma sentença que a gente recebe, e é uma sentença perpétua. E tem todas as coisas pelas quais a gente precisa passar: os médicos, os remédios, os acessos violentos, a destruição (literal e emocional), a polícia batendo na porta, a vergonha com que a gente convive. E não para nunca.

Não é como naqueles filmes como *Uma mente brilhante*, em que alguém vira para a pessoa e diz: "Tudo o que você precisa é amor". Entendem o que estou dizendo?

O amor está ali, mas é uma guerra de desgaste. No duro. É como uma longa temporada de beisebol que nunca termina. Continua sem parar. Você precisa ter uma paciência inacreditável e uma grande fortaleza emocional para sobreviver. É isso que exaure a gente.

Muita gente é capaz de morrer, e não é por outro motivo que vemos tantos indivíduos vivendo na rua, porque suas famílias fogem (e não as condeno) e eles passam a ser tutelados pelo Estado.

Enfim, tudo isso passa pela minha cabeça quando chego no décimo primeiro andar e bato na porta. Meu irmão fica feliz ao me ver. Converso com o médico. E então o amigo do meu irmão, um jovem negro magrinho chamado Isaiah, que faz desenhos de sua vida todos os dias – um *storyboard* de toda a sua existência –, chega perto e me mostra sua última obra-prima.

E eu digo: "Que bacana, Isaiah", enquanto tento lidar com meu irmão e com o médico.

Isaiah sussurra no meu ouvido: "Posso ir junto com vocês?".

E eu digo: "Ouça, Isaiah, eu adoraria levar você, mas está acontecendo um blecaute e só vou levar o Ralph, o.k.?".

Então começamos a descer a escada. Temos que ir devagar, porque meu irmão não enxerga muito bem. Ele teve uma discussão com um paciente grandalhão, ex-presidiário de Rikers Island, e o sujeito o espancou selvagemente, deixando-o cego de um olho.

Saio para a rua com meu irmão e minha mãe, e claro que trouxemos cigarros para ele. Estou preocupado com a hora, porque eram 16h10 quando ocorreu o blecaute. Agora são umas 17h. Estou preocupado com a luz. Mas meu irmão não tem nenhuma pressa.

Então eu lhe dou um cigarro. Ele não consegue se contentar com um, tem que fumar um depois do outro, e fuma cada um deles até a última tragada. E quando a gente lhe dá um maço, precisa abri-lo do jeito exato. Tudo de acordo com suas especificações, caso contrário ele pega os cigarros e os quebra no meio.

E isso é meio que simbólico do meu relacionamento com ele durante boa parte do tempo:

Eu compro cigarros para ele; ele os destrói.

Eu compro um *CD player* para ele; ele arranca a tampa.

Eu reformo a casa da minha mãe; ele põe fogo nela.

Entramos no carro. Ele tem que sentar no banco de trás para eu poder vê-lo pelo retrovisor, porque a situação é instável. Tenho que ficar de olho no meu irmão, que às vezes pode socar o vidro por frustração.

Tenho que pensar para onde vamos. Tem o blecaute. O que vamos fazer? Sei que ele está com fome. Minha mãe está sentada à minha direita. Ela nunca dirigiu, portanto não sabe muita coisa sobre dirigir. Os semáforos não estão funcionando.

Minha mãe diz: "Por que você não vira à esquerda?". Estou na última pista da direita.

Eu digo: "Mãe, não posso atravessar três pistas assim sem mais", mas ela parece nem me ouvir.

Está ficando tarde. Vemos a lanchonete onde costumamos ir. Estacionamos. Não há ninguém lá dentro, mas parece estar aberta. Então descemos do carro e entramos. O proprietário é um grego corpulento com um bigode de leão-marinho.

Eu pergunto: "Vocês estão servindo?".

E ele: "Blecaute. Tem um blecaute!".

Meu irmão olha para ele e diz: "Quero um cheeseburger".

"Nada de cheeseburger. Blecaute. Café."

Então minha mãe tenta intermediar a situação.

Ela diz: "O senhor deve ter um fogão a gás".

"O acendedor é elétrico. Café. Nada de cheeseburger."
Meu irmão pergunta: "E o que me diz de batatas fritas?".
"Não. Não. Não."
Minha mãe e meu irmão olham para ele com incredulidade, como quem diz: *Olha só esse cara, que bundão. É só ter um blecaute e ele se desmilingue todo.*
Estou de olho no relógio. Está ficando tarde. Enfio meu irmão de volta no carro depois de outro cigarro. Estamos rodando. Está tudo fechado. É como uma cidade fantasma, porque as pessoas ficam preocupadas quando há um blecaute. Elas se lembram do blecaute de 1977. Dos saques. As lojas estão fechadas, os restaurantes estão fechados. Até o salão de cabeleireiro está fechado (o que é muito irritante para Ralph).

Seguimos rodando sem destino, e eu começo a pensar: *O.k., está ficando escuro e nem sabemos para onde estamos indo.* Para piorar, eu tenho minha própria família esperando no Brooklyn – minha mulher e dois filhos pequenos.

Até que finalmente avisto uma pizzaria numa esquina e estaciono. Parece estar aberta. Entro sem demora, e o sujeito tem um forno a lenha.

Ele diz: "Sim, estamos funcionando". É um italiano, claro, e isso é bom.

Sentamos do lado de fora e pedimos pizza bem torrada e soda limonada. E demora um tempão para vir. Fico olhando para minha mãe e pensando: *Puxa, como ela está ficando velha.*

E fico olhando para o meu irmão e pensando: *O que vai acontecer depois que ela se for? Quem vai cuidar dele?*

Sou o filho do meio, um de três irmãos, e sou o responsável, para o bem e para o mal.

Penso: *Ficarei sozinho com ele um dia, e seremos só nós dois.*

Meu irmão olha para mim, e ele é muito perspicaz quando está calmo. Pode detectar a fraqueza de uma pessoa com espantosa precisão e rapidez.

Ele diz: "Sabe, você aproveita bastante coisa de mim, não é mesmo?".

E eu: "Aham. Sim, sim".

Ele continua: "O que seria de você sem mim?".

Chega a pizza. Claro que Ralph quer sorvete, mas a esta altura está tudo derretido. Então ele consegue uma espécie de *milk-shake* misturado com sorvete mole, o que o deixa bem contente, e ele manda tudo para dentro.

O sol agora está se pondo, o que me faz pensar: *Precisamos voltar.*

Finalmente enfio os dois de volta no carro. Rodamos devagar. Não há iluminação de rua, nem semáforos. Está escurecendo.

Voltamos por fim ao feio e agourento prédio de dezessete andares com grades. Deixo minha mãe no carro e ajudo o Ralph a entrar. O lugar está sem luz e o ar-condicionado não funciona.

Eu me sinto puxado para todas as direções: minha mãe, meu irmão, minha família no Brooklyn. Mas entro com meu irmão, ajudo-o a subir os onze andares. É sempre duro me despedir dele, mas nesse dia parece ainda mais difícil. Então eu lhe dou um abraço e digo que o verei em breve.

Desço os onze andares, reencontro minha mãe e a levo pela via expressa até sua casa em Rosedale, o que é uma longa viagem. Vou com ela para dentro da casa e me certifico de que as lanternas estão funcionando. Verifico a geladeira, a comida ainda está bem fria.

Acendemos uma vela e conversamos um pouco. E fico pensando: *Bem, as coisas foram assim durante milhares de anos.* As pessoas não tinham eletricidade, sabem como é? Tinham um pouco de fogo. Conversavam, inventavam histórias.

Entro no meu carro e faço o caminho de volta para o Brooklyn. E estou pensando que a gente acha que vive na luz. Imagina que é capaz de prever o que vai acontecer. Imagina poder controlar tudo: *Vou fazer isso, vou fazer aquilo.*

Mas a realidade é que quase todos nós estamos apenas tropeçando na escuridão, buscando, tentando alcançar alguma espécie de lar, fazendo malabarismo com todas as bolinhas, na esperança de, na maior parte dos dias, não deixar que elas caiam.

JOHN TURTURRO fez sua estreia teatral quando encarnou o protagonista de *Danny and the Deep Blue Sea*, de John Patrick Shanley, pelo qual ganhou um Obie Award. Desde então, atuou em numerosas produções de teatro, entre elas *Esperando Godot*, *A cantora careca* e *Almas de Nápoles* (*Questi Fantasmi*, de Eduardo De Filippo), pela qual foi indicado a um Drama Desk Award. Na Broadway ele apareceu em *3 versões da vida*, de Yasmina Reza, e dirigiu uma noitada de peças em um ato chamada *Relatively Speaking*, de Ethan Coen, Elaine May e Woody Allen. Turturro foi indicado a um SAG Award por sua personificação de Howard Cosell em *Monday Night Mayhem* e indicado de novo por *The Bronx is Burning*. Ganhou um Emmy por sua participação especial em *Monk*. Atuou em muitos filmes, incluindo *Faça a coisa certa* e *Febre da selva*, ambos de Spike Lee; *A cor do dinheiro*, de Martin Scorsese; *Quiz Show*, de Robert Redford; *Ajuste final*, *O grande Lebowski* e *E aí, meu irmão, cadê você?*, de Joel e Ethan Coen. Por seu papel em *Barton Fink – Delírios de Hollywood* Turturro ganhou o prêmio de melhor ator no Festival de Cannes. Conquistou também em Cannes o Caméra d'Or por sua estreia na direção com *Mac*. Outros filmes como diretor/roteirista incluem *Illuminata*, *Romance e cigarros*, *Passione*, *Amante a domicílio* e um segmento na antologia *Rio, eu te amo*.

Esta história foi contada em 9 de novembro de 2015 no Great Hall da Cooper Union em Nova York. O tema da noite era O Estado das Coisas: O Show dos Membros do Moth. Diretora: Catherine Burns.

Amadurecendo num mausoléu

George Dawes Green

Quando eu tinha quinze anos, morei por um tempo num mausoléu. Coisa de menos de uma semana. Mas foi um tempo de verdadeiro êxtase, aquele verão de madressilvas, vaga-lumes e estrelas, e o profundo aprendizado que obtive estando vivo ali dentro.

Eu estava perdidamente apaixonado por uma garota que estava morta e por um homem que estava vivo mas era psicótico. E foi o período mais feliz da minha vida.

Eis como fui parar lá. Eu tinha vindo de um lugar onde me sentia morto, que é minha cidade natal, Brunswick, Georgia. Tudo lá era cinzento. O céu era cinzento, a barba-de-velho era cinzenta. Naquela região costeira da Georgia, tudo é coberto de barba-de-velho. *As pessoas* são cobertas de barba-de-velho. É um lugar quente, é um lugar devagar.

E as cigarras cantam *sempre a mesma nota*. O tempo todo. A mesma nota. Sem parar.

Era como estar enterrado vivo.

Eu era solitário e meus pais eram bêbados. Eu esperava até eles dormirem e então acendia a luz e ficava acordado a noite toda lendo – sobre explorações, principalmente, exploração do Ártico, ou a busca da nascente do Nilo, ou qualquer coisa que me levasse o mais longe possível de Glynn County, Georgia.

E claro que, por passar as noites em claro, as manhãs eram uma tortura para mim. A Glynn Academy era uma tortura para mim. Minhas notas entraram numa espiral descendente, de três passando a dois e depois a um. E cheguei mesmo a desejar a perfeição do zero absoluto, mas não tive perseverança para tanto.

De modo que abandonei o colégio quando tinha quinze anos e viajei pedindo carona para o norte. Arranjei um emprego em Nova York como mensageiro, e tive que vestir paletó e uma gravata bem apertada. Eu adorava estar à paisana – sorria com escárnio para os ônibus escolares amarelos.

Por um tempo morei em pensões perto de Manhattan. Até que num sábado fui comprar drogas com um amigo em New Rochelle, um pequeno subúrbio do estado de Nova York.

Enfim, ficamos um tempo naquele apartamento suspeito, cheio de traficantes e marginais. A certa altura eu estava indo ao banheiro e vi, num quarto dos fundos, um homem sentado diante de um pianino, cantando uma ária de ópera a respeito de uma cobra-real agonizante. Era uma canção pungente, linda, de rasgar o coração.

E eu fiquei hipnotizado.

Ele se virou depois de terminar a canção, olhou para mim e disse: "Você joga xadrez?".

Seu nome era John Orlando. Tinha uns trinta anos. Se é possível imaginar, ele meio que parecia um Alfred Hitchcock magro.

Acabamos jogando xadrez durante uma semana, e a estratégia de John no jogo era juntar todas as suas peças formando uma espécie de fortaleza no fundo do tabuleiro, do lado esquerdo, que ele chamava de "o oeste". Dali ele enviava seus cavalos em longas e valentes expedições, das quais eles nunca voltavam.

Eu demorava horas para conseguir abrir caminho na fortaleza, encontrar seu rei e matá-lo. E o tempo todo John ria histericamente. Depois disso, nunca mais vi sentido no xadrez competitivo. Eu só queria jogar o que John chamava de "xadrez cavalheiresco".

Mas por que aquele homem original estava morando naquele muquifo com traficantes de drogas? Bom, o aluguel era muito barato e dividido por oito. E quando eu me mudei para lá, passou a ser dividido por nove.

Eu pegava condução todo dia para meu trabalho em Nova York e voltava de trem toda noite para aquele covil de drogas. Eu não usava... *todas* aquelas muitas drogas. Mas ajudava alegremente a separá-las e deixá-las em ordem, o que era uma vida completamente depravada para um garoto de quinze anos.

Havia uma garota da minha idade que costumava aparecer. Era uma ruiva linda entrando no esplendor de sua sexualidade. Claro que ela vinha por causa dos caras mais velhos – sequer me notava. Mas eu estava dolorosamente apaixonado por ela, e bastava o seu cheiro para me deixar desnorteado.

No andar de baixo vivia uma velha senhora chamada Irene, que se preocupava comigo e me dizia para voltar para casa. Fazia lasanha para mim. Eu lhe dizia que não tinha uma casa para onde voltar porque meus pais eram bêbados. Eu adorava a Irene. Adorava conversar com ela.

E eu adorava John Orlando, que era desajustado, e que ficava o dia inteiro sentado diante do piano trabalhando naquela ópera sobre o zoológico do Bronx, onde ele tinha trabalhado em outros tempos. Criava árias para todos os tratadores e animais do zoológico cantarem.

Acho que aquela ópera estava deixando o homem louco, pois um dia lembro que eu estava saindo da estação de trem e John vinha em minha direção, de chapéu fedora na cabeça.

Ele nem me viu direito, e estava quase passando por mim quando de repente parou e disse: "Sr. Glow, tem um boneco de quatro camadas levantando voo para longe daqui às cinco horas. Procure se informar".

E simplesmente continuou andando.

Eu estava apaixonado por ele. Quero dizer, eu não sou gay, mas era um amor físico. Quando estava perto dele eu mal conseguia respirar. Sentia que ele era o mundo.

Eu o amava do mesmo modo que um verme ama sua maçã. E acho que ele me amava também, porque os traficantes estavam sempre tentando me despejar.

Eles diziam toda hora: "John, esse moleque abusado só tem quinze anos, vai acabar chamando uma atenção indesejada".

E John respondia para eles: "Não, o George fica. Não sei se vocês perceberam, mas ele tem uma coisa espantosa. Ele não se envolve de verdade com nada. Simplesmente flutua pela vida. Quero ver com o que é que ele vai se envolver. Ele fica".

Então eles acabaram mandando nós dois embora.

E nós não tínhamos para onde ir. Estávamos desabrigados, e eu só receberia meu salário dali a uma semana, e John nunca teve dinheiro algum. Mas ele disse que havia uns mausoléus no fundo do cemitério local que estavam em mau estado. Então nós juntamos alguns cobertores e travesseiros e um pouco de vinho e invadimos um deles.

O lugar tinha duas prateleiras de mármore de cada lado, e embaixo de uma delas estavam os restos mortais de um homem, e sob a outra os de sua mulher. John e eu improvisamos nossas camas em cima daquelas prateleiras, e nos sentimos muito protegidos ali. O zelador era velho e nunca aparecia durante a noite. E a polícia nunca entraria naquele cemitério.

Demos uma volta para conhecer nossos vizinhos. Havia uma moça de dezenove anos enterrada ali. Tinha morrido em 1928 e seu nome era Hazel Ash.

Em sua lápide estava escrito: ELA VIVEU PARA A POESIA.

Esqueci imediatamente da ruivinha sexy, e quando voltamos ao mausoléu eu disse a John: "Temos que escrever poemas para Hazel Ash esta noite".

Ele escreveu uns versos horríveis, asquerosos, obscenos. Tive que mandá-lo calar a boca. Ele só ria de mim, e sua risada ecoava no mausoléu.

As pessoas me perguntam se o lugar era macabro, mas para mim realmente não era. Posso dizer que quem não gosta de aranhas não gostaria de morar ali. E devo dizer também que era úmido, cinzento e sem vida, e que eu provavelmente morreria de medo se John Orlando não estivesse comigo. Mas ele estava comigo o tempo todo, porque não queria passar um segundo sozinho naquele cemitério. De modo que, quando eu saía à noite para dar uma mijada, ele vinha arrastando os pés atrás de mim, e se postava às minhas costas. E pela manhã, quando eu acordava animado logo cedo e vestia meu paletó e gravata, e partia para o trabalho, ele saía do cemitério comigo. E quando eu voltava de trem à noite e caminhava até o cemitério, ele estava me esperando junto à cerca.

Estávamos sempre com fome. Estávamos famintos a ponto de precisar fazer alguma coisa. John tinha um amigo, e fomos andando até a casa desse amigo. Enquanto caminhávamos, fizemos um poema sobre o amigo de John. Quando chegamos à casa dele, recitamos o poema para o homem, que em troca nos deu um jantar e alguns dólares.

Mais tarde, quando eu e John estávamos voltando a pé para o cemitério, ele me disse: "Agora você é um escritor profissional".

Eu respondi: "Ah, sem essa, John. Ele só nos deu um jantar e cinco pratas".

E o John: "É o que disse a puta. Você é um profissional".

E eu estava orgulhoso pra caramba. Tinha trazido um pedaço de torta reservado especialmente para Hazel Ash, e o depositei sobre o túmulo dela. Então eu e John entramos no mausoléu, e ele cantou suas canções dos elefantes a noite toda. Às vezes soltava peidos espantosos, que ele chamava de "El Destructos", e éramos obrigados a evacuar o mausoléu.

Então os irrigadores automáticos começaram a funcionar no meio da noite, e corremos completamente nus em círculos sob os jatos d'água. E eu estava tão feliz que meu couro cabeludo chegava a doer.

John percebeu e disse: "Sabe, você está se envolvendo com isso, não está?".

Perguntei: "Com isso o quê?".

E ele: "Morar num cemitério".

Dei risada, mas não estava me envolvendo com aquilo. Estava me envolvendo com o fato de estar com alguém que transformava cada momento de sua vida em arte.

Então, alguns dias depois, eu estava voltando do trabalho para casa, subindo o gramado do cemitério, e vi que a porta do nosso mausoléu tinha um cadeado novinho em folha.

Dei meia-volta na mesma hora e saí correndo.

Fui até a casa de Irene e ela me disse: "Então agora você tem mesmo que voltar para casa".

Eu disse: "Não posso ir para casa antes de encontrar o John".

Então eu fui todos os dias à procura de John. Passaram-se umas duas semanas até que, num domingo de manhã, alguém veio nos dizer que ele estava na capela da Mayflower Avenue cantando canções sobre a vida no zoológico em plena missa.

Corri o mais rápido que pude, e quando cheguei estavam enfiando John numa viatura policial e levando-o para um hospício (de onde acho que ele nunca saiu, até onde eu sei).

Mas ao entrar no carro ele me viu.

Tocou o chapéu com os dedos e disse: "Sr. Glow. Tenho que ir".

E eu também. Eu tinha que ir para casa.

GEORGE DAWES GREEN, fundador do The Moth, é escritor de fama internacional, cujos aclamados romances incluem *The Caveman's Valentine*, *A jurada* e *Corvos*.

Esta história foi contada em 24 de julho de 2014 no Green-Wood Cemetery no Brooklyn, Nova York. O tema da noite era Algo é Eterno. Diretora: Catherine Burns.

Os vizinhos de baixo

Shannon Cason

Estávamos descendo a escada quando eles chegaram. Uma nova família se mudava para o prédio de três apartamentos onde morávamos, em Chicago. Estavam se mudando para o apartamento com jardim, no térreo, que é muito pequeno para uma família.

Parei, conversei com o marido. Minha mulher falou com a esposa. E nossas filhas de dois anos apresentaram-se uma à outra na varanda. Eles tinham uma filha de dois anos, nós também.

Eu e o outro pai sorrimos olhando para nossas menininhas. As crianças se apresentam por meio do que têm: "Esta é a minha boneca", "Este é o meu ursinho".

O pai disse que estavam vindo do abrigo ali da rua e estavam felizes de ter um lugar para chamar de lar.

Eu lhe disse: "Sei como é, amigo. Se precisar de alguma coisa, é só subir e bater na nossa porta. Qualquer coisa".

Saímos do prédio e eles entraram em seu apartamento.

Logo no dia seguinte, ouço uma batida na porta. O pai pedia dinheiro para a passagem de trem até o centro.

Eu lhe disse: "Sem problemas. Estou saindo para o trabalho no centro. Podemos caminhar juntos. Eu passo meu cartão de transporte para você".

Saímos andando pela calçada, percorrendo a longa fileira de predinhos de três andares como o nosso. Há um grande prédio de apartamentos do outro lado da rua. A vizinhança nesse arrabalde de Chicago é diversificada de verdade. Tem asiáticos, africanos, europeus, americanos, de tudo.

Você pode tomar café no Starbucks num prédio e comprar uma garrafa de conhaque Henny em outro. Tem comida mexicana, comida tailandesa, um restaurante etíope, mas você também pode comprar um pacote de Cheetos picante, tudo isso no caminho para a estação de trem. Moramos na área do Starbucks.

Passamos pela grande igreja com um abrigo no subsolo, chegamos ao mercadinho da esquina. Uns sujeitos estão à toa ali no mercadinho. Já houve tiros na esquina.

Eu ignoro os sujeitos na esquina. Eles vendem drogas ali. Há gangues em Chicago, caso vocês não saibam. Venho de Detroit, portanto não sou nenhum ingênuo, mas sei que, se você não é de uma certa área, é melhor se limitar a manter os olhos abertos e passar despercebido. Eles me ignoram, não tenho nada a ver com o que fazem ou deixam de fazer. Não é problema meu.

De modo que fico um pouco preocupado ao ver que meu novo vizinho conhece muito bem todos os caras da esquina. Mas conversamos no trem, damos risadas. É um bom sujeito. O nome dele é Jessie.

Outra noite, outra batida na porta. Dessa vez é a mãe do andar de baixo. Passa da meia-noite. Minha mulher trabalha até tarde, não está em casa. A mãe está pedindo vinte dólares emprestados para as fraldas da filhinha.

Primeiro, passa da meia-noite. A criança deveria estar dormindo. O mercadinho está fechado. Além disso, ela esqueceu que temos uma criança também? Então eu lhe dou um par de fraldas para garantir a noite, ela parece desapontada, o que me deixa desconfiado.

Numa outra noite, minha mulher também não está em casa. Batidas na porta e a mãe simplesmente estende a filha para mim. Ela está em pânico, agitada, e diz que tem que resolver uma emergência na cidade.

Estou segurando a filha, e ela nem espera por uma resposta. Simplesmente sai. Olho pela janela e a vejo entrar no carro com um sujeito que não é Jessie.

Eu sabia que tinha a ver com drogas. Vou ser franco com vocês. Eu sabia que era crack. Sabem como é, ninguém fica acordado até tão tarde da noite, a não ser por causa de drogas, ou à procura de drogas.

O fato é que sou sentimental diante de gente com vícios, porque eu mesmo tenho alguns. Não em drogas, mas não posso dizer que nunca frequentei salões comunitários e subsolos de igrejas.

No dia seguinte minha mulher preparou o café da manhã para nós e as meninas brincaram na sala de estar. Minha filha, Zoe, levou todos os seus brinquedos para a sala. (Vocês sabem, crianças gostam de se exibir.)

Eu disse: "Zoe, que brinquedo você vai dar de presente para a Ashley?".

Zoe me lançou aquele olhar que diz: *Como é que é?*

Mas Zoe é generosa. Deu a ela uma boneca melhor do que eu esperava. Era uma bonequinha de pelúcia com boné e tranças.

Minha mulher ligou para a mãe de Ashley e disse que ficaríamos com ela por mais um dia, e naquela noite as colocamos sob as cobertas de Dora a Aventureira, bem embrulhadinhas.

Um dia, eu estou voltando do trabalho para casa e, ao passar pela esquina, vejo que não tem ninguém ali. É até bacana, parece um bairro normal. Passo pela igreja com o abrigo, pelo grande prédio de apartamentos do outro lado da rua.

Chego em casa e todos os caras da esquina estão sentados na varanda do térreo, fumando com Jessie.

Fiquei imóvel por um segundo.

Agora não posso mais ignorar.

O fato é que cresci num bairro mais barra-pesada do que esse arrabalde de Chicago. Sabem, esse é um bairro bem bacana para mim. Trabalho duro para que a minha família possa ter uma experiência diferente da que eu tive em meio a drogas e violência. Quero o melhor para minha família.

Na esquina, eles estão a uma distância em que posso ignorá-los, mas na minha varanda não dá. Mas não digo nada. Simplesmente entro na minha casa.

Eles estavam fumando no apartamento do jardim, e o cheiro entrava no nosso, e minha mulher não é tão paciente como eu. Ela não gosta nem um pouco da brincadeira.

Ela desceu ao térreo e bateu na porta como faz a polícia e disse: "Vocês vão parar agora mesmo de fumar aqui. Minha filha está tossindo".

Então eles simplesmente saíram para a varanda. Desci ao térreo para falar com Jessie.

Cheguei e disse: "Quantas pessoas estão morando aqui com vocês agora?". Ele respondeu que eram só eles mesmos, mas que os sujeitos da esquina entravam e saíam. Era difícil se livrar deles. São como baratas.

Eu disse: "Cara, vou te dizer, vocês vão ter encrenca, por causa da minha mulher – ela detesta baratas".

Cindy tinha visto um dos sujeitos da esquina vendendo drogas na frente do nosso prédio. E ela gritou da janela: "Se eu te pegar fazendo isso de novo eu chamo a polícia!".

Ela me contou isso quando cheguei em casa. Eu disse: "Meu bem, você não pode sair gritando da janela para um bando de traficantes e membros de gangue, dizendo que vai chamar a polícia. Se eles forem pegos, contra quem vão se voltar? Você é mais esperta que isso".

Mas ela ficou muito frustrada.

Cindy viu alguns sujeitos vendendo drogas de novo e me disse que ia chamar a polícia.

Eu a impedi.

A gente não chama a polícia. Tenho isso gravado na cabeça. Cresci em Detroit na era do crack, os anos 1980. A gente não chama a polícia.

Primeiro, porque ninguém acredita que a polícia vá fazer algo para resolver a situação. Além disso as pessoas que você está entregando sempre podem retaliar.

Dedo-duro fica sem dedo.

Mas fico pensando naquela menininha, e todos aqueles homens entrando e saindo daquele apartamento minúsculo – o olhar pasmado dela quando a vejo, e o modo como, depois de ficar um tempo com a gente, não quis voltar para casa. Tenho que reagir contra essa maneira estúpida de pensar. Simplesmente não posso ignorar o que vejo.

Outra noite, outra batida na porta. Minha mulher não está em casa. Estou um pouco contrariado agora. Penso que é a mãe ou o pai do andar de baixo, e abro a porta furioso, mas é a polícia.

Posso vê-los todos nesse pequeno vestíbulo, com seus coletes à prova de balas e seus distintivos, e eles me mandam voltar para dentro e trancar a porta. Um dos policiais tem nas mãos um aríete. Volto para dentro.

Ouço-os derrubar a porta: BUM! É possível escutar tumulto e brigas corpo a corpo no andar de baixo. Os policiais estão gritando e xingando. Entro para ver se está tudo bem com a minha filha, e ela está dormindo. Não tem ideia do que está acontecendo.

Posso ouvir os sujeitos da esquina gritando com a polícia, e em seguida tudo fica em silêncio. Olho pela janela e vejo que a polícia está tirando todo mundo do porão e enfiando num camburão, todos os caras da esquina, e depois a família, Jessie, a mulher dele e a filhinha.

Um dos policiais está com Ashley nos braços. Ela está de pijama cor-de-rosa, contrastando com o azul e preto do uniforme dele, e tem nas mãos a bonequinha que Zoe lhe deu.

Quero ir lá fora e dizer ao policial: "Ei, posso ficar com ela enquanto as coisas se resolvem".

Mas não quero sair para que os policiais não pensem que faço parte de toda a confusão.

Parecemos todos iguais para a polícia.

Minha mulher não está em casa. Numa dessas eu saio, sou preso e minha filha vai parar nos braços de algum policial. Penso que o melhor a fazer é ficar onde estou. Não é problema meu.

Na semana seguinte a esquina está vazia. Nenhuma fumaça em nosso apartamento, ninguém na nossa varanda. Mais ou menos uma semana mais tarde, os mesmos caras na esquina. Não me dizem nada. Eles me ignoram e eu os ignoro. Vivemos em dois mundos diferentes. Mas eu não sei se isso é mesmo verdade.

Chego ao meu apartamento, e ouço o senhorio no andar de baixo. Desço para conversar com ele e ver se ele vai dar um desconto em meu aluguel por todo o transtorno que sofremos. E fico surpreso ao ver a família, Jessie, sua mulher e Ashley. Nossas filhas brincam na varanda enquanto eu e Jessie conversamos.

Jessie diz: "Você não precisava ter chamado a polícia". Eu respondo que não chamei.

E não chamei mesmo. Não chamo a polícia. Não quero ajudar a colocar mais homens negros na prisão.

Olhei para ele e disse: "Mas eu devia ter feito alguma coisa, porque vocês precisam de ajuda". E ele concorda com a cabeça.

Ele diz que terão que ir embora. Tinham passado quase um ano sem pagar o aluguel.

Perguntei o que ele iria fazer. Ele não sabia. Perguntou se podíamos ficar com Ashley até que ele conseguisse se reequilibrar.

Eu queria dizer sim, mas estamos batalhando para sobreviver. Simplesmente não podemos cuidar da menininha deles. Não é assim que funciona.

Olhamos para nossas filhas brincando na varanda. E eu o olhei nos olhos e disse: "Cuide bem dessa menininha. E se precisar de alguma coisa, dê uma ligada. Qualquer coisa".

SHANNON CASON é escritor e contador de histórias. É campeão do GrandSLAM, contador de histórias do MainStage e mestre de cerimônias do The Moth. Shannon também tem seu próprio *podcast* de narração de histórias na rádio WBEZ Chicago, chamado *Homemade Stories*, onde compartilha histórias interessantes de sua vida e também um pouco de sua ficção. É casado, pai de duas lindas meninas e mora em Detroit. Para saber mais sobre seus próximos projetos, visite o site shannoncason.com.

Esta história foi contada em 6 de maio de 2016 no OZ Arts, em Nashville. O tema da noite era Peixe Fora d'Água. Diretora: Meg Bowles.

Clandestina na Coreia do Norte com seus futuros líderes

Suki Kim

Eu estava fazendo minha mala quando bateram à porta. Eu sabia quem era, portanto ignorei e continuei fazendo a mala. Mas continuaram batendo, até que acabei cedendo e abri a porta. Era uma das cristãs evangélicas com quem eu vinha trabalhando nos últimos seis meses.
Ela disse: "Ele está morto".
Por um momento fiquei confusa. Pensei que ela estivesse falando de Deus.
Era época de Natal, e tinha acontecido uma série de encontros de estudos da Bíblia nos últimos tempos, e era por isso que eu não queria abrir a porta. Era cansativo fazer de conta que eu era um deles, meses a fio. E aquele era meu último dia dando aula. Eu só queria dar o fora dali.
Então ela apontou para o teto e, agora sussurrando, disse: "*Ele* morreu".
Aí entendi que se referia ao outro deus daquele mundo, Kim Jong-il, o então Grande Líder da Coreia do Norte.
O lugar, portanto, era Pyongyang. O momento era dezembro de 2011. Eu vinha dando aulas numa universidade só para estudantes do sexo masculino em Pyongyang, fundada e dirigida por um grupo de cristãos evangélicos de vários lugares do mundo.
Ora, a religião não é permitida na Coreia do Norte, e o proselitismo é um crime punido com a pena capital. No entanto, aquele grupo de cristãos evangélicos tinha feito um

acordo – informal – com o regime norte-coreano para custear a educação dos filhos da elite em troca de acesso.

Prometeram não fazer proselitismo, mas estavam colocando um pé num país de vinte e cinco milhões de seguidores devotos do Grande Líder. Se este caísse, eles precisariam de outro deus para substituí-lo.

Para poder entrar ali, tive que me passar por um deles. Mas só consegui me safar porque os *verdadeiros* missionários faziam de conta que *não* eram missionários.

Por que eu cheguei a esse extremo para estar ali? É impossível escrever sobre a Coreia do Norte com alguma profundidade ou significado a menos que você esteja inserido lá. Uma imersão completa era o único caminho. Eu visitava a Coreia do Norte desde 2002, voltando lá repetidas vezes, mas tudo o que eu tinha conseguido obter era propaganda. Se eu fosse escrever tudo o que eles me mostravam, seria uma mera propagandista do regime.

A única alternativa para acessar a realidade da Coreia do Norte são os dissidentes que fogem do país. Eles contam suas histórias a jornalistas, muitas vezes depois de anos. E não gosto de dizer isso, mas viajei por todas as regiões vizinhas e conversei com muitos dissidentes, e sempre foi difícil discernir o que daquelas histórias era verdadeiro. Porque, quanto pior a história, maior é a recompensa para quem a conta, e a comprovação é praticamente impossível.

Mas também se tratava de uma questão pessoal. Eu nasci e cresci na Coreia do Sul, numa família despedaçada pela Guerra da Coreia. Em 1950, quando a Coreia do Norte bombardeou a Coreia do Sul, minha avó morava em Seul e decidiu fugir com seus cinco filhos, incluindo minha mãe (que estava então com quatro anos).

Todos os trens que partiam para o sul estavam superlotados, então a família arranjou lugares na carroceria de um caminhão.

Quando o caminhão estava a ponto de partir, alguém gritou: "Homens jovens devem ceder seus lugares a mulheres e crianças!".

O filho mais velho de minha avó, meu tio (que tinha dezessete anos), se levantou e disse: "Vou pegar uma carona, encontro vocês na próxima cidade".

Ele nunca chegou.

Mais tarde, os vizinhos relataram que o viram com as mãos amarradas, sendo levado à força por soldados norte-coreanos.

Em 1953, depois que milhões de coreanos morreram e famílias se despedaçaram, foi assinado um armistício e a Guerra da Coreia teve fim. Ao longo do paralelo 38, uma divisão artificial criada originalmente pelos Estados Unidos com ajuda dos Aliados, o reino da Coreia, de cinco mil anos de idade, foi dividido ao meio.

Daquele momento em diante, a exemplo de milhões de mães de ambos os lados, minha avó ficou esperando que seu filho viesse para casa.

Mais de sessenta anos depois, aquela fronteira – que os coreanos julgavam temporária – continua lá. Embora eu tenha me mudado para os Estados Unidos quando tinha treze anos, essa história familiar me perseguia. Mais tarde, como escritora, eu me tornei obcecada pela Coreia do Norte e pelo desejo de descobrir a verdade sobre o que estava acontecendo por lá.

Então me disfarcei de professora e missionária.

Quando cheguei lá, em 2011, estavam se preparando para o centenário. O calendário norte-coreano começa no nascimento do Grande Líder original. Para celebrar a data, o regime tinha fechado todas as universidades e colocado os estudantes universitários para trabalhar em canteiros de obras, para supostamente construir monumentos em homenagem ao Grande Líder.

Na verdade, o então Grande Líder estava morrendo, e seu jovem filho estava prestes a assumir seu lugar. Eles espalharam todos os jovens para prevenir uma possível revolta. Fora do país, acontecia a Primavera Árabe, e eles não queriam uma Primavera Norte-Coreana.

Os únicos que não foram enviados a canteiros de obras foram meus alunos da elite. Mas o campus era uma prisão cinco estrelas. Os estudantes nunca tinham permissão para sair. Os professores só eram autorizados a sair em grupos acompanhados de guardas para visitar monumentos ao Grande Líder. Todas as conversas eram ouvidas, todos os ambientes estavam grampeados. Todas as aulas eram gravadas, todos os planos de aula tinham que ser pré-aprovados.

Eu fazia todas as refeições junto com os estudantes, e eles nunca saíam do script. Iam a toda parte no campus em duplas e grupos, e vigiavam-se mutuamente.

Com o objetivo de conhecê-los melhor, determinei que escrevessem uma redação pessoal. Embora muitos alunos fossem da área da computação, não sabiam da existência da internet. Embora muitos fossem da área da ciência, não sabiam quando o homem tinha pisado pela primeira vez na Lua.

O vácuo de conhecimento sobre qualquer coisa que não fosse seu Grande Líder era chocante, mas eu estava submetida a um conjunto rígido de normas que me impediam de dizer a eles qualquer coisa sobre o mundo exterior.

Uma noite, no jantar, um aluno disse que tinha ouvido *rock and roll* em seu aniversário (geralmente todos diziam que só escutavam canções sobre o Grande Líder). Quando falei isso, ele olhou em volta para verificar se alguém poderia ter ouvido, e ficou paralisado. E o temor que eu vi em seu rosto era tão palpável que tive a imediata consciência de que, qualquer que fosse a punição resultante daquele seu escorregão, seria algo além da minha imaginação, então mudei de assunto.

O que me perturbava mesmo era que eu vinha esperando um escorregão como aquele para compreender melhor o mundo deles. Mas, quando o escorregão aconteceu, fiquei tão nervosa e preocupada pelo rapaz que comecei a questionar o que eu estava fazendo lá.

Então comecei a notar algo estranho em meus alunos. Eles mentiam com muita frequência e com muita facilidade. Suas mentiras vinham em diferentes camadas. Às vezes eles mentiam para proteger seu sistema. Havia um edifício no campus chamado Pavilhão de Estudos de Kim Il-sung-ismo, aonde eles estudavam Grande Líder-ismo todos os dias, e tinham que vigiar aquele edifício vinte e quatro horas por dia, sete dias por semana. Assim, eu os via vigiar o prédio a noite toda, mas se eu lhes perguntasse: "Como foi sua noite?", respondiam que tinham dormido bem e se sentiam realmente descansados.

Às vezes se limitavam a regurgitar mentiras que tinham contado para eles. Por exemplo, diziam que os cientistas de seu país eram capazes de converter sangue do tipo A em tipo B e vice-versa.

Às vezes mentiam sem motivo aparente, como se a linha divisória entre a verdade e a mentira não estivesse clara para eles. Diziam que deveriam ter enganado melhor do que enganaram, ou diziam que um trapaceiro em seu país é recompensado se souber trapacear direito.

No começo eu sentia irritação e repulsa diante daquelas mentiras deslavadas, mas após meses com eles naquele complexo fechado comecei a compreender o aperto em que estavam, e passei a sentir empatia. Era tão fácil amá-los, mas impossível confiar neles. Eram sinceros, mas mentiam.

Se tudo o que eles conheciam eram mentiras, como esperar que fossem de outro jeito? Era como se a grandiosa humanidade deles estivesse em constante conflito com a desumanidade de seu sistema.

Mas lá estava *eu*, simulando ser algo que *não era* para chegar à verdade do lugar. Naquele mundo, as mentiras eram necessárias à sobrevivência.

Até que um dia um aluno me perguntou sobre a assembleia nacional. Eu não tinha como explicar o Congresso sem trazer à discussão a democracia e o mundo exterior. E eu estava temerosa de que outros estudantes à mesa estivessem observando aquela conversa, por isso respondi do modo mais honesto e vago que consegui.

Naquela noite demorei para dormir. Estava com medo de que o estudante estivesse tentando me provocar para que eu dissesse alguma coisa e ele pudesse me denunciar.

Eu estava, na verdade, escrevendo um livro em segredo. Tinha páginas e páginas escondidas em *pen drives* que eu mantinha junto ao corpo o tempo todo. Eu pensava: *Se descobrirem esses* pen drives, *será que vou desaparecer do mesmo modo que meu tio, e será que a minha mãe vai repetir a vida da minha avó?*

Estar na Coreia do Norte, se você olha por baixo da superfície da propaganda, é deprimente a ponto de gelar os ossos. Naquela noite eu me senti mais solitária e mais amedrontada do que nunca.

Mas no dia seguinte topei com um amigo daquele estudante e ele disse: "Ele pensa como você". Então me dei conta de que o estudante não estava fazendo relatórios a meu respeito. O estudante estava *genuinamente* curioso.

Ora, isso era ainda pior. Agora eu estava com medo das consequências daquela curiosidade que eu talvez tivesse despertado. Meu papel ali era plantar a semente da dúvida, mas nesse caso o que aconteceria ao estudante que eu talvez tivesse influenciado? Ele seria punido por questionar o regime? Ou seria condenado a uma vida de infelicidade? Eu já não estava segura de que a nossa verdade, a verdade do mundo exterior, pudesse de fato ajudá-lo.

Eu adorava meus alunos. Chamava-os de meus "cavalheiros", e eles se abriam para mim pouco a pouco por meio das redações que eu os encarregava de fazer. Em todas essas redações eles falavam da falta que sentiam das mães e das namoradas, e também que estavam fartos da mesmice de tudo.

Como suas vidas giram exclusivamente em torno do Grande Líder, a única trégua que eles tinham era a prática de esportes coletivos. Algumas noites eu os via jogar futebol e basquete, e ficava maravilhada com sua beleza, com a exuberante energia, alegria e graça de sua juventude. Queria lhes falar sobre este mundo incrível daqui de fora, repleto das possibilidades infinitas que eles tanto mereciam.

Mas tudo o que eu podia fazer era observar que, enquanto seus corpos saltavam, sua mente permanecia estagnada naquele vácuo atemporal do Grande Líder.

No meu último dia, a morte de Kim Jong-il foi anunciada ao mundo. Tudo chegou a um fim repentino, e vi de longe meus alunos serem arrastados para uma cerimônia especial.

Os rostos se voltaram para mim, mas os olhos não me viam. Era como se aquelas almas tivessem sido sugadas. Tinham acabado de perder seu deus, seu pai, e a razão de tudo no mundo.

Nunca cheguei a me despedir deles.

O horror da Coreia do Norte vai além da fome e dos *gulags*. Para sobreviver ali, seres humanos reais devem não apenas acreditar nas mentiras do Grande Líder, mas também perpetuá-las, o que é uma tortura mental. É um mundo em que todos os cidadãos são cúmplices da supressão de sua própria humanidade.

Perto do final da minha estada, um estudante me disse: "Nossas circunstâncias são diferentes, mas sempre pensamos na senhora como igual a nós. Queremos que saiba que pensamos realmente em você como uma igual".

Mas somos mesmo iguais? Talvez sejamos até certo ponto, mas houve até agora três gerações do Grande Líder, e durante setenta anos o mundo só ficou sentado assistindo. Para mim esse silêncio é indefensável.

As mentiras estão tão arraigadas porque o núcleo está apodrecido, e essa podridão é irrevogável. O que aconteceria a meus alunos, meus jovens cavalheiros, quando se tornassem os soldados e escravos de seu Grande Líder, Kim Jong-un? Se meu tio tivesse conseguido sobreviver, seria o mesmo rapaz que saltou daquele caminhão?

SUKI KIM é romancista e jornalista investigativa, e a única escritora a ter vivido clandestinamente na Coreia do Norte. Nascida e criada na Coreia do Sul, Kim é autora do livro investigativo de não ficção *Without You, There Is No Us: Undercover Among the Sons of North Korea's Elite*, que entrou na lista de mais vendidos do *New York Times*, e viajou à Coreia do Norte a partir de 2002, testemunhando os eventos entre a celebração do sexagésimo aniversário de Kim-Jong-il e sua morte em 2011. Seu primeiro romance, *The Interpreter*, foi finalista do prêmio PEN Hemingway, e seus textos de não ficção já apareceram no *New York Times*, na *Harper's*, na *New York Review of Books* e na *New Republic*, onde ela é editora contribuinte. Ganhadora de bolsas das fundações Guggenheim, Fulbright e Open Society, ela se apresentou nos programas da CNN *Fareed Zakaria's GPS* e *The Christiane Amanpour Show*, e em *The Daily Show with Jon Stewart*, do canal Comedy Central. Sua conferência no TED (*Technology, Entertainment, Design*) 2015, aplaudida de pé por uma plateia que incluía Bill Gates e Al Gore, já foi vista por milhões de pessoas na internet.

Esta história foi contada em 6 de setembro de 2015 na Sydney Opera House, em Sydney, Austrália. O tema da noite era O Fio da Navalha: The Moth no Festival de Ideias Perigosas. Diretora: Catherine Burns.

Os sapatos de meu avô

Christian Garland

É bom que vocês saibam logo de início, sou cria de pregador. Cresci numa igreja. Juro que só faltei ao culto uns dois domingos nos meus dezesseis anos de vida.

Meu avô era pastor. E era meu melhor amigo. Era a pessoa com quem eu podia falar sobre todos os assuntos imagináveis.

Estou com dezesseis anos agora, mas com dez eu queria ser o garoto que tinha tudo o que os outros tinham. Eu era o amigo que, se você tivesse o novo videogame, eu teria *aquele* videogame e mais um outro... que estava para ser lançado... que você nem sabia que existia.

Então um dia topei com um amigo na rua. Estava com um tênis incrível.

E eu: "Uau, cara, eu tenho um desses também! Não é nada demais... Eu também tenho".

Ele: "Ah tá... então prova!".

Eu não tinha o tal do tênis.

Acontece que o meu avô era pastor, então ele levava para casa o dinheiro da bandeja de ofertas. E eu sabia onde ele guardava.

Então subi ao andar de cima e peguei o dinheiro. Isso mesmo. Eram uns duzentos dólares. E corri até a Third Avenue, no Bronx, comprei o tênis e voltei para casa.

Quando entro, meu avô está explodindo. Ele deu pela falta do dinheiro.

Estava gritando com meu tio: "Por que você roubou meu dinheiro?!".

E meu tio: "Eu não toquei no seu dinheiro. Não sei do que está falando".

Sou obrigado a dizer para vocês que eu tinha voltado para casa falando merda o tempo todo. Estava com meu primo e falei: "É isso aí, quando meu avô me perguntar como consegui o tênis... eu vou mentir. Vou dizer que consegui com você".

E ele: "Não vai dar certo".

Então, lá estou eu entrando em casa, e meu avô explodindo... e eu congelo. Penso: *Putz... ele está furioso*.

Aí ele disse: "Christian! Venha já aqui!".

E eu: "Ãhn?".

Ele: "Onde você conseguiu esse tênis?".

E eu: "É uma história engraçada... ãhn... eu fui até a sua pasta e peguei o dinheiro... é, foi isso...".

Ele perguntou: "Quanto dinheiro você pegou?".

Respondi: "Uns duzentos dólares".

"O QUÊ?!"

"Uns duzentos dólares."

"Rapaz, você está *louco*?! Rapaz!"

E então ele disse umas palavras muito duras. "Nunca vou poder confiar em você de novo, mas um dia você vai me devolver o dinheiro que roubou. Não sei como, não sei quando. Mas você vai me devolver."

Eu chorei. Fiquei arrasado.

Corta para uns dois anos mais tarde. Eu era baterista. Tocava bateria no rádio para Al Sharpton.* E ele me pagava bem. E já aconteceu com vocês de estar pensando em alguma coisa e de repente a cabeça tem um estalo? [*bate palmas com estrondo*]

---

* Alfred Charles "Al" Sharpton, Jr.: ministro batista negro norte-americano, ativista dos direitos civis e radialista.

Foi o que aconteceu quando pensei: *Estou lembrando do avô dizendo que eu devolveria o dinheiro para ele.*

Então eu fiquei duas semanas direto sem McDonald's.

E com isso, mais o dinheiro que eu ganhava tocando bateria, consegui o dinheiro que eu tinha que devolver. Enfiei as notas num envelope e levei meu avô para jantar no lugar favorito dele: Crown Donut, na Rua 161.

No começo ele ficou desconfiado daquela coisa de estar saindo comigo.

Perguntou: "Você engravidou alguém?".

Eu tinha só treze anos, nem sabia do que ele estava falando.

"Não, *claro que não*! Não seja *absurdo*."

Então comemos nosso jantar, e eu estava de casaco – fazia frio, era início de novembro. Aí eu tirei o dinheiro do bolso lateral do casaco e coloquei em cima da mesa.

Falei: "Está tudo aí".

Ele olhou e perguntou: "O que é isso?".

Respondi: "Você disse que não sabia como, mas que eu te devolveria o dinheiro. E estou devolvendo".

E começamos a chorar e nos abraçamos.

Ele disse: "Ah, eu te amo".

"Também te amo, vô."

Fiquei feliz por ter tido a chance de cumprir o que meu avô disse, reembolsá-lo e conquistar de volta sua confiança, porque ele disse: "Sabe de uma coisa? Você me surpreendeu. Estou orgulhoso de você. Confio em você de novo".

E essa foi a última coisa que ele me disse, porque duas semanas depois ele morreu.

Descobri que ele nem chegou a gastar o dinheiro.

E fiquei bravo com minha avó, porque eu sabia que ela tinha ficado com o dinheiro. Eu não sabia o que ela tinha feito com ele.

Então se passaram alguns dias; tomamos as providências para o funeral, e eu ainda não sabia aonde tinha ido parar o dinheiro.

Mas quando eu estava indo ver o corpo do avô, minha avó me parou e disse: "Chris?".

E eu: "Diga".

Ela disse: "Está vendo esse terno e esses sapatos que ele está vestindo?".

"Sim, senhora."

Ela disse: "Foi o teu dinheiro que pagou por eles".

E a expressão do meu rosto era de: O QUÊ?!

Eu estava muito orgulhoso porque, primeiro, tinha conquistado de volta a confiança do meu avô e, segundo, ele estava o máximo com o terno e os sapatos que *eu* tinha comprado para ele.

CHRISTIAN GARLAND participou do Moth High School StorySLAM na DreamYard Preparatory School no Bronx e contou sua história na inauguração do New York City High School GrandSLAM. No momento, está concluindo o ensino médio e compondo e tocando música. Sonha ser produtor musical um dia.

Esta história foi contada em 16 de dezembro de 2013 no High School GrandSLAM no Housing Works Bookstore Cafe, em Nova York. O tema da noite era Face a Face. Diretoras: Micaela Blei e Catherine McCarthy.

Um salto adiante

Cybele Abbett

Uma noite, uns cinco anos atrás, minha filha mais nova veio falar comigo na cozinha. Foi logo depois de seu primeiro ano de colégio.

Disse: "Mãe, preciso falar com você em particular".

Ela era meu terceiro filho adolescente. De modo que fiquei preocupada. Eu sabia o que significava uma conversa em particular, e geralmente significava que eu teria que cuidar de algum problema, ou de alguma coisa ligeiramente ilegal que eles tivessem feito.

Portanto, eu estava um pouco apreensiva, mas disse: "Tudo bem".

Fomos para o meu quarto e minha filha se sentou numa pequena cadeira revestida de brocado verde e eu me sentei na beirada da cama.

Ela virou para mim e disse: "Sabe, mãe, acho que eu sou gay".

E eu fiquei um bocado aliviada.

Pensei: *Oh, isso é ótimo, sabia? Maravilha!* Porque eu vinha meio que me perguntando qual o caminho que ela, a mais jovem dos meus filhos, tomaria na vida. E fiquei realmente contente ao ver que ela havia descoberto alguma coisa sobre si mesma.

Tentei não ficar muito empolgada, porque não queria que ela se assustasse pensando que eu sabia algo de que talvez ela própria não tivesse certeza. Então conversamos por um tempo e depois fomos cuidar cada uma de sua vida.

Às vezes posso ser o tipo de "mãe helicóptero", então na semana seguinte liguei para alguns amigos gays para perguntar como foi para eles sair do armário, e como eu podia apoiar melhor minha filha ao longo desse processo.

Mais ou menos uma semana depois, eu estava sentada na varanda. Noite quente de verão, bebericando uma taça de vinho. E minha filha veio e se sentou na caderia ao meu lado.

Virei para ela e disse: "Ei, sabe de uma coisa, falei com meus amigos, talvez você queira conversar com alguém sobre o assunto. Talvez tenha perguntas que eu não seja capaz de responder".

E ela virou para mim e disse: "Sabe, mãe, não é uma questão de ser gay. É uma questão de ser transexual".

Eu na verdade achei que ela estivesse confusa. *Eu* estava confusa e não sabia muito bem como reagir ou o que fazer naquele momento. Então deixei passar uma semana ou duas, pois pensei: *Vamos ver o que fica dessa história quando a poeira baixar.*

Mas era muito evidente que era aquilo mesmo que estava acontecendo.

Assim, comecei a pesquisar um pouco mais, porque me dei conta de que àquela altura da vida, por mais liberal que eu fosse, não tinha um entendimento realmente claro das diferenças dentro da comunidade LGBTQ.

Conforme fazia minha pesquisa, fui ficando bem assustada e bem preocupada com minha filha. Percebi que havia uma grande diferença entre ser gay e ser transexual. Uma coisa dizia respeito a quem minha filha iria amar e com quem construiria sua vida; a outra dizia respeito a quem minha filha *era* neste mundo.

Eu tinha passado por uma série de coisas com aquela minha caçula, e não estava segura de poder enfrentar a barra.

Mas pouco a pouco fomos avançando. De repente, havia médicos e psiquiatras dentro da nossa vida, e eram esses adultos que estavam me dizendo o que fazer para que minha filha fosse saudável.

Aquilo era muito difícil, porque eu sempre tinha sido a mãe que conhecia o filho. Eu conhecia meus filhos. Eu era a responsável. Tinha sido eu que os conduzira e os ajudara a tomar seus rumos. De repente, essas outras pessoas estavam me dizendo o que eu precisava fazer, então me senti perdida.

Por muito tempo – quinze anos, àquela altura –, sempre que as pessoas me perguntavam: "Quantos filhos você tem?", eu respondia: "Bem, sou mãe de duas filhas e um filho". Essa era, em grande parte, minha identidade como mãe.

Comecei a procurar amigos e parentes e até mesmo alguns conhecidos, e a contar a eles o que estava passando.

Eles sempre diziam: "Uau, isso realmente é um caso sério".

E eu dizia: "É, é um caso muito sério".

Eles perguntavam: "Como você se sente a respeito?".

E eu respondia: "Sinto como se estivesse perdendo minha filha". E era isso mesmo que eu sentia com frequência. Ela estava mudando diante dos meus olhos e eu nem sempre sabia como lidar com aquilo.

Até que um dia eu estava saindo da Associação Cristã de Moços e uma amiga veio falar comigo. Nós nos conhecíamos havia uns doze anos. Fazia uns dois meses que eu não a via.

Mas tínhamos nos conhecido quando nossas filhas caçulas estavam juntas na pré-escola. Elas tinham se tornado amigas, e nós, mães, também. E, num acidente absolutamente trágico, sua filha tinha morrido cerca de um ano depois de nos conhecermos.

Aquela mulher linda e adorável tinha conseguido seguir em frente. E assim, doze anos depois, lá estávamos nós no saguão da ACM contando as novidades sobre nossas famílias e nossos trabalhos. Tínhamos empregos semelhantes com atividades sem fins lucrativos, e compartilhei com ela o que estava acontecendo na minha família.

Aquela pessoa amável e gentil, de grandes olhos, disse: "Uau, Cybele, isso é formidável".

E eu concordei: "É, eu sei".

Olhei nos olhos da minha amiga e me dei conta do quanto eu estava sendo egoísta.

Pois minha filha tinha sido capaz de chegar para mim e dizer: "Mãe, acho que sou gay", e uma semana depois: "Não, na verdade eu sou transexual".

Estávamos passando por um espantoso processo de transição. E eu precisava fazer parte dele. Estávamos atravessando aquilo com uma grande quantidade de amor e cuidado.

Olhei nos olhos da minha amiga, que tinha perdido a filha, e me dei conta de que eu não tinha perdido a minha de verdade.

Eu perdera um gênero. Um título. Era simples assim.

E digo que é simples, mas nem sempre foi tão simples. Ser mãe de um menor de idade que está passando por uma transição significa que você é parte de cada mínimo passo do processo, e você assina papéis e autoriza seu filho a mudar de nome e mudar legalmente de gênero. E a submeter-se a procedimentos médicos e coisas do tipo.

E ao longo desses processos eu avançava com meu filho, mas sempre tinha que dar um passo atrás a cada passo adiante – um passo atrás emocional. Tinha que reavaliar como estava me sentindo. E só aí podia avançar mais um pouco de novo.

Uns três anos depois de iniciada a transição do meu filho, ele chegou para mim e disse: "Sabe, mãe, o próximo passo é a grande cirurgia".

Aquilo me fez dar um grande salto para trás, porque eu amava o corpo do meu filho. E não conseguia conceber que alguém o transformasse.

Marquei uma consulta com o psiquiatra e tentei convencê-lo de que a geração do meu filho é fluida sexualmente, e que ele encontraria uma mulher que o amasse pelo homem que ele era no corpo que ele tinha.

E o psiquiatra me lembrou delicadamente de que não era uma questão de sexo, mas de gênero. E identidade. E me contou que meu filho pensava em seus seios como excrescências em seu corpo as quais precisavam ser removidas o mais rápido possível.

Esse era um conceito muito difícil para mim, porque eu amava o corpo dele. Eu tinha feito aquele corpo. Sentia como se fosse meu. Não era meu, mas sentia como se fosse. Eu era mãe dele.

Voltamos de carro para casa depois da consulta, e meu filho estava dormindo no carro, porque afinal é um adolescente. E pensei em como eu me sentia em relação ao meu corpo de mulher. O quanto eu amava meus seios, como mulher, como mãe, como namorada.

E dei um salto adiante junto com meu filho.

Quando entrei na sala de recuperação depois da cirurgia, ele olhou para mim com um enorme sorriso no rosto. Então baixou os olhos para o peito, cheio de ataduras pela última vez, e olhou para mim de novo com aquele sorriso incrível. Ele estava tão feliz. E naquele momento seus seios se tornaram excrescências também para mim, tão insignificantes e desimportantes.

Dez dias depois voltamos para casa, e tiramos a bagagem do carro, e meu filho levou sua mala para o quarto.

Alguns minutos depois, saiu do quarto sem camisa. Caminhou livremente pela casa, como um homem. Pela primeira vez, era capaz de fazer isso.

E foi tudo muito tranquilo. E silencioso. E lindo de verdade. E incrivelmente natural.

A parte difícil de contar esta história, para mim, é usar as palavras "minha filha" ou "ela", porque a verdade é que, nos últimos vinte anos, tenho sido mãe de uma linda filha e de dois filhos incríveis.

CYBELE ABBETT é mãe, avó, artista e humanista. Nascida na área da Baía de São Francisco, vive no sul do Oregon há dezoito anos. No último verão a sra. Abbett deixou o cargo de diretora executiva de uma organização sem fins lucrativos em Ashland, Oregon, para realizar o sonho de sua vida e velejar ao redor do mundo com seu companheiro, Michael.

Esta história foi contada em 3 de setembro de 2014 no Club Nokia, em Los Angeles. O tema da noite era Você Está Aqui: Histórias de Direitos e Esquerdos. Diretora: Meg Bowles.

Encarar o medo

Baile de formatura

Hasan Minhaj

Na primeira vez em que me apaixonei, eu estava na primeira série e foi por uma garota chamada Janice.
Cheguei para ela no parquinho e disse: "Janice, eu te amo!".
E ela disse: "Você tem cor de cocô".
Cresci numa cidadezinha chamada Davis, na Califórnia, e eu era uma das poucas pessoas marrons ali.
Tudo o que eu queria quando criança era me integrar. Lembro que recebemos uma tarefa na terceira série.
A professora disse: "Escrevam o que querem ser quando crescer".
Então a garotada respondeu: "Quero ser astronauta", ou "Quero ser jogador da NBA".
Escrevi: "Quero ser branco".
A professora perguntou: "O que você quer dizer com isso, meu bem?".
E eu [*apontando para a palma da mão*]: "Quero que *esta* parte da minha pele seja *toda* a minha pele".
Meu pai tinha emigrado de uma cidadezinha da Índia chamada Aligarh no início dos anos 1980, e foi o único de toda a sua família a ter êxito nos Estados Unidos. Sentia que era seu dever consolidar o sonho americano nos Estados Unidos garantindo um futuro financeiro para sua família.
Eu era seu primeiro e único filho. Traduzindo, as regras eram muito, muito rígidas. Isso significava: nada de diversão, nada

de amigos, nada de garotas. Vá para a escola, volte para casa, estude – você pode se divertir quando estiver na faculdade." As coisas mais simples viravam um debate enorme com meu pai.

"Pai, quero ir ao cinema."

"O quê?"

"Quero ver *Máquina Mortífera 4.*"

"Hasan, *humnay Aligarh se nay aye* Máquina Mortífera 4 *ke liye!* Não foi por *Máquina Mortífera 4* que eu saí de Aligarh."

Meu pai estava disposto a sacrificar minha diversão para garantir o sonho americano.

Bom, quando já estava no final do meu último ano de colégio, eu tinha sido cortado do time de basquete pelo terceiro ano seguido, tinha acabado de parar de tomar Accutane, de modo que minha pele estava descascando lentamente, e eu ainda tinha que ir a um jogo de futebol ou a um baile de escola. De modo que eu simplesmente odiava tudo. Queria *destruir* o colégio.

Mas havia um ponto luminoso, e seu nome era Bethany Reed. Sua família tinha acabado de se mudar de Ohio para Davis e seu pai era um cardiologista bem-sucedido. Eles tinham uma casa deslumbrante, com uma linda cerca de estacas brancas. A família parecia ter saído de um catálogo da J. Crew.

Bethany era pequena, lindinha e graciosa; tinha um cabelo cacheado que balançava para cima e para baixo quando ela andava; e ela sempre cheirava a chiclete de canela Big Red, mesmo depois da aula de educação física. Era incrível.

Cursávamos cálculo avançado juntos, e ela não conhecia a hierarquia social no colégio de Davis, nem onde eu me situava nela; achava simplesmente que eu era engraçado e charmoso, e gostava muito do meu esquema AIM: minha atividade no AOL Instant Message era show de bola. Em tudo o que me faltava no jogo da vida real, minha persona on-line era *o máximo*.

Então nos reuníamos para estudar em grupo cálculo avançado, e na maior parte das vezes as reuniões eram na casa dela. Eu lembro que ia à sua casa, ficávamos sentados à mesa de jantar e brincávamos: "Hahaha! Sirva-se de mais purê".

Eu pensava: *Ah, show*. Sabem como é? *Isso é legal demais*.

Um dia Bethany chegou para mim e disse: "Quando vamos estudar na sua casa?".

E eu: "Ugh".

Eu tinha uma regra fundamental. Nunca convidava colegas de escola à minha casa, porque não queria me expor ao ridículo. Sabem como é, não queria que viesse alguém e dissesse: "Por que seus pais falam desse jeito? Que língua eles estão falando? Que cheiro é esse?".

O caso é que eu não queria passar vergonha. Mas no final do ano escolar, me senti realmente próximo dela. Então rompi minha regra e a convidei para estudar na minha casa.

Lembro de ter dito aos meus pais: "Sejam normais, por favor".

E meu pai disse: "Hasan, nós somos normais... Que tal servirmos *samosa*?".*

E eu: "Ai, meu Deus".

Então estamos na mesa da sala de jantar fazendo cálculo integral. É possível ouvir o chiado da fritura das samosas na cozinha e as conversas em hindi no canal de TV Zee. Minha mãe e meu pai estão discutindo em hindi.

Ergo os olhos do meu manual escolar, olho para Bethany e penso: *Por favor não diga nada, por favor não diga nada, por favor não diga nada*.

Ela ergue a cabeça e diz: "Uau, isso parece muito bom".

---

* Pequeno pastel indiano de formato triangular, geralmente recheado de batata com ervilha, carne de carneiro ou frango.

E eu penso: *ESTOU APAIXONADO POR ESSA MULHER. Vou casar com você, VOCÊ É MINHA PRINCESA BRANCA. Quando podemos nos casar? Posso te dar um anel de noivado agora mesmo?*

Ela continuou vindo à minha casa, e continuamos fazendo cálculo integral na mesa da sala de jantar. Uma noite caminhei com ela até seu carro, e quando chegamos ao portão, antes de entrar no carro, ela se virou e me beijou sem mais nem menos, bem nos lábios. Sem língua, mas... foi *fantástico*. Fogos de artifício, aquela coisa toda. Foi incrível.

Então ela entrou no carro e foi embora.

E eu a amei por isso. Ela conhecia as regras. Sabia: nada de diversão, nada de amigos, nada de garotas. E, principalmente, nada de namoradas. Sabia que meu pai nunca permitiria que fôssemos namorados, pelo menos enquanto eu estivesse no colégio.

Ela não disse: *Ei, podemos ficar de mãos dadas na escola? Quando vou ver você de novo?* Nada. *Finalmente, alguém tinha entendido.*

Quando o trimestre de primavera estava chegando ao fim, minha classe de cálculo avançado era um grupo fechado de campeões, e o sr. B, nosso professor de cálculo, queria muito que tentássemos ter algo parecido com uma vida normal.

Então ele se postou na frente da turma na última aula e disse: "Tudo bem, vocês estão arrasando, do ponto de vista acadêmico. Irão para as melhores universidades do país. Mas quero que levem vidas normais, e por isso estou tornando obrigatório que cada pessoa desta classe vá ao baile de formatura".

Um dos garotos ainda perguntou: "Vamos ter acréscimo na nota por isso?".

E o sr. B respondeu: "Não, vocês terão um acréscimo na *vida*. A nota não muda. Vocês vão ao baile".

A garota Testemunha de Jeová não vai ao baile. Tem também um coreano, estudante de intercâmbio, que com certeza não vai ao baile. É preciso saber inglês o bastante para dizer: "Quer ir ao baile comigo?". Não vai dar para ele.

Vendiam potes de macarrão instantâneo Cup O' Noodles no meu colégio, certo? Havia um garoto chamado Meelan. A moçada ia comer Cup O' Noodles e deixava o caldo nos potes, em cima das mesas da lanchonete. Meelan ia até as mesas e tomava o caldo morno que as pessoas deixavam.

Eu pensei: *De jeito nenhum que o Bafo de Caldo vai conseguir companhia para o baile.* Impossível.

Mas o sr. B estava determinado. Abriu o quadro branco e nele colocou uma lista com todos os nossos nomes, apontando para a formatura. O grande baile. Era tipo o *March Madness** dos nerds.

Mas eu pensei: *Olha só, ninguém vai, estou numa boa. Não preciso nem me preocupar com esse problema.*

Mas as semanas foram passando, e lentamente, um por um, todo mundo conseguiu companhia para ir ao baile.

O estudante coreano de intercâmbio deu um jeito de convidar alguém para ir com ele. A garota Testemunha de Jeová, de repente, recebeu aval dos pais para ir ao baile. Ela podia ir. Até o Meelan chupou uma bala de menta e convidou alguém e essa pessoa aceitou. Que doideira.

Três dias antes do baile, o sr. B abre de novo o quadro branco e os dois últimos nomes no quadro são Hasan Minhaj e Bethany Reed. E a classe inteira vai à loucura, gritando e assobiando, sabem como é?

Fiquei morrendo de vergonha. Baixei os olhos para o livro de cálculo, pois não podia suportar a pressão, mas mais uma vez Bethany foi maravilhosa; não disse nada na frente de todo mundo. E então tocou o sinal. A última aula tinha acabado.

Andamos até o meu armário, e quando eu estava guardando meu livro de cálculo ela virou para mim e disse: "Ei, você foi

---

* Torneio de basquete que reúne as 32 melhores equipes universitárias dos Estados Unidos, entre a segunda semana de março e a primeira de abril.

meu melhor amigo desde que a minha família veio de Ohio para cá, e meu último ano não teria sido a mesma coisa sem você. Então, quer ir ao baile comigo?".

E eu disse: "Sim, sim, eu vou ao baile com você, minha princesa branca".

(Eu não disse princesa branca, mas na minha cabeça eu disse.) Acontece que eu não sou um garoto ruim. Amo meus pais. Amo meu pai. Tínhamos uma relação tumultuosa, mas eu o amava de verdade. E tinha visto uma porção de sitcoms. Tinha visto *Três É Demais*. Conheço o esquema. Suba ao andar de cima, converse com Danny Tanner, abra seu coração, música emotiva ao fundo, abraço, e daremos um jeito.

Vou para casa e digo: "Pai, posso ir ao baile de formatura?".

Ele diz: "Hasan, *me tumara mou torthunga*", cuja tradução é "Hasan, vou quebrar sua cara".

Devidamente registrado, pai.

Então apelo para o plano B. Ligo para Beth e digo: "Olha só, vamos fazer o seguinte: terei que sair escondido para ir ao baile com você. É tarde demais para conseguir uma limusine e um *smoking*, então vou vestir um terno normal e sair de fininho pela minha janela, pegamos o carro do seu pai, vamos ao baile e depois eu entro de fininho pela janela de novo, e se por acaso eu for espancado e morrer, bem, a gente só vive uma vez, está me entendendo? Então essa vai ser a noite da nossa vida".

E ela diz: "Show, vamos fazer isso".

Então chega a noite do baile, e estou me aprontando no meu quarto. Visto meu terno da JCPenny, dou um nó na minha gravata Geoffrey Beene, borrifo um pouco de colônia Michael Jordan... e estou pronto.

Saio pela janela do quarto, no segundo andar da nossa casa, e vou até a minha fiel Huffy's, do lado esquerdo da casa. Subo na bicicleta e saio pedalando, com o *corsage* numa das mãos.

Eu tentava pedalar depressa o bastante para chegar à casa dela a tempo, mas devagar o bastante para não ficar com manchas de suor nas axilas. E pedalava com as pernas bem abertas, para que as pernas da calça não se prendessem na corrente da bicicleta. Consegui chegar a tempo à casa dela.

Cheguei à porta pensando: *Cara, eu consegui. Vou ao baile com Bethany Reed. É isto o sonho americano.*

E bato na porta, e quem abre é a mãe dela...

... E por sobre o ombro da sra. Reeds eu vejo Erik Deller, o capitão do time de polo aquático, colocando o *corsage* em Bethany.

A sra. Reed olha para mim e diz: "Oh, meu querido, sinto muito. A Bethany não te contou?

"Veja, temos muitos parentes lá em Ohio, e vamos tirar umas fotos esta noite, e não achamos que você seria um par adequado.

"Você precisa de uma carona? O sr. Reed pode levar você para casa."

Eu disse: "Não, não precisa. Estou de bicicleta". Pedalei até em casa, escalei o telhado da varanda para subir ao meu quarto e fiquei jogando videogame o resto da noite, de terno. Nunca tinha me vestido tão bem para jogar Mario Kart.

No dia seguinte, na escola, Bethany me parou diante do meu armário antes da primeira aula e disse: "Escute, não importa o que você faça, por favor não diga nada. Por favor. O.k.? Meus pais são boa gente. O resto da classe, eles não entenderiam. Por favor, não diga nada".

E eu disse: "Tudo bem".

Chegou a sétima aula e o sr. B, diante da classe toda, disse: "E então, pombinhos, como foi o baile de formatura?".

Todo mundo se virou para mim, e eu disse: "Querem saber, decidi não ir. Não estava muito a fim".

E todo mundo me encarou dizendo coisas como: "Ah, seu tonto. Você deu o cano na garota de Ohio. É um bocó mesmo".

E foi isso – fui crucificado socialmente diante de toda a classe por aquela garota que eu amava.

Bethany e eu nunca mais nos falamos depois disso. Cada um seguiu seu caminho.

O mais difícil disso tudo é que, em pé na varanda da casa dela naquela noite, senti que sua família tinha razão. Não se tratava de um capiau desdentado gritando do seu caminhãozinho: "Vai procurar seu camelo!". Isso eu tiraria de letra. O pai dela era um cardiologista respeitado. Eram uma família abastada, bem-sucedida. De modo que simplesmente aceitei como verdade que eu não era bom o bastante. Quem era eu para arruinar o álbum de fotografias do baile de formatura perfeitinho deles?

Aquilo bagunçou de verdade minhas noções de autoestima por muito tempo.

Passaram-se alguns anos, e meu pai sofreu um ataque cardíaco – colocou cinco pontes de safena. Quando ele estava no hospital, fui de carro de Los Angeles para visitá-lo, e ele estava mais vulnerável do que nunca, em termos físicos e emocionais.

Contei-lhe a história. E ele disse: "Hasan, estou furioso com você".

Perguntei: "Por quê? Porque eu saí de casa escondido? Porque eu menti pra você?".

Ele disse: "Não. Porque você não perdoou a Bethany.

"Veja, quando emigrei de Aligarh para cá, estava apavorado. Tinha medo de tudo o que a América tinha a oferecer. Temia que você se metesse com as turmas erradas. Temia que se envolvesse com drogas, e é por isso que eu tentava te proteger de tudo.

"E veja só, a família da Bethany estava apavorada também. Tinham medo de gente com a nossa aparência, seja lá por que motivo. E você estava com medo de mim, e Bethany com medo dos pais dela. Todo mundo tinha medo de todo mundo. Mas, Hasan, você tem que ser valente, e a coragem de fazer o que é certo tem que ser maior que o seu medo de se ferir."

Tem dias em que eu sinto que posso perdoar a Bethany, e tem dias em que sinto que não consigo. Estou trabalhando nisso. Mas vou tentar ser valente. Serei valente por mim e por meu pai.

HASAN MINHAJ é comediante, ator e escritor radicado em Nova York. É colaborador do programa *The Daily Show with Trevor Noah*, premiado com o Emmy e o Peabody. Seu show solo *Homecoming King*, aclamado pela crítica, retornou recentemente ao circuito off--Broadway depois de uma temporada com os ingressos esgotados em 2015. Escolhido como "New Face" do festival de comédia Just for Laughs em 2014, foi selecionado pelo Sundance Institute para desenvolver seu show solo e filme de longa-metragem no prestigioso New Frontier Storytelling Lab. Atuou como apresentador da série documental *Stand Up Planet*, produzida pela Bill and Melina Gates Foundation. Sua websérie *The Truth with Hasan Minhaj* viralizou e foi apresentada em inúmeras publicações, incluindo o *Huffington Post*, o *Gawker* e o *New York Times*. Tem sido visto em vários outros programas televisivos, incluindo *Arrested Development* no Netflix, *Getting On* na HBO e *@Midnight* no Comedy Central.

Esta história foi contada em 8 de março de 2014 no Music Hall em Portsmouth, New Hampshire. O tema da noite era Voltando para Casa. Diretora: Sarah Austin Jenness.

Não esquece de trazer queijo

Kate Tellers

Na nossa casinha na parte norte de Pittsburgh tínhamos um televisor. Preto e branco. Ficava atrás do sofá e nunca me deixavam assistir. Na maioria das noites éramos eu, minha mãe, meu pai... e talvez alguns bloquinhos de madeira.

Era bem como naquele seriado *Os Pioneiros*, só que nos anos 1980. Um dia, porém, quando eu tinha uns quatro anos, saí escondida e atravessei a rua até a casa do meu vizinho, e ele me deixou assistir *O Barco do Amor*.

Fiquei alucinada. Quando penso no assunto agora, o que vem à minha cabeça é Gavin MacLeod vestido de comandante, se dando bem com todas aquelas mulheres lindas de permanente impecável no cabelo. *Adorei* aquilo.

Quando voltei para casa, perguntei para minha mãe por que eles se beijavam daquele jeito maluco. Era uma coisa bem difícil para minha mãe explicar, mas por fim ela disse algo como: "Bem, ahn, quando as pessoas se amam, tipo muito, é desse jeito que elas se beijam".

Então, naquela noite, quando ela veio me colocar para dormir, eu agarrei a cabeça dela e a apertei contra a minha, depois joguei minha cabeça para trás e disse: "Estou te dando beijos de *Barco do Amor*".

Eu estava *obcecada* por meus pais.

Quando nossos amigos ganhavam bichinhos de estimação, chamavam o porquinho-da-índia de Punky Brewster ou o chihuahua de Sting. Eu ganhei dois peixinhos dourados e os batizei de Paul e Lisa, em homenagem a meus pais, porque eles eram meus *rock stars*.

Quando minha irmã nasceu, deram-lhe o nome de Alice. Íamos a festinhas, e quando nos apresentavam, as pessoas riam e diziam: "Ah, sim, como *Kate & Allie*".

E a gente respondia. "Ãham".

Não sabíamos que *Kate & Allie* era um seriado que passava na TV em cores de todas as outras pessoas. Era como batizar os filhos de Will e Grace.*

Mas o resto do mundo existia fora da minha família, tanto que quando meus pais se divorciaram eu não fiquei zangada, não fiquei furiosa. Pensei: *Ah, esta é a próxima coisa que vamos fazer juntos*. O tema da minha redação para admissão na universidade foi como o divórcio dos meus pais converteu-os em meus dois melhores amigos e nos levou à nossa próxima aventura juntos. (E apesar disso eu fui aceita.)

Na véspera da minha partida para a universidade, minha mãe e eu estávamos almoçando. Ela me confessou que tinha ido ao médico, e que estava doente. Não era grande coisa, ela só ia passar por um pouco de quimioterapia e ficaria bem.

E eu, de fato, acreditei piamente nela.

Mas não tinha como apagar o que tinha ouvido. E me senti como se de repente tivesse que começar a pensar num mundo com aquele grande buraco no lugar onde minha mãe deveria estar. Eu me ausentaria por muitos meses e não ficaria pensando naquilo, até ser obrigada a lembrar de novo.

No tempo que passávamos juntas, era como se meu cérebro se dividisse em dois. Uma parte de mim estava completamente presente, e a outra metade ficava fazendo anotações, de modo que eu pudesse gravar todos aqueles detalhes para

---

* *Will & Grace* é um seriado cômico norte-americano exibido desde 1998.

sempre no meu cérebro caso precisasse deles quando ela não estivesse mais ali.

Depois de terminar a faculdade eu me mudei para Nova York. Às vezes, nas tardes de sexta-feira, eu saía de Nova York e atravessava de carro o estado da Pensilvânia até o apartamento dela em Pittsburgh, chegando ali tarde da noite.

Ela abria a porta e dizia: "Quer uma taça de vinho?".

Eu respondia: "Quero".

E ambas sabíamos que não seria só *uma* taça de vinho, porque nunca era. Íamos para a cozinha, e ela sempre punha na mesa aquelas bandejas azuis e brancas descombinadas, com *homus* feito em casa, queijo branco e azeitonas pretas, e aquelas enormes taças bojudas que ela enchia de vinho tinto.

De alguma maneira a gente ficava sentada à mesa conversando e bebendo vinho à beça, mas milagrosamente as taças nunca se esvaziavam.

Uma noite estamos sentadas conversando, e ela está rindo. Acaba de me confessar que a coisa mais difícil que teve de fazer na vida como mãe foi me dar *ipecacuanha* para provocar vômito, porque quando eu era pequena engoli acidentalmente um punhado dos remédios dela para asma. Vinham naquelas cápsulas vermelhas, e ela viu o vermelho na minha boca.

E *eu* acabo de confessar a *ela* que na verdade entrei no armário e chupei um monte de balas picantes Red Hots. Eram as únicas balas que tínhamos em casa e costumávamos usá-las uma vez por ano para fazer os olhos de um boneco de gengibre. Mas eu sabia que ela ficaria menos brava por eu engolir seu remédio de asma do que por comer açúcar refinado, portanto deixei que ela se enganasse.

Então lá estamos nós rindo disso, e ela joga a cabeça para trás.

E meu cérebro se divide. E começo a fazer anotações mentais.

Registro que ela ri abrindo tanto a boca a ponto de mostrar as obturações dos dentes do fundo. E que quando baixa a cabeça ela puxa a gola rolê para cima, até o queixo, e em seguida esfrega as mãos nas costelas, por cima do suéter lilás.

E que sua cabeça é tão pequena que ela compra óculos na seção infantil da LensCrafters. Sei disso porque a luz das velas ilumina uma haste dos óculos, e nela está escrito "Harry Potter".

Continuamos desse jeito até ficarmos ambas muito cansadas, e nos arrastamos para a cama.

Por um tempo as coisas vão muito bem, depois ficam mal, depois ficam bem.

Até que um dia ela vai me visitar em Nova York. Estamos perto do centro, prestes a entrar no metrô. Acabamos de assistir a um show.

Ela chega para mim e diz: "Sabe de uma coisa, Marian McPartland" – que apresenta um programa que ela adora na rádio pública, *Piano Jazz* – "Marian McPartland vai fazer sua festa de oitenta e cinco anos no Birdland. E a gente devia ir de penetra".

Essa é minha mãe. É a mulher mais elegante e graciosa do mundo. Ela não ia a uma festinha na vizinhança sem me enfiar num vestido e sem fazer um tabule e levar uma garrafa de vinho, mas o.k., vamos bancar as penetras.

Caminhamos até o Birdland, e num arranco passamos pelos leões de chácara. Vamos direto para o balcão do bar. Nos enfiamos entre umas cadeiras e eu peço os drinques mais extravagantes que consigo imaginar, que na época eram os *gimlets* de vodka. Porque eu gosto mesmo daquelas taças em forma de cone invertido.

Olhamos em volta e é como uma ilustração de Al Hirschfeld da cena do jazz naquela época. Reconheço Tony Bennett e Norah Jones. E tem também Ravi Coltrane. A energia no ambiente é incrível.

Estamos vendo o show ao vivo, mas entre uma e outra daquelas performances fantásticas as pessoas paparicam a aniversariante. E dá para sentir que é uma daquelas noites que todo mundo naquele salão vai lembrar para sempre, e que nunca poderão ser repetidas.

Karrin Allyson, que minha mãe e eu adoramos, sobe ao palco e começa a cantar "Twilight World". Ergo minha taça e me viro para brindar com minha mãe, olho para ela – e ela está *radiante*.

Eu a contemplo. Meu cérebro se divide. E eu penso: *Isso é bom. Posso usar isso.*

Quatro anos mais tarde estou de volta a Pittsburgh. Os médicos nos disseram que era hora de vir para casa.

Estou no banheiro da minha mãe. Ela está debruçada sobre a pia. Está vestida com o pijama rosa listrado que minha irmã lhe deu de Natal no mês anterior. Vejo-a erguer o rosto e olhar para si mesma no espelho. Vejo uma mudança ocorrer em seu rosto, e posso dizer que ela tomou sua decisão.

Pede para eu chamar a enfermeira. Sai do banheiro, segue pelo corredor e deita na sua cama.

Tenho consciência de que este é o dia que eu temi ao longo dos últimos dez anos.

Minha irmã e eu tínhamos feito um calendário e convocamos os amigos e parentes da minha mãe para vir visitá-la em dias escalonados, para que as pessoas pudessem vê-la, mas sem que ela ficasse sobrecarregada de visitas.

E agora estamos ligando para todo mundo, dizendo: "Venha agora, para aquela que provavelmente será uma das piores noites de sua vida".

Mas, como boa filha da minha mãe, estou fazendo isso ao mesmo tempo que tiro as bandejas do armário e digo: "Mas não esquece de trazer queijo".

E eles trazem. As pessoas começam a chegar. Tias e tios. Meu pai. O namorado da minha mãe. O namorado da minha irmã. Nos amontoamos todos na sala de estar e sentamos no sofá de veludo vermelho da minha mãe. Alguém coloca para tocar um CD de Miles Davis, e andamos de um lado para outro. Botei comida na mesa e estou enchendo de vinho as taças das pessoas. Minha tia Jamie faz uma panela de chili.

As pessoas começam a ir ver minha mãe no quarto.

Eu a ouço dizer a elas, deitada na sua cama: "Posso lhe oferecer alguma coisa? Quer uma xícara de chá?".

E penso: "*Você está* morrendo. *Sou* eu *que vou fazer essas coisas agora*".

Então começo a entregar pires e xícaras vazias às pessoas que vão para o quarto.

Eu digo: "Só segurem isso para que ela saiba que está tudo funcionando bem por aqui".

Na sala de estar, está tudo parecido com qualquer outra noite em que estamos na casa da minha mãe, exceto pelo fato de que sou eu que encho furtivamente as taças e retiro discretamente as bandejas vazias.

Quando o pessoal dos cuidados paliativos veio nos visitar pela primeira vez, deram para mim e para minha irmã um livreto azul chamado *Não mais visível*. Há nele um desenho de barco. E ali se explica em termos meio poéticos, meio técnicos, o que acontece com um corpo quando um ser humano está começando a morrer. E lembro que quando me entregaram o livreto eu fiquei um tanto furiosa. Pensei: *Não há desenho que possa descrever este evento muito pessoal e muito pesado na minha vida. É minha mãe.* Mas esta noite é o único guia de que dispomos. Nunca fizemos isso antes.

Então minha irmã está lendo e fazendo anotações sobre minha mãe, e ela vem dizer que, pelo modo como minha mãe está respirando, não temos muito tempo.

Vou averiguar como minha mãe está, e ela saiu da cama. Está de pé diante do guarda-roupa, procurando um suéter. Eu lhe pergunto o que está fazendo.

Ela olha para mim e diz: "Tenho que fazer a mala".
E não sei como reagir a isso.
Por fim acabo dizendo: "Mamãe, para onde você vai, não há necessidade de bagagem".
Ela faz uma pausa, contrai o rosto como sempre faz quando está pensando. Faz que sim com a cabeça. E deita de novo na cama, em silêncio.
As pessoas continuam a entrar, e começam a fazer suas despedidas.
Finalmente chega minha vez. Entro no quarto dela, sento na sua cama e começo a massagear suas panturrilhas.
Sei que deveria dizer que a amo, e que sentirei sua falta.
E que dentro de vinte e oito anos vou providenciar sua melhor festa de aniversário de oitenta e cinco anos.
Então, depois disso, talvez algum dia a gente exploda numa grande bola de fogo, de modo que nenhuma de nós tenha que experimentar como seria ter que viver sem a outra.
Mas ela sabe de tudo isso.
De modo que me limito a lhe dizer que em novembro próximo serei dama de honra no casamento da minha amiga de colégio Jess... para que ela saiba que tenho planos. E que estou empolgada com o fato de os vestidos serem verdes, porque realçam meus olhos.
Então é isso. E eu saio do quarto. E estou no corredor falando com Jess ao telefone quando ouço minha irmã. Ela é cantora de formação clássica, e ouço aquele lamento wagneriano com todas as suas notas.
E sei na mesma hora que minha mãe se foi.
Todos nos reunimos na sala de estar, e bebemos todo o vinho, e comemos todo o queijo. Ponho na roda uma garrafa de limoncello que minha mãe guarda para ocasiões especiais, porque imagino que esta seja uma delas e eu esteja autorizada. Então bebemos a isso. Todo mundo parte, e eu vou para a cama.

Acordo na manhã seguinte. E este é o dia que eu vinha temendo. Vou à cozinha, abro a tampa da cafeteira e despejo o pó. Percebo que ainda sei fazer um bule de café.
Vou para a sala e sento na grande poltrona de couro azul dela. Abro meu computador e checo meu e-mails. Tem uma mensagem do meu amigo Nick, com quem estudei na faculdade. Trocamos e-mails umas duas vezes por ano, e ele está me perguntando como estou e contando sobre seu novo emprego.
Clico em responder e escrevo: "Nick, minha mãe morreu".
E é verdade.
Espero que aquele soco no estômago me atinja, que aquele grande buraco se abra. Aquele vazio. Mas em vez disso sinto a coisa mais estranha, a coisa mais pura que já senti.
Sinto tristeza.
E ela é branca.
E ela é quente.
E ela me envolve.
E me sinto completa.

Saudada como uma "guru da narração de histórias" pelo *Wall Street Journal*, KATE TELLERS é escritora, artista performática e professora cujos alunos incluem desde aspirantes a comediantes de oito anos de idade até CEOs de empresas da lista da Fortune 500. Em 2007 ela descobriu o Moth e desde então faz parte do projeto. No momento, trabalha numa coletânea de ensaios sobre entrar em crise, provisoriamente intitulada *We Always Knew You Would Be OK*, e vive no Brooklyn com seu marido, seu bebê e seu cachorro.

Esta história foi contada em 27 de agosto de 2014, no Byham Theater em Pittsburgh. O tema da noite era Não Olhe para Trás. Diretora: Catherine Burns.

Exausta, de Nova York

Jessi Klein

Uma das minhas lembranças mais felizes da infância é a de ficar acordada até tarde para assistir ao *Saturday Night Live* num velho televisor preto e branco que eu tinha encontrado na área de descarte de lixo do meu prédio e convencido meus pais a deixar que eu o levasse para o meu quarto.
    Havia algo de mágico e empolgante quando o programa estava para começar, e o tema musical servia de fundo para aquela apresentação bacana, bem nova-iorquina, do elenco. Aquilo fazia com que eu me sentisse muito viva e descolada, como se fosse sócia de um clube bacana. E não, digamos, uma garota nerd diante de um televisor preto e branco encontrado no lixo.
    Um dos pontos altos da minha infância foi quando eu tinha dez anos e o pai da minha melhor amiga nos levou ao 30 Rock* para ver uma gravação do *SNL*.
    Lembro que antes do programa começar eu tive que ir ao banheiro. Para chegar lá percorri os corredores do Estúdio 8H. E as paredes eram cobertas por fotos de Gilda Radner e Bill Murray.
    Eu só pensava: *Oh, meu Deus, oh, meu Deus, oh, meu Deus. Eles estiveram aqui. Eu estou aqui. Oh, meu Deus.*

---

* Abreviação de 30 Rockfeller Plaza, endereço onde funcionava a emissora de TV NBC, em Manhattan.

Quando cheguei ao banheiro, peguei quinze toalhas de papel e as enfiei no bolso, para levar para casa e guardá-las numa caixinha de madeira na qual eu conservava todas as minhas relíquias. Tinha um unicórnio na tampa. A única relíquia dentro da caixa até então era uma bolota de carvalho que eu tinha apanhado numa viagem a Woodstock.

Naquele episódio do *SNL* o apresentador era o Tom Hanks e a banda convidada era o Aerosmith. Foi fantástico. E, para a noite ficar ainda mais perfeita, depois do programa o pai da minha amiga nos levou para um jantar incrível no Hard Rock Café, o restaurante mais bacana do mundo.

Lembro de tudo direitinho. Foi a primeira corda de veludo pela qual passei na vida, e ao passar por ela eu pensei: *Estou me sentindo famosa pra cacete. Eu me sinto como a Justine Bateman deve se sentir o tempo todo* (na época ela era a mulher mais famosa do mundo para mim).

Corta para 2009. Sou adulta. E realizei – muito graças à influência do *SNL* – meu sonho de virar escritora profissional de humor na TV e comediante de *stand-up*. Depois de trabalhar durante três anos em Los Angeles finalmente me mudo de volta para Nova York, entre outros motivos porque L.A. é ensolarada e perfeita, e eu odeio isso, e não consigo mais morar lá.

Então estou de volta a Nova York, e preciso de trabalho. E meu agente me telefona, assim do nada.

Ele diz: "Sabe, o *SNL* está justamente procurando novos roteiristas. Você não quer mostrar alguns esquetes?".

E eu: "Oh, meu Deus. Sim, claro que eu quero. Só preciso encontrá-los no meu computador".

Por "encontrá-los no meu computador" o que eu queria mesmo dizer era que eu tinha que correr até um Starbucks em pânico e escrever às pressas alguns esquetes. É bem difícil escrever comédia no Starbucks, porque não tem ninguém em volta que pode dizer se sua ideia de uma propaganda de sunga para cachorros é engraçada ou não.

E se vocês estão se perguntando: *Ela mostrou mesmo um esquete que era uma propaganda de sunga para cachorros?*, a resposta é sim. É, eu mostrei.

Pensei: *Tudo bem. Não vou conseguir o trabalho mesmo.*

Mas então, uns dois dias depois, meu agente me liga de novo: "O SNL gostou do seu material. Você precisa se reunir com Lorne Michaels".

Eu: "Puta que pariu".

Vou dar só uma amostra da entrevista que tive com ele.

Estou um pouco nervosa. Mas entro na sala dele, e é um daqueles ambientes onde há um enorme sofá de couro e também uma grande poltrona de couro. E eu nunca sei onde sentar numa situação assim.

Então decido que serei amável e franca, e pergunto: "Então, ahn, onde você quer que eu sente?".

E ele diz: "Bem, por que você não senta no sofá e eu sento na poltrona?".

"O.k."

Então temos um minuto de conversa sobre amenidades. Depois disso ele diz: "Ahn, sabe de uma coisa? Na verdade, eu quero sentar no sofá".

Eu olho para conferir se ele está de brincadeira, mas não. Nos levantamos e trocamos de lugar.

E eu pensei: *Putz, isso é bizarro.*

E então, quinze minutos mais tarde, fui embora pensando: *Não só não vou conseguir o trabalho, eu sinto como se tivesse sido mandada embora.*

Mas alguns dias depois lá estou eu em casa, deitada no sofá, vendo *Animal Planet*, como de hábito. E recebo outra ligação do meu agente.

Ele diz: "Pois é, você conseguiu o emprego. O SNL quer você".

Então eu fico doida de entusiasmo. E telefono para o meu melhor amigo, e ele vem à minha casa. Pedimos pizza. E eu ponho para tocar sem parar "Empire State of Mind", do Jay-Z. Estou vivendo uma daquelas ocasiões especiais da vida – aquele hiato entre o momento em que você consegue um emprego bacana e fala dele para todo mundo e o momento em que você começa de fato a trabalhar e se dá conta do que aquele emprego vai exigir.

E eu não estava preparada para o que trabalhar no *SNL* exigia. Então vou dar uma pequena noção de como funciona a semana. Ela começa na terça-feira. E os roteiristas passam a noite toda em claro para escrever o programa todo. *Literalmente a noite toda.* A gente chega lá ao meio-dia e volta para casa às nove da manhã de quarta. Isso na melhor das hipóteses. E talvez você vá para casa e durma algumas poucas horas, mas aí tem que voltar para se preparar para a tarde de quarta, que é a maratona épica em que Lorne e todo o elenco, e todos os roteiristas, enfim todo mundo que trabalha no programa se espreme na sala dos roteiristas e eles leem um por um os esquetes para aprovação.

São uns quarenta. Leva quatro horas. E depois Lorne sai com seus roteiristas-supervisores, e eles decidem o que vai entrar no programa da semana, com base no que provocou mais risadas.

Eles têm uma tradição bizarra: hoje tem e-mail, mas o jeito como fazem a gente saber o que entrará no programa é meio estilo peça teatral de colégio, em que o assistente dos roteiristas aparece com um pedaço de papel. E todo mundo se acotovela em volta dele para ver o que foi assinalado.

Quando eu perguntava por que fazemos a coisa desse jeito, as pessoas respondiam: "É por tradição". Como se o *SNL* fosse uma aldeia afegã intocada pelo tempo.

Então, na minha primeira noite de terça-feira – minha primeira noite como roteirista –, eu estou empolgada, mas um pouco nervosa, porque não sou noturna. Sou bem matinal. Costumo ir para a cama às dez e meia da noite.

Mas penso: *Tudo bem, vou aguentar o tranco até o fim.* E estou aguentando o tranco. Até que, lá pelas 22h35, já começo a admitir: *Estou com um sono danado.*

Mas meu trabalho estava longe de concluído, porque a atriz convidada daquela semana era Blake Lively, a protagonista de *Gossip Girl*. Preciso dizer que, além de ter os maiores peitos no corpo mais magro que já vi na vida, ela parecia superdescolada, divertida e simpática de verdade. E eu estava escrevendo um esquete em que ela interpretaria uma voluntária maluca num centro de adoção de animais.

Quer dizer, eu estava neurótica querendo fazer o melhor possível. Passei a noite burilando o texto. As horas se arrastavam.

E, para resumir, minha primeira leitura de mesa no *Saturday Night Live*... foi um tremendo fiasco. O esquete fracassou diante de uma sala cheia de gente que por acaso eu considerava as pessoas mais engraçadas do mundo.

Acho que muita gente aqui nunca fracassou diante da sala de roteiristas do SNL. Então, só para ter uma ideia da sensação, imaginem que estão fazendo sexo com alguém de quem vocês realmente gostam, mas essa pessoa não emite som algum, independentemente do que vocês façam com o corpo dela.

E imaginem que tem uma sala repleta de gente assistindo isso acontecer.

E essas pessoas também não estão emitindo nenhum som.

É aterrorizante pra cacete.

Tão aterrorizante que eu penso: *Isso não vai durar.* Estou determinada a, na próxima semana, conseguir fazer alguma coisa que chegue pelo menos até o primeiro ensaio geral.

Aqui, preciso fazer uma explicação. A cada sábado, o SNL faz na verdade dois programas. O primeiro é diante de uma plateia do estúdio, mas não vai ao ar. Todo esquete que não agrada fica fora do programa transmitido.

Então eu penso: *Preciso pelo menos chegar até ali.*

O ator convidado da minha segunda semana é Taylor Lautner, o lobisomem arrebatador de corações adolescentes dos filmes da série *Crepúsculo*. Que eu não vi (1) porque tenho trinta e cinco anos e (2) porque se eu quiser ver gente pálida com cara angustiada eu me olho no espelho. Não preciso gastar dinheiro. Mas ele parece mesmo muito simpático. E é muito jovem. Então eu penso: *Vou escrever algo em que ele interprete alguém muito jovem mesmo.*

Vou lá e escrevo um esquete onde ele encarnará Levi Johnston, o ex de Bristol Palin. E tudo o que ele terá que fazer é vestir um colete acolchoado e resmungar como um idiota. Taylor Lautner arrebenta. E provoca risadas, e o esquete chega ao ensaio geral.

Eu estou tipo: *Oba, isso já é uma vitória.*

Pelo menos é o que eu penso até me dar conta do que significa o tal ensaio geral. Que é o seguinte: o sr. Lorne Michaels senta embaixo da plateia durante a apresentação e vê o programa num monitor. E quando nosso esquete começa, sentamos numa cadeira ao lado de Lorne e assistimos junto com ele.

Então começa meu esquete, e vejo Lorne ver meu esquete fracassar redondamente. E suponho que alguns de vocês nunca viram seu esquete fracassar diante de Lorne, então deixem eu dar uma ideia do que acontece:

Imaginem que estão fazendo sexo com Lorne Michaels. E ele não está emitindo nenhum som.

E eu penso: *Ai, meu Deus!*

Então essa passa a ser a minha vida, certo? Semana após semana eu me esfalfo para criar um material que possa funcionar no programa. E nem sempre é tão horrível. Mas não consigo fazer com que seja um estouro.

Começo a entrar em parafuso. Porque até aqui toda a minha identidade, em termos pessoais e profissionais, consiste na minha capacidade de ser engraçada. E eu não consigo decifrar o código para entrar nesse programa. Antes de cada leitura de mesa sou tomada de pavor. Antes de cada ensaio geral sinto um nó no estômago. Ando em círculos, perdida e confusa, mas de um jeito nebuloso. De um jeito Keanu Reeves.

A sensação é de que uma parte de mim se quebrou, e sem ela estou ficando desarticulada. Nunca mais vejo meus amigos porque os horários não combinam.

E nas raras ocasiões em que os vejo, eles me dizem coisas como: "Você não está com uma cara boa".

Ou então: "Jessi, não chore nesse restaurante. A gente quer voltar aqui".

Também não estou conseguindo dormir, porque não tenho tempo para isso. E quando ocasionalmente tenho um tempinho para dormir, fico ansiosa demais, e penso no convidado da próxima semana e no que preciso escrever para ele ou ela.

Fico lá deitada pensando: *O.k., a Jennifer Lopez estará no programa da semana que vem. O que eu posso escrever para a Jennifer Lopes?*

E aí eu penso: *Porra, quem é que sabe o que fazer com a Jennifer Lopez? Nem a Jennifer Lopez sabe o que fazer com a Jennifer Lopez.*

E no meio de toda essa aflição tento ter algum tipo de prazer, porque não tenho mais prazer na minha vida. Tudo o que consigo é ir até a loja da Anthropologie no térreo do 30 Rock e gastar dinheiro com alguma besteirinha. Gasto duzentos e oitenta dólares comprando, digamos, um suéter com bolso canguru ou alguma merda do tipo. As garotas sabem do que estou falando.

Ou às vezes chego em casa muito tarde mesmo, tomo um Ambien e começo a alucinar apenas o suficiente para mandar uma vaga mensagem erótica a um cara com quem costumava sair em L.A.

Justo quando estava fazendo isso, estourou o escândalo do Tiger Woods. E lembro que uma de suas amantes falou que eles praticavam essa combinação Ambien mais conversa erótica. Todo mundo no meu trabalho comentou: "Uh, isso é tão sórdido".

E eu: "Sim, é muito sórdido. Estou fazendo o que o Tiger Woods faz".

Eu soube que estava chegando ao fundo do poço quando a ansiedade começou a me afetar fisicamente. Comecei a sentir palpitações e, por ser uma neurótica hipocondríaca, pensei: *Estou morrendo*.

Então fui ver meu médico. Tenho um médico muito bom, que foi capaz de me diagnosticar imediatamente como uma idiota.

Disse ele: "Você só precisa relaxar".

E eu: "O.k., bem, então me receite um Klonopin".

E ele: "Não, você devia fazer isso sem medicamentos".

E eu: "Por que você é um médico malvado?".

Mais ou menos nessa época uma amiga querida me manda um link para uma série de palestras de um monge budista britânico chamado Ajahn Brahm.

Ela diz: "Ouça isso. Você vai se sentir melhor". Fiquei cética, porque geralmente a única autoajuda que eu aceito é de uma amiga muito íntima minha chamada Oprah Winfrey.

Mas estou desesperada, então respondo: "O.k.".

Me apaixono na hora por Ajahn Brahm. Ele fala semanalmente há quinze anos sobre todos os aspectos da experiência humana no mundo. As palestras estão em ordem alfabética no site.

Começo a ouvir as palestras na cama – coloco meu *laptop* sobre o travesseiro, de modo que a voz dele está literalmente no meu ouvido.

Uma noite ouço uma palestra que ele deu sobre a morte e sobre morrer. O tema era a aceitação de que a vida e a morte andam juntas e são parte do mesmo *continuum*.

Eu me dou conta de que, muito embora eu não esteja fisicamente morrendo, talvez possa incorporar essa ideia ao fato de que a minha comédia está morrendo. Se for para dar certo no *SNL*, preciso fazer as pazes com o fracasso. É preciso realizar isso na vida – fazer as pazes com o fracasso. Mas especialmente naquele programa.

Paro de escrever as coisas a partir de um lugar de medo. E começo a escrever coisas que julgo engraçadas. Eu digo: foda-se, venha o que vier, e entrego meus escritos.

E as coisas começam a melhorar. Num dos últimos programas da temporada, Tina Fey era a atriz convidada. Adoro a Tina Fey. E queria muito pôr alguma coisa no ar quando ela estivesse no ar. Lembrei na terça-feira à noite daquele esquete que eu tinha escrito quando estava me candidatando ao emprego.

Pensei: *Quem sabe a Tina seja boa para isso.*

Entrego o texto e o repassamos na leitura de mesa. Ele não arrasa, mas também não naufraga. E ocorre que a Tina quer experimentá-lo.

É uma paródia de comercial, o que significa que o gravaríamos numa sexta e editaríamos durante todo o sábado. Lembro de ter deslizado discretamente para junto de Lorne um pouco antes do ensaio geral. Estava nervosa achando que as pessoas não iam gostar, porque era uma ideia bizarra.

Era uma paródia de um comercial de Duncan Hines*, do modo como eles mostram mulheres solitárias substituindo o sexo por chocolate. Era para um produto chamado Brownie Husband.

A ideia era que fosse um brownie em forma de marido, e que a pessoa pudesse trepar com ele e devorá-lo ao mesmo tempo.

O slogan que eu tinha escrito era: "A primeira sobremesa que você vai querer comer... e comer".

---

* Marca norte-americana de pós para o preparo de bolos, brownies e muffins.

Eu estava nervosa. Mas assim que eles começaram o esquete a plateia começou a rir. E era riso de verdade, às gargalhadas. Estavam rolando de rir.

E Lorne está rindo ao meu lado. E se vocês querem saber o que significa fazer Lorne rir, imaginem-se fazendo sexo com Lorne e ele rindo.

Quando o programa vai ao ar, é um sucesso, e vira *trending topic* no Twitter. As pessoas querem um Brownie Husband.

E é o primeiro momento em toda a minha experiência no SNL em que penso: *Oh, é assim que eu imaginava que seria quando era criança.*

Então termina a temporada. E outra tradição do SNL é que antes do final do verão eles não te dizem se você vai ser recontratado para o outono. Então você vive meses de apreensão. Mas quando vi eu estava menos preocupada em saber se eles iam me querer de volta ou não do que com o que iria acontecer se eles me quisessem.

Porque eu estava preocupada com a perspectiva de voltar a um lugar que me deixara tão maluca. Mas, por outro lado, nada parecia mais louco que a ideia de ter que abrir mão desse trabalho que toda pessoa envolvida com comédia deseja. E que eu desejava desde os dez anos de idade.

Comecei a pensar no que iria me fazer falta.

Eu pensava: *Ah, eu vou sentir falta da aprovação da plateia rindo e de Lorne rindo.*

Mas lembrei que, ironicamente, o esquete que me valeu aquela aprovação foi um que escrevi num Starbucks, por iniciativa própria, antes de achar que tinha mérito para conseguir o emprego. E quando consegui o emprego eu não tive a experiência glamorosa que imaginava que teria quando tinha dez anos e assistia ao programa numa TV fuleira em preto e branco.

Mas eu na verdade tive uma experiência muito mais importante. Porque o que aprendi foi a ter coragem. O SNL me ensinou que você não pode ter medo de colocar no mundo alguma coisa que é sua, alguma coisa que é totalmente diferente e na qual você acredita.

Assim, quando o *SNL* enfim me chamou, pedi a meu agente que dissesse respeitosamente não.

E naquele outono eu fui de novo com meu laptop ao Starbucks e comecei a escrever algo novo.

JESSI KLEIN é a roteirista principal e uma das diretoras executivas do programa vencedor do Emmy *Inside Amy Schumer*. É escritora-comediante e já escreveu para o Comedy Central, para a ABC, para a HBO e para o *Saturday Night Live*. De vez em quando dá umas tuitadas, mas não gosta muito.

Esta história foi contada em 28 de junho de 2011 no Central Park Summer Stage, em Nova York. O tema da noite era A Grande Noite. Diretora: Sarah Austin Jenness.

Uma escolha impossível

Sasha Chanoff

Estou olhando pela janela de uma suíte de hotel na capital do Congo, no meio da África. Há marcas de balas nos edifícios lá fora, porque uma guerra está em curso. Mas é noite e tudo parece calmo. Há uma infestação asquerosa de baratas na cozinha e um cheiro pútrido no ar.

Aumentei significativamente o volume da TV porque o governo congolês grampeou nosso quarto. Eu me viro e encaro Sheikha. É uma mulher do Quênia que tem a pele morena do povo do litoral, cabelo preto espesso e olhos escuros intensos. Lágrimas brotam de seus olhos e ela me faz um apelo.

"Sasha, precisamos levar essas pessoas junto com o resto. Senão elas morrerão aqui, e o sangue delas ficará nas nossas mãos. Por favor. Você tem que confiar em mim."

Estou diante de uma decisão terrível. E temo que, independentemente do que eu faça, essas pessoas sejam mortas. Um mês antes, no Quênia, meu chefe, David, me chamou à sua sala na Organização Internacional para as Migrações, onde trabalhávamos.

Ele me entregou uma lista com cento e doze nomes e disse que estava me mandando para o Congo numa missão de resgate. A tarefa era evacuar cento e doze sobreviventes do massacre. Ele me alertou muito expressamente que sob nenhuma circunstância eu poderia incluir qualquer outra pessoa naquela lista. Se eu desobedecesse, não conseguiríamos tirar ninguém dali e todos morreriam. David sabia disso porque passara os seis meses anteriores no Congo, evacuando pessoas.

Conheci uma adolescente que ele tirara de lá. Tinha olhos nervosos. E me contou que a matança começou quando o presidente do Congo foi à TV para dizer que todas as pessoas da tribo tutsi eram inimigas e deveriam ser perseguidas e exterminadas.

Era, de certo modo, uma extensão do genocídio de Ruanda. A garota foi para um esconderijo naquele dia, mas a certa altura teve que sair em busca de comida.

E enquanto se esgueirava pela cidade ela viu uma turba perseguir e capturar outra mulher. Colocaram um pneu em torno dela, prenderam seus braços, encharcaram-na de gasolina e atearam fogo. Estavam matando as pessoas das maneiras mais terríveis, porque os tutsis eram vistos como os bodes expiatórios para os problemas do Congo.

A garota perdera os pais, mas tinha quatro irmãos ainda vivos na lista que David me entregou.

David também me alertou sobre Sheikha. Ela o acompanhara em todas as missões anteriores, mas ele me disse que não podia confiar nela, pois sempre tentava incluir mais gente, e que eu devia impedi-la de fazer isso.

Sheikha e eu voamos para o Congo, alugamos um carro com motorista e fomos para a zona de segurança em que estavam reunidos os cento e doze.

O grande portão preto se abriu de par em par e o nosso carro entrou naquele condomínio de dois acres cercado por um muro de três metros encimado por cacos pontiagudos de vidro. Havia guardas com fuzis AK-47 a tiracolo postados ao redor.

Uma construção térrea ficava no meio, com uma grande barraca armada de um lado, e latrinas do outro. Alguém avistou Sheikha, e de repente havia uma multidão em torno do nosso carro. A multidão o balançava para cima e para baixo e entoava o nome dela.

E me lembrei de David me dizendo que "as pessoas vão enlouquecer de alívio quando virem vocês, pois acham que ficando ali elas morrerão. E ao ver vocês saberão que há outro voo".

Mas para mim aquilo parecia assustador e fora de controle, porque havia ali muito mais do que as cento e doze pessoas da nossa lista. Instalamos uma mesa no alto de uma pequena elevação e as pessoas se aglomeraram mais embaixo. E fui chamando uma pessoa por vez.

Eu anotava o nome de cada um, sua data de nascimento, e tirava uma foto. E dizia a eles que o voo partiria em alguns dias. Eu tinha que entregar aquelas informações às autoridades congolesas de imigração. Fiquei bem emocionado quando vi os quatro irmãos daquela garota irem até a mesa.

Quando tínhamos concluído e tentávamos sair dali, um sujeito que estava trabalhando no condomínio disse: "Antes de partir, você precisa entrar naquela barraca ali e dar uma olhada nas pessoas que acabaram de chegar".

E eu pensei: *Não quero ver mais ninguém. Não temos como levá-los, então por que nos dar ao trabalho de olhá-los?* Mas meus pés foram me levando em direção à barraca enquanto eu pensava essas coisas, e acabei entrando.

E foi como se o tempo parasse.

Estava quente de verdade dentro daquela barraca, e me lembro do suor escorrendo pela minha lombar. Mas o que me espantou foi a completa calma reinante, que parecia impossível porque havia trinta e duas viúvas e órfãos em pé ali dentro.

O sujeito que nos levou até a barraca se inclinou para mim e disse: "Eles passaram dezesseis meses num campo de prisioneiros, onde a maioria de seus familiares foi executada. Não sabemos como sobreviveram".

Todos pareciam traumatizados e macilentos. E tinham aquele olhar vazio que dava a impressão de não haver nada por trás de seus olhos.

Sheikha se curvou sobre uma menina que segurava uma boneca e disse: "Deixa eu ver tua boneca?".

De repente, os olhos da boneca se arregalaram, e sua língua saiu para fora da boca. E nos demos conta de que era na verdade um bebezinho que parecia mais morto do que vivo.

Fui até um menino de treze anos e perguntei: "Qual é o seu nome?".

E outro menino, ainda menor, agarrou a mão do primeiro e disse: "Ele não fala mais. Eu falo por ele". Aquele menino de treze anos tinha sido brutalizado de tal maneira que simplesmente parou de falar.

Sheikha e eu saímos dali. E naquela noite, no quarto de hotel, ela tinha em mãos a lista de viúvas e órfãos e me implorava para levá-los conosco.

Eu disse: "Não podemos".

Mas então me perguntei: *Será que poderei conviver comigo mesmo se deixarmos essas viúvas e órfãos, e eles forem todos mortos?* Não, achei que não.

Mas eu poderia conviver comigo mesmo se tentássemos levá-los e não conseguíssemos tirar todo mundo daqui e todos acabassem morrendo? Não.

Então pensei em quem era Sheikha. Ela tinha uma clara orientação moral. Fazia o que seu coração julgava certo e não estava preocupada com ganho ou reconhecimento pessoal.

E aí me perguntei: quem sou eu? Minha bisavó viera para os Estados Unidos como refugiada, escapando do antissemitismo na Rússia. Foi uma viúva que criou quatro filhos sozinha. Eu vinha trabalhando com refugiados desde que me formara na faculdade, há seis anos, mas nada tinha me preparado para aquilo.

E então Sheikha disse palavras que me modificaram: "Sasha, somos humanitários. Estamos aqui, no trabalho de campo, agora. Se não fizermos isso, essas pessoas serão esquecidas. E morrerão aqui. Cabe a nós. A decisão é nossa".

Naquele momento eu confiei nela. Então liguei para David. E ele ficou furioso quando lhe contamos o que pretendíamos fazer. Ele disse: "Ouça aqui, vou lhe contar exatamente o que vai acontecer. Vocês precisam informar as autoridades congolesas de imigração, e aí eles vão incluir gente deles na lista de vocês. E então, no último minuto, talvez até dentro do avião, eles vão retirar do voo o pessoal de vocês e vocês não vão conseguir tirar ninguém daí. Vocês não podem fazer isso".

Eu disse: "David, eu entendi. Mas temos que tentar". E ele ficou em silêncio.

Em seguida eu o ouvi dizer: "O.k., então você tem que fazer o seguinte. Essa é uma missão de resgate dos Estados Unidos. Portanto consiga a aprovação do embaixador norte-americano. E faça sua tentativa".

Conseguimos a aprovação do embaixador norte-americano. Então, na última noite, quando o sol estava se pondo, fomos falar com o chefe da imigração do Congo, um homem massudo com grandes olhos redondos que já nos dissera o quanto odiava os tutsis.

Quando lhe contamos que levaríamos as viúvas e órfãos, ele disse que tinha sete pessoas a mais para levarmos.

Dissemos: "Tudo bem".

Então ele puxou toda uma outra lista e disse que também queria que levássemos todas aquelas outras pessoas.

Dissemos: "Não podemos". Discutimos com ele. Tentamos até suborná-lo.

Mas quando estávamos saindo ele disse: "Sou eu que mando aqui. Eu digo quem parte e quem fica. Vamos só ver o que vai acontecer amanhã".

Essas palavras me aterrorizaram. De volta ao hotel, percebemos que tínhamos outro grande problema. Tínhamos gente demais para o nosso voo.

Mas aí raciocinamos que as crianças estavam tão emagrecidas e miudinhas que podíamos mudar as datas de nascimento de modo a fazer as de três e quatro anos passarem por menores de dois e poderem sentar no colo dos adultos, liberando o número necessário de assentos. Então passamos a noite fazendo isso.

Às três da madrugada, tentei fechar meus olhos, mas não consegui dormir. Estava pilhado demais de cansaço, medo e incerteza diante daquilo tudo.

Pensei: *Será que condenamos todos à morte com essa decisão?* Algumas horas mais tarde, busquei e consegui quatro ônibus, e quatro guardas armados para cada um. Fui para a área de segurança e começamos a colocar as pessoas nos ônibus.

E as pessoas que não iam partir começaram a gritar.

Um homem me agarrou, puxou meu rosto para perto do seu e disse: "Sasha, você precisa me levar junto. Olhe para a minha cara. Sou um tutsi. Serei morto aqui".

Mas não podíamos levá-lo, entre tantos outros. E os gritos deles foram sumindo na distância à medida que nossos ônibus se afastavam.

Meu coração estava disparado, porque aquela era a parte mais perigosa de toda a missão. O governo congolês nos dissera que permitiria que fizéssemos aquilo, mas extraoficialmente eles não queriam que tivéssemos êxito. Minha preocupação era que um bando atacasse nosso ônibus, ou que talvez homens armados começassem a atirar em alguma esquina. Centenas de milhares de pessoas já tinham perdido suas vidas, e ninguém notaria algumas mortes a mais.

Uma hora depois finalmente entramos no aeroporto e paramos a uns quinze metros do avião.

Pensei: *Aqui está o avião. Agora é só colocar todo mundo dentro.*

A polícia de imigração congolesa forçou eu e Sheikha a sairmos dos ônibus. E então começaram a averiguar as pessoas usando a documentação que tínhamos fornecido. Quando as viúvas e órfãos estavam descendo dos ônibus, a polícia os deteve.

Um pensamento terrível me ocorreu: *Ah, meu Deus. Essas pessoas são testemunhas de atrocidades horríveis. E a polícia de imigração congolesa não vai deixá-las partir, porque não quer que elas saiam por aí contando o que viram.*

Pensei: *Tudo o que David disse está se acontecendo agora.* E me senti muito impotente. Olhei em volta à procura de Sheikha. Ela estava falando com o chefe da imigração congolesa e agitando os braços.

Os segundos passavam.

E então eles foram liberados para descer do ônibus. Embarcaram no avião. Todos embarcamos no avião. Fui o último a entrar. A cabine tinha virado um forno, porque o avião ficara parado na pista de macadame por algumas horas.

Estava abarrotado de gente. Havia muitas crianças sentadas no colo dos adultos. A porta se fechou atrás de mim. Senti o ronco dos motores ganhando vida e um ar fresco entrar na cabine. Seguimos pela pista de decolagem e levantamos voo.

Eu tinha imaginado que naquele momento as pessoas irromperiam em aclamações de júbilo por estarem finalmente a salvo. Mas, quando vi, todo mundo estava chorando pelas pessoas que tínhamos deixado para trás.

Aquele foi o momento mais alegre e ao mesmo tempo o mais doloroso. E naquele momento lembrei de Sheikha implorando comigo no hotel. E me senti muito agradecido. Não conseguimos tirar todo mundo, mas tiramos todos os da lista e mais aquelas viúvas e órfãos. E eles eram os mais ameaçados.

Olhei para as crianças franzinas, e lá estava o menino de treze anos. E lá estavam os quatro meninos que logo estariam reunidos com sua irmã adolescente.

Quando os olhos deles encontraram os meus, experimentei um incrível sentimento de conexão, e a comunhão humana calou fundo na pessoa que eu sou. E esse sentimento tem me motivado e inspirado desde então.

SASHA CHANOFF é fundador e diretor executivo da RefugePoint, uma organização humanitária sediada em Cambridge, Massachusetts, e no Quênia que busca soluções definitivas para os refugiados em situação de grande risco no mundo todo. Sasha tem aparecido no *60 Minutes* e em outros veículos de mídia e realizado parcerias de empreendimento social com organizações como a Ashoka, a Echoing Green e a Draper Richards Kaplan Foundation. É ganhador do Prêmio Charles Bronfman para contribuições humanitárias e do Harvard Center for Public Leadership's Gleitsman International Activist Award, e é um Champion of Change da Casa Branca. Faz parte do comitê organizador da New England International Donors e é consultor das Leir Charitable Foundations e do Good Lie Fund, o braço filantrópico do filme da Warner *Uma boa mentira*, sobre o reassentamento dos "meninos perdidos" do Sudão. Você pode ler mais sobre como a história de Sasha o tornou um líder em *From Crisis to Calling: Finding Your Moral Center in the Toughest Decisions*, livro em coautoria com seu pai, David Chanoff. A primeira parte de *From Crisis to Calling* relata a história completa da missão de resgate no Congo que foi o assunto de sua aparição em *The Moth Radio Hour* e no Moth Mainstage. Sasha vive em Somerville, Massachusetts, com a mulher e dois filhos.

Esta história foi contada em 11 de abril de 2014 no Shubert Theatre, em Boston. O tema da noite era Voltando para Casa. Diretora: Meg Bowles.

Então sabereis!

Moshe Schulman

Quando eu era criança, fui abençoado para vir a ser o maior rabino de meu tempo. Mas aos quinze anos estava enfrentando dificuldades na escola e sentia que talvez não tivesse mais condições de corresponder a essa bênção. Sou o quarto de oito filhos, e fui criado numa comunidade judaica ultraortodoxa em Monsey, Nova York.

Para aqueles que não foram criados no judaísmo ortodoxo, é como crescer entre os Amish, só que com eletricidade.

Eu não tinha permissão para assistir televisão, ler livros profanos, comer alimentos que não fossem *kosher* e nem para conversar com garotas. E desde a mais tenra idade aprendi com meus rabinos que, se desobedecesse a qualquer um dos mandamentos de Deus, receberia um castigo.

Por castigo meus rabinos queriam dizer que Deus muito provavelmente iria, sabem como é, me matar.

E aí é que está: *eu acreditava neles*.

Eu era um bom menino. Tirava nota máxima o tempo todo. Dava ouvidos a meus pais e a meus rabinos.

Mas, à medida que fui crescendo, comecei a questionar e a me perguntar: *Será que Deus vai mesmo me punir se eu não lhe obedecer?*

Então comecei a testá-lo. Certa manhã na escola puxei meu solidéu da parte de trás da cabeça um pouco mais para a frente, perto da testa.

Ora, isso era um sinal de modernidade. Era como passar de um celular pré-pago de abre e fecha para um iPhone.

Então comecei a ouvir secretamente Howard Stern* no ônibus a caminho da escola. E ficava me perguntando se os outros meninos também ouviam aquele programa. Para mim era fascinante ouvir alguém que discutia outras coisas que não o Talmude e a Torá.

Ainda mais empolgante era o fato de que o tal Howard Stern era judeu. Ele usava palavras em ídiche e falava sobre o Sabá e os feriados judaicos.

E isso me levou a pensar: *Espera aí, se o Howard Stern é judeu e está praticamente pecando todo dia quando diz aquelas coisas que eu ouço, por que Deus ainda não matou esse homem?*

Mas, embora eu estivesse começando a me desviar, ainda tinha receio de ir muito longe.

Ao mesmo tempo, estava me desiludindo com a educação que eu tinha recebido em casa; as coisas estavam desandando. Meus pais estavam atravessando um divórcio bem difícil e eu queria escapar deles, dos meus rabinos e das restrições religiosas.

Assim, nas férias de inverno daquele ano eu planejei uma viagem à Flórida com meu irmão mais velho, Israel. Ele se desgarrara do rebanho um ano antes, indo morar com minha tia Linda, que não era religiosa, em Bellmore, Long Island.

O plano era me encontrar com ele na casa dela e irmos para o aeroporto num domingo.

Ora, eu sempre desejara ir à casa da minha tia. Meu irmão me contou que lá havia coisas com as quais eu só podia sonhar

---

* Polêmico radialista norte-americano, autoproclamado "o rei de todas as mídias" e conhecido por seu humor escatológico e por vezes obsceno.

em ter um dia: um piano branco, uma escada em caracol e *duas* TVs de cinquenta polegadas.

Cheguei à casa da minha tia numa tarde de sexta-feira para o Sabá, e ela foi amável a ponto de me comprar comida *kosher* suficiente para toda a duração do Sabá. Mas quando o período do Sabá terminou, no sábado à noite, não havia mais comida *kosher* e eu estava faminto.

De modo que entramos todos no carro para farejar comida *kosher* nas pastagens de Long Island.

Bem, eu era muito bom nisso de procurar comida, pois, sendo um entre oito filhos, sempre temi que ela não fosse suficiente, e o tempo todo eu rondava a cozinha, vasculhando a despensa e a geladeira em busca da próxima refeição.

Às vezes eu chegava ao ponto de esconder comida por medo de que não sobrasse para mim.

E sempre desejei que houvesse algum tipo de pílula que substituísse uma refeição. Como o maná na Torá.

Quando os judeus estavam no deserto, queixaram-se a Moisés e Aarão dizendo que teriam preferido morrer rodeados por vasilhas de comida no Egito a morrer de sede e de fome no deserto.

E Deus, ouvindo suas queixas, respondeu prontamente, dizendo: "Relaxa, pessoal. Vou mostrar pra vocês como sou grandioso. Vou encher esse acampamento de pão e carne".

Acho que a frase correta é: "Então sabereis que sou o Senhor, vosso Deus".

Meus rabinos me ensinavam que a gente podia pedir a ele qualquer coisa e essa coisa literalmente cairia do céu. Qualquer coisa que a gente quisesse – pizza, sorvete, balas – apareceria num passe de mágica.

Mas nada estava aparecendo num passe de mágica em Long Island, de modo que continuamos rodando a esmo, procurando um restaurante *kosher*, mas nenhum estava aberto.

Sugeri que fôssemos ao Stop & Shop mais perto para ver se tinha pizza *kosher* congelada. (Por algum motivo, em minha comunidade trata-se de uma iguaria.)

Vasculhamos todos os corredores do Stop & Shop, mas não encontramos nada que tivesse o selo da União Ortodoxa na embalagem. (O símbolo da UO significa que aquilo foi comprovado oficialmente como *kosher*.)

Se você só tinha permissão para comer alimentos com o selo UO na embalagem, isso significava que você era, muito provavelmente, um ultraortodoxo, o que eu de fato era. Mas se você só pudesse comer alimento que era examinado por um rabino específico, e então marcado com um selo oficial desse rabino, isso significava que você era hassidista.

Mas se você estivesse autorizado a comer alimentos que tinham um certificado "*kosher* mas feito com derivados do leite", então provavelmente você era um ortodoxo moderno, também conhecido em minha comunidade como "um judeu limítrofe".

E se você pudesse comer alimentos que tivessem um K marcado na embalagem, ou, pior que isso, um K maiúsculo cercado por um triângulo, ou, pior ainda, o certificado Hebraico Nacional, podia abandonar a ideia de um lugar perto de Deus depois da morte, porque você não era sequer considerado judeu.

Comer esse alimento era simplesmente tão ruim quanto jogar seu solidéu no chão, praguejar contra Deus e comer um sanduíche de bacon, ovos e queijo.

Portanto, não tendo achado nenhuma comida *kosher*, lá estávamos plantados diante do Stop & Shop pensando no que fazer em seguida. Nossa busca tinha durado quase duas horas e estávamos todos frustrados.

Eu estava começando a me sentir como os israelitas na Torá. Teria preferido morrer em Monsey cercado por comida *kosher* a morrer de fome no desolado subúrbio de Bellmore, Long Island.

Minha tia me perguntou o que eu queria comer, e eu não sabia. Ela me perguntou se tinha mesmo que ser *kosher*, e de novo eu não sabia. Eu desejava simplesmente que não houvesse isso de *kosher* ou não *kosher*. Então minha tia me pressionou mais uma vez: "Tem que ser *kosher* ou não?".

Eu estava começando a me dar conta naquele momento de que, mesmo que encontrasse alguma coisa relativamente *kosher*, eu ficaria decepcionado. Secretamente eu queria alguma coisa não *kosher*, mas estava com muito medo de pedir ou admitir isso.

Minha tia recorreu ao meu irmão Israel em busca de alguma ajuda, e meu irmão disse: "Olhe, não quero forçá-lo a comer algo não *kosher* se ele não quiser".

Minha tia estava ficando irritada, então disse: "Bom, o que é que essa coisa *kosher* tem de mais, afinal? É só o fato de ser abençoada por um rabino, certo? Então por que eu não compro alguma comida e a abençoo? A gente acaba logo com isso".

E eu tive que dizer a ela: "Bem, meus rabinos me ensinaram que as mulheres não estão autorizadas a abençoar a comida".

Isso a deixou ainda mais furiosa.

Então ela saiu andando e eu disse: "Bem, talvez eu possa comer alguma coisa se eu não souber que não é *kosher*".

Ela se virou rapidamente para mim e gritou: "Como seria isso?".

Então expliquei o que aprendi na aula de Talmude. Acompanhem o raciocínio: Se um judeu está num aeroporto e compra um hambúrguer *kosher*, e enquanto ele sai para lavar as mãos e abençoar o pão alguém troca o seu hambúrguer por outro não *kosher* e ele come sem saber, tudo bem.

Ora, com essa lógica minha tia concordou. Ficou empolgada. E bolou um plano.

Ela me disse que entraria na loja e compraria a comida para mim, e eu não faria nem ideia de que não era *kosher*. Concordei.

Então entramos todos de novo no carro e rodamos até a Stella's Pizzeria na Merrick Road. Minha tia me perguntou o que eu queria, e eu disse uma fatia de pizza de champignon. Ela perguntou: "Só uma?".

E eu: "Sim, só uma".

(Eu não queria emputecer Deus mais ainda pedindo duas.) Então minha tia e meu irmão entraram na loja e eu fiquei sentado no carro, esperando Deus fulminar a pizzaria, ou o carro, ou ambos.

Minha mente de quinze anos estava fervilhando com todos os rabinos que eu já tivera na *ieshiva* gritando comigo que eu seria lançado num poço em chamas por causa do meu pecado. Eu estava num carro gói, num estacionamento gói, em frente a uma loja gói.

Olhei com atenção o garoto do balcão colocar as fatias no forno. Tive medo de que alguma carne de porco já tivesse entrado ali. E se houvesse gosto de porco no forno, ou se ele cortasse a minha fatia com a mesma faca que tinha cortado uma fatia de linguiça ou de bacon?

Meu coração disparou quando vi minha tia Linda dar o dinheiro ao caixa, e pensei que Deus a destruiria na hora. Ela teria um braço arrancado, ou a cabeça decepada.

Pensei no ditado "Não mate o mensageiro" para tentar me acalmar.

Mas Deus era Deus. Podia fazer o que desse na telha.

Fiquei temeroso também por meu irmão, embora ele não tivesse pedido fatias de pizza nem pago por elas. Mas o fato de estar na loja com minha tia fazia dele um cúmplice da minha desgraça como judeu *kosher*. Comecei a ficar com dor de estômago, e nem sei dizer se ainda tinha fome. A culpa estava fazendo um estrago tremendo.

Percebi que eu não era mais o bom garoto que costumava ser. Então minha tia e meu irmão saíram da pizzaria e entraram de volta no carro. Meu irmão trazia a caixa de pizza com as fatias dentro. Mas eu não conseguia olhar para aquilo. Estava nervoso demais. Fiquei olhando para fora do carro enquanto seguíamos pela rua, com medo de que trombássemos numa árvore ou num poste.

Eu já podia ver as manchetes: JUDEU ORTODOXO COMPRA FATIA DE PIZZA NÃO *KOSHER* E É MORTO IMEDIATAMENTE AO VOLTAR PARA CASA.

Então sabereis que sou o Senhor, vosso Deus, pensei. *Então sabereis*.

Quando chegamos em casa, Israel colocou a caixa de pizza sobre a mesa da sala de jantar. Tia Linda foi até a cozinha buscar uns pratinhos de papelão.

Perguntei a Israel se ele podia sumir com a minha fatia, e ele respondeu: "Eu não, não quero me envolver".

Minha tia disse que éramos dois malucos, e colocou minha fatia num pratinho. Minha tia e meu irmão já tinham começado a comer, de modo que me senti um pouco encorajado. Imaginei que, se eu fosse eliminado, eles iriam comigo.

Então peguei a fatia... e dei a primeira mordida.

Mastiguei.

Engoli.

Eles me perguntaram se gostei, e respondi que estava bastante boa.

Mas estava melhor do que bastante boa. Melhor do que qualquer pizza *kosher* que eu já tivesse comido – molho de tomate saboroso, crosta fina, cogumelos frescos e queijo.

Mas eu não queria parecer alegre demais ou arrogante. Não queria emputecer ainda mais o Cara Lá de Cima.

De modo que acabei a fatia rapidinho, me apalpei para checar se não estava morto, e pensei: *Por favor, Deus, me perdoe, só dessa vez. É só uma fatia idiota de pizza de champignon.*

Gostei da fatia... mas tinha acabado de infringir um *mandamento fundamental*.

No dia seguinte Israel e eu fomos para a Flórida, e foi ao longo daquela semana que troquei meu solidéu por um boné de beisebol. Eu estava finalmente livre da pressão da bênção, dos meus rabinos e do caótico divórcio dos meus pais. Éramos só eu e meu irmão mais velho, livres para fazer o que quiséssemos. Passamos dias inteiros nos estúdios da Universal, passeando nas montanhas-russas e jogando jogos eletrônicos. Ficávamos acordados até tarde no hotel assistindo filmes.

E eu não consegui parar de comer pizza naquela semana. Acho que comi pizza em praticamente todas as refeições. A Flórida foi minha Sodoma e Gomorra.

Mas claro que a coisa não é tão fácil. Não foi só comer aquela fatia e depois tudo bem.

Já se passaram dez anos desde que comi aquela fatia de pizza de champignon, e desde então eu rompi completamente com o rebanho religioso. No entanto, ainda tenho medo de que alguma coisa horrível venha a me ocorrer por ter infringido as regras.

Eu me imagino um dia pedindo um sanduíche de bacon, ovo e queijo, e imagino as manchetes: EX-JUDEU ORTODOXO PEDE SANDUÍCHE DE BACON, OVO E QUEIJO E É FULMINADO NA HORA POR UM RAIO EM LANCHONETE LOCAL.

Então sabereis que sou o Senhor, vosso Deus. Então sabereis.

MOSHE SCHULMAN tem escrito para as revistas *Rumpus*, *Orange Quarterly*, *Vol. 1 Brooklyn*, *Jewish Daily Forward* e *Tablet*, entre outras publicações. Bolsista da Bread Loaf Writer's Conference, mora em Nova York, onde recentemente concluiu um livro sobre sua experiência de deixar a comunidade ultraortodoxa judaica de Monsey, Nova York.

Esta história foi contada em 6 de fevereiro de 2015 no Great Hall da Cooper Union em Nova York. O tema da noite era Coração Secreto: Histórias de Intriga e Mistério. Diretora: Meg Bowles.

O preço da liberdade

Noreen Riols

Durante a Segunda Guerra Mundial eu era aluna do Liceu Francês de Londres. Mas ao alcançar a idade madura dos dezoito anos fui obrigada a abandonar meus estudos e escolher entre me alistar nas forças armadas ou trabalhar numa fábrica de munições.

Bem, esta última opção não me empolgava. Então decidi entrar para o Women's Royal Naval Service. Porque eu gostava do quepe. Achava-o muito sedutor.

Mas quando fui me alistar, me puxaram de lado e me fecharam numa espécie de armário de vassouras sem janelas com um oficial de alta patente do Exército, que começou a me fazer uma porção de perguntas que não tinham nada a ver com a Marinha.

Alternando quatro línguas, ele saltava de uma a outra feito um canguru ensandecido. E parecia muito surpreso por eu estar conseguindo acompanhá-lo.

Ele me despachou para um grande edifício na área central de Londres. Ah, eu conhecia o prédio muito bem. Mas, como os bandos de gente que passavam por ele todo dia, nunca tinha imaginado ou sequer suspeitado que aquele era o quartel-general do exército secreto de Churchill. E que, por trás daquelas paredes, membros de todos os países ocupados estavam organizando atos de sabotagem e a infiltração de agentes secretos em território inimigo à noite, de paraquedas, barco de pesca, falucho ou submarino.

Sem me dar conta do que estava acontecendo, eu tinha sido recrutada para o mundo oculto de agentes secretos em missões especiais. (E nunca consegui meu quepe sedutor.) Fui marcada com um "F", de seção francesa. Era uma vida exaustiva, mas excitante, empolgante, animada, cheia de ação e emoção. Vivíamos momentos muito intensos.

Vim a conhecer uma grande quantidade de agentes. E eu compartilhava muitas confidências com os que estavam prestes a partir. Eles me falavam de suas preocupações com a família – muitos deles eram casados e tinham filhos pequenos – e de suas próprias apreensões diante da possibilidade da tortura e da morte.

Sabiam que tinham apenas 50% de chance de voltar. E estavam com medo.

Homens valentes sempre têm medo. A coragem não é a ausência de medo. É a disposição – o colhão, se preferirem – para encarar o medo.

Eles encaravam seus medos. E partiam.

Lembro-me de um deles. Era judeu. Operador de rádio. Partiria para sua segunda missão. Bem, para um judeu, entrar no serviço secreto era extremamente perigoso. Mas muitos não hesitaram – contávamos com um bom número de agentes judeus. Mas um operador de rádio? Numa segunda missão?

A missão de um operador de rádio era a mais estafante, arriscada e perigosa de todas. Ele vivia sempre tenso. Nunca podia relaxar. Estava o tempo todo em fuga, com a Gestapo nos calcanhares. Precisava ter nervos de aço, pois, uma vez infiltrado, sua expectativa de vida era de seis semanas.

Estive com esse agente na noite que antecedeu sua partida. Oh, não pensem que havia uma relação amorosa; eu estava apenas lhe fazendo companhia. Afinal, ele era um velho – tinha quase trinta e cinco anos.

A certa altura da noite ele tirou do bolso uma caixinha forrada de veludo. E dentro havia uma correntinha de ouro com uma Estrela de Davi e uma pomba da paz penduradas.

Ele disse, sem mais: "Quero que você fique com isto".

"Muitíssimo obrigada", balbuciei. "Fico tremendamente tocada, mas não posso aceitar."

Sua expressão foi de tristeza. De grande desapontamento.

Ele disse: "Por favor, aceite, ah, por favor. Toda a minha família que vivia na França morreu num campo de concentração alemão. Não tenho mais ninguém no mundo. E gostaria de pensar que alguém vai se lembrar de mim. Que alguém até mesmo pensa em mim enquanto estou na missão".

Então fiquei com a caixinha, prometendo cuidar dela e devolvê-la quando ele voltasse.

Mas ele não voltou.

Aqueles que conseguiam voltar eram imediatamente levados para fazer um relatório, e eu acompanhava com frequência os dois oficiais que os entrevistavam.

Para mim era uma revelação ver suas reações diferentes. Alguns retornavam com os nervos absolutamente despedaçados. Suas mãos tremiam descontroladas e eles acendiam um cigarro atrás do outro.

Outros estavam impassíveis como um legume. Então me dei conta de que todos temos um ponto de ruptura. E nunca saberemos qual é esse ponto de ruptura até encararmos a situação. Talvez seja por isso que, antes de partir, os agentes que saíam em missão eram incitados com veemência a tomar a pílula de cianureto, que estava sempre escondida em algum lugar junto a seu corpo, caso fossem capturados pelos alemães. Ela os mataria em dois minutos.

Eu me tornei adulta assistindo a essas sessões de entrevistas.

Muitos daqueles agentes não eram muito mais velhos que eu. Ouvindo suas histórias incríveis, testemunhando sua coragem, sua dedicação total, deixei quase da noite para o dia de ser uma adolescente para me tornar uma mulher.

Numa noite de sábado de muita neve, no início de fevereiro, fui informada de que deveria partir para Beaulieu. Ora, Beaulieu era a última das muitas escolas secretas de treinamento. Essas escolas de treinamento estavam espalhadas por toda a Inglaterra. E os futuros agentes frequentavam cada uma delas durante seus longos e árduos seis meses de treinamento. Beaulieu, ou Grupo B, como era chamada, ficava em Hampshire, nas profundezas da Floresta Nova. Só seis mulheres trabalharam lá durante a guerra, e sou a última sobrevivente delas.

Éramos usadas como iscas. Trabalhávamos nas cidades litorâneas vizinhas Bournemouth e Southampton. Meu campo de atuação costumava ser Bournemouth.

Era lá que ensinávamos futuros agentes a seguir alguém – a descobrir aonde a pessoa estava indo, quem iria encontrar – sem ser percebidos. Como detectar se alguém estava seguindo *eles* e como se livrar dessa pessoa. Como passar mensagens sem emitir sinais perceptíveis e sem mover os lábios. Isso se fazia na praia, no parque, em bancos de praça, em cabines telefônicas e nos salões de chá que ficavam em cima do Gaumont Cinema.

O último exercício era reservado para os futuros agentes que os instrutores julgavam que poderiam dar com a língua nos dentes. Ora, os instrutores estavam com eles o tempo todo. Observavam cada um de seus movimentos. Analisavam tudo. E se achassem que os futuros agentes podiam acabar soltando a língua, pré-arranjavam cuidadosamente um encontro-teste entre uma isca e um futuro agente num dos grandes hotéis de Bournemouth.

(Claro que, se eu tivesse participado dos exercícios anteriores de aspirante a agente, não poderia participar desse, pois ele me conheceria, e nesse caso era outra das mulheres que cumpria a tarefa.)

O encontro acontecia no bar ou no saguão do hotel, e era seguido por um jantar íntimo tête-à-tête. Nossa tarefa era fazê-los falar – fazer com que se traíssem, em suma.

Os britânicos não são de falar muito. Estrangeiros às vezes falavam, especialmente os jovens. Ah, eu entendia. Sentiam-se solitários. Estavam longe de casa e da família. Não sabiam se teriam um lar, ou mesmo um país, para onde voltar quando a guerra terminasse. E era lisonjeiro ter uma garota atenta a cada palavra que diziam. Antes de serem mandados de volta a Londres ao fim do mês em Beaulieu – e era em Londres, na seção de seu respectivo país, que seu destino seria decidido – cada um deles tinha uma entrevista com nosso comandante, o coronel Woolrych. (Nós o chamávamos de Wooly Bags* pelas costas.) Ele dispunha de todos os relatórios das diversas escolas de treinamento e fazia seu relatório final, que voltava para Londres com um peso considerável.

Agora, caso eles tivessem dado com a língua nos dentes, durante a entrevista uma porta se abria e eu, ou outra isca, entrava na sala.

Woolly Bags dizia: "Você conhece esta mulher?". E eles se davam conta de que tinham caído numa armadilha.

A maioria deles aceitava bem a coisa. Mas nunca vou esquecer de um. Era um dinamarquês – ah, um esplêndido Adônis louro. Acho que ele tinha gostado bastante de mim. (Naquela época eu pesava uns doze quilos a menos e não tinha cabelos brancos.)

Quando entrei na sala, ele me encarou com surpresa e em seguida quase com dor.

Por fim, uma fúria cega o dominou. Fez menção de levantar da cadeira e disse: "Sua vaca!".

Bem, nenhuma mulher gosta de ser chamada de vaca.

---

* Trocadilho que pode significar "sacolas de lã" ou ainda "calças de lã".

Mas, como Wooly Bags me disse mais tarde, "se ele não resiste a abrir o bico para um rosto bonito aqui, não vai resistir quando estiver lá. E não será apenas a vida dele que estará em perigo, mas também a de muitos outros".

Acho que foi então que percebi que toda a minha vida era uma mentira. Eu mentia para todo mundo. Tinha que mentir. Para aqueles agentes. Para os meus amigos. Para minha família. Minha mãe pensava que eu trabalhava para o Ministério da Agricultura e Pesca. Ela morreu aos oitenta anos sem chegar a saber a verdade, porque todos nós do exército secreto ficamos submetidos à Lei dos Segredos Oficiais durante sessenta anos, até que esses arquivos foram abertos no ano 2000. E a essa altura muitos de nós já haviam morrido.

Às vésperas do meu aniversário de dezenove anos, eu me apaixonei louca e desesperadamente por um agente. Era um dos melhores. Um craque. Tinha acabado de voltar de uma segunda missão muito bem-sucedida e era adulado. Era uma lenda na seção. Eu tinha ouvido falar muito a seu respeito, mas nunca o tinha visto.

Até que de repente, numa noite, ele estava lá. Nossos olhares se encontraram no meio da sala apinhada de gente. E foi como se um ímã nos puxasse irresistivelmente um para o outro.

Eu custava a acreditar que ele pudesse me amar. Ele era bonito. Era doze anos mais velho que eu. Era um herói.

Ele devia ter conhecido muitas mulheres lindas, sofisticadas, elegantes, deslumbrantes. (Ah, tinha mesmo – ele me contou. Mas disse que tinha estado à minha procura.) Nosso idílio durou três meses até ele partir para sua próxima missão.

Fiquei apavorada. Era uma missão muito perigosa. Disseram que só ele era capaz de desempenhá-la. Fiquei com muito medo. Mas ele me tranquilizou. Disse que era um sobrevivente. E me prometeu que aquela seria sua última missão, e que quando voltasse não me deixaria mais. Envelheceríamos juntos.

No dia em que ele partiu, almoçamos, só nós dois, num restaurante pequeno e íntimo. Ambos sabíamos que talvez demoraria meses para voltarmos a estar juntos de novo.

Mantivemos a emoção fora de nossa conversa. Acho que ambos estávamos com medo de fraquejar. Sei que, talvez não os dois, mas eu desmoronaria e teria implorado para ele não partir.

Imagino que todos vocês já se apaixonaram. São capazes de imaginar o que é estar terrivelmente apaixonada e saber que tudo de que dispõe são algumas horas, aquele breve intervalo de tempo?

Ele me levou de volta à repartição e nos despedimos no ponto de ônibus. Acho que não chegamos sequer a dizer "até logo".

Quando estava entrando pela porta, me virei. Ele estava parado na calçada, me observando. Sorriu e ergueu a mão até sua boina vermelha de paraquedista. Uma saudação final.

Ele foi infiltrado em território inimigo naquela noite.

Nunca mais o vi.

A missão foi um sucesso, mas ele não voltou. E me restou um pequeno trailer de um amor perfeito. Perfeito, talvez, por ter sido tão breve.

Quando veio a notícia que eu tanto temia, tentaram me consolar. Disseram-me que eu devia ficar orgulhosa. Ele era incrivelmente corajoso – um homem maravilhoso, que percebera que havia no mundo uma força do mal que precisava ser aniquilada, mas que a liberdade tinha um preço. E pagou esse preço com sua vida.

Mas eu não queria um herói morto. Não queria uma medalha numa caixa forrada de veludo. Eu queria o Bill.

Todos aqueles agentes do exército secreto eram voluntários. Não eram obrigados a partir. Mas partiam. Quase metade deles nunca voltou. Como Bill, eles deram sua juventude, sua alegria de viver, suas esperanças e sonhos em nome do futuro.

Deram tudo isso por nós.

Deram seu hoje para que nós pudéssemos ter nosso amanhã.

NOREEN RIOLS nasceu em Malta, de pais ingleses, e mora com seu marido francês numa casa do século XVII num vilarejo perto de Versailles. Depois da guerra, foi trabalhar na BBC, onde conheceu seu marido, jornalista do World Service. É autora de onze livros, publicados na Grã-Bretanha, França, Alemanha, Holanda, Noruega e Estados Unidos. Escreveu numerosos artigos para jornais e revistas e, durante vários anos, colaborou de Paris com emissões para a *Woman's Hour* da BBC. É uma locutora experiente, com uma impressionante lista de créditos em seu nome, e também apresentou programas de rádio e televisão pelo mundo afora. Foi condecorada com a Médaille des Volontaires de la Résistance e em 14 de julho de 2014, Dia Nacional da França, recebeu uma medalha que a tornou Chevalier de la Légion d'Honneur, a mais alta distinção francesa. Seu décimo livro, *The Secret Ministry of Ag. & Fish*, foi publicado em 2013, com uma recepção calorosa. Seu décimo primeiro livro, *Autumn Sonata*, foi publicado como e-book.

Esta história foi contada em 28 de agosto de 2014 na Union Chapel, em Londres. O tema da noite era Testemunha Ocular. Diretora: Meg Bowles.

Por todas as
juras de amor

Acampamento de verão

Meg Wolitzer

Cresci em Long Island, na cidadezinha de Syosset, que alguns de vocês talvez conheçam por seu nome indígena americano: Saída 43. Mas no verão em que fiz quinze anos, que por acaso foi o mesmo verão em que Nixon renunciou, fui despachada para um acampamento nas Berkshires, e isso mudou minha vida.

Eu já tinha acampado antes, mas nos outros acampamentos onde eu estivera a gente fazia fitinhas, disputava renhidas guerras de cores e cantava aquelas canções melosas de acampamento:

Make new friends, but keep the old,
One is silver and the other gold.*

Sábio conselho.

Mas naquele acampamento novo cantávamos réquiens de Mozart pela manhã, e fazíamos uma porção de estampas em batique. Ora, eis aí uma palavra que a gente não tem a chance de usar com frequência numa frase: batique. E também atuávamos em peças teatrais em que, invariavelmente, alguém tinha que enlouquecer no palco e sair correndo no meio da plateia.

Amei aquilo.

Mais do que qualquer coisa eu queria atuar, e tinha estudado durante o ano todo minhas atrizes favoritas. Eu ficava

---

* "Faça novos amigos, mas preserve os antigos,/ Uns são tesouro, os outros são de ouro."

observando Elizabeth Montgomery em sua estimulante caracterização de Samantha Stephens, a Feiticeira. Karen Valentine em *Room 222*. E talvez a mais tocante de todas, Susan Dey como Laurie Partridge da *Família Dó-Ré-Mi*.

Mas aí é que está: quando cheguei ao acampamento e subi ao palco – eu, esta garota judia de Long Island – desandei a falar com uma voz que só posso descrever como minha voz de Katharine Hepburn.

"*Manhê, cadê você? Cadê você, manhê?*"

Não sei de onde veio aquilo.

É uma espécie de equivalente, em arte dramática, da voz poética. Vocês sabem do que estou falando?

> *Sou... uma mulher... que mora... em Red Hook.*
> *Aqui... estão as chaves... do meu... apartamento.*

Havia uma garota no acampamento que era de fato muito boa. Chamava-se Martha e tinha longos cabelos castanhos com florzinhas silvestres espalhadas por eles, e vestia longos vestidos de verão. E toda vez que ela falava, pequenos animais do bosque se juntavam a seus pés, pássaros canoros desciam do céu e pousavam em seus ombros, inclinando a cabecinha para escutar.

E no final do verão ganhamos cadernos de anotações pessoais, e todos os garotos escreveram no caderno de Martha coisas como: "Nunca te disse, mas estive apaixonado por você durante todo o verão". E esses mesmos garotos escreviam no meu caderno: "Você é muito engraçada".

Mas os garotos do acampamento não foram os únicos a se encantar com Martha. Nossa professora de teatro também, embora de um modo diferente. Era uma mulher muito respeitada que ensinava teatro no Greenwich Village, tivera como alunos algumas grandes lendas e quase parecia um dublê de Isak Dinesen.

E quando Martha recitava um monólogo, Cora – era este o seu nome – dizia: "Oh, Martha, foi tão linda a maneira como você fez aquele monólogo do Edward Albee. Aliás, vou ligar para o Ed esta noite e dizer a ele que vi a versão definitiva". Martha dizia: "Obrigada, Cora". E os pássaros canoros diziam: "Obrigado, Cora".

Mas quando eu subia ao palco para atuar, fizesse o que fizesse, não conseguia agradar aquela mulher. Ela tentava me ajudar, mas eu me expandia demais, e ela dizia: "Meg Wolitzer, disciplina, por favor. Sossega o facho. Fica parada".

Tudo isso? Eu não conseguia nem tentar.

Um dia na aula estávamos fazendo uma improvisação, e acho que devíamos interpretar soldados da Primeira Guerra Mundial em estado de choque. E eu ria sem parar.

Ela olhou para mim e disse: "Meg Wolitzer, você está sendo ridícula. Ridícula!".

Não era o mesmo que ser engraçada. Fiquei muito envergonhada. Meu rosto ardeu, e tudo o que consegui fazer foi rir ainda mais. Foi horrível.

E ela disse: "Saia daqui. Vá embora já".

Ela me dispensou e cambaleei pelo gramado, mais ou menos como faria um soldado da Primeira Guerra Mundial em estado de choque. Eu me sentei num pequeno morro e continuei rindo. O que havia de *errado* em mim? Eu era tão esquisita, não conseguia parar de rir.

Nenhum dos outros garotos ou garotas teria feito aquilo. Eu adorava aqueles garotos e garotas; eram tão interessantes. Conversávamos sobre música, sobre filmes franceses, sobre arte e até sobre sexo.

Agora, Martha tinha se tornado uma boa amiga. Eu e ela tínhamos sentado juntas naquele morro no dia anterior, e conversamos sobre os namorados que tínhamos em nossas cidades.

Eu tinha um namorado que... sei lá, nosso relacionamento era meio turbulento. Ele tentava ficar parecido com Cat Stevens, mas isso não dá muito certo se o cara usa aparelho nos dentes. Tinha também uma tendência a se referir a mim como "Milady".

Mas Martha e seu namorado – na minha cabeça eles eram tremendamente sofisticados, usavam boinas que combinavam e passavam um cigarro Gauloise um para o outro, e queria saber como era o relacionamento deles.

Perguntei a ela: "Tipo, quando você está com seu namorado, até que ponto vocês chegam?".

Ela perguntou: "Como assim?".

Respondi: "Ahn, tipo, você já fez um boquete nele?".

Ela me encarou e disse: "Ah, Meg, minha querida Meg – a gente chama isso de fazer amor".

E me dei conta de que esse era o meu problema na aula de teatro: eu estava fazendo boquetes enquanto todos os outros estavam fazendo amor.

Mas eu não era a única convidada a me retirar da aula. Às vezes Cora olhava para Martha e dizia: "Você parece um pouco abatida. Esses exercícios de improvisação te deixaram meio exausta. Quer sair e dar um tempinho?".

E Martha dizia: "Bem, eu de fato estou um pouco cansada, Cora".

E Cora dizia: "Por que você não deita um pouco na minha cama?".

Preciso dizer que Cora tinha uma cama no casarão do acampamento, e era uma daquelas coisas enormes com dossel que pareciam a cama em que Norma Desmond teria dormido em *Crepúsculo dos deuses*.

Tinha cobertas de veludo. O que eu mais queria na vida era que uma professora de teatro me dissesse: "Você parece cansada, vá deitar um pouco na minha cama". Queria me jogar naquela cama e fazer amor com um garoto da minha aula de teatro, e então nos viraríamos um para o outro e recitaríamos a frase de Samuel Beckett:

[Com uma voz bem dramática] "... Não posso continuar, vou continuar."

Mas um dia eu fui expulsa da aula e aconselhada a pensar em ser séria, e Martha tinha sido enviada para deitar na cama de Cora, e lá estava eu, vagando desalentada pelo acampamento, e tudo estava no maior silêncio. Tudo o que se ouvia era um leve toque de oboé, à distância. Sabia que em algum lugar havia garotos fazendo exercícios de dança interpretativa ou de *jazz hands.**
    Alguma coisa me levou ao casarão. Eu queria falar com Martha. Ela era minha amiga e eu queria vê-la. Subi as escadas, em silêncio total. E ali, no centro da gigantesca cama de Cora, Martha dormia profundamente. Postei-me ao lado da cama e, ao olhá-la de cima para baixo, pensei: *Pois é, essa é a garota, e é muito diferente de mim.*
    Eu nunca seria aquela garota. Nunca seria a garota convidada a deitar naquela cama – aquilo não era para mim.
    E me dei conta de que a razão de eu rir tanto na aula era que eu estava me divertindo muito naquele verão. Eu estava livre, e era expressiva. Era a primeira vez que me sentia daquele jeito.
    Olhei para Martha e disse: "Acorda".
    Ela meio que emergiu de um sono profundo, como uma pequena sereia saindo de uma tépida bolsa amniótica de água do mar, e disse: "O quê? O que foi?".
    Eu disse: "Venha, vamos lá para fora", e ela: "O.k.", e saímos juntas. Fomos sentar no nosso morro e conversamos. Eu era boa nisso. Havia uma porção de coisas que eu queria dizer.

---

* Modalidade exuberante de dança do jazz em que o dançarino usa as mãos espalmadas, movimentando os dedos com destaque dramático ou cômico.

Na verdade, eu tinha começado a escrever um diário naquele verão. No começo botei muita coisa nele porque tudo estava acontecendo. Mas depois eu fiquei tão ocupada que não tinha tempo de escrever no diário, e o tempo foi passando, mas eu me sentia um pouco preocupada, porque... e se eu ficasse bem famosa um dia e eles quisessem publicar meus diários? Eu seria uma espécie de participante menos conhecida do Círculo de Bloomsbury – o Grupo de Syosset. Mas meu diário não conteria muita coisa.

Então voltei àquele diário, e em todas as páginas em branco escrevi: "*Não aconteceu nada. Não aconteceu nada. Não aconteceu nada*".

Mas muita coisa estava acontecendo naquele verão, e não apenas em mim, mas no mundo. Em 9 de agosto fomos todos chamados à Sala Charles Ives, para onde foi levado um aparelho de televisão, e vimos Richard Nixon ser removido do gramado da Casa Branca como uma peça deteriorada de mobília do jardim. Tudo estava mudando.

Neste verão faz exatamente quarenta anos que isso aconteceu. Cora, a professora de teatro, morreu faz tempo. Richard Nixon morreu faz tempo. (Ainda sinto saudades do sujeito.)

De lá para cá Martha e eu continuamos melhores amigas, e somos totalmente diferentes uma da outra. Ela ainda é chique e adorável, e eu ainda sou engraçada ou talvez ridícula, como esta noite – não sei.

Mas o que aconteceu naquele verão foi o seguinte: o mundo está sempre tentando te dizer o que você não é.

E cabe a você dizer o que você *é*. Todas as coisas de que Cora não gostava em mim – minha jequice, minha tontice, o modo como eu me enrolava o tempo todo – acabaram por se tornar algo pelo qual tenho a maior ternura.

MEG WOLITZER é romancista e já publicou *The Interestings*, *The Uncoupling*, *The Ten-Year Nap*, *The Position* e *The Wife*, bem como um romance infantojuvenil, *Belzhar* (no Brasil, *Redoma*). Contos seus foram publicados em *The Best American Short Stories* e *The Pushcart Prize*. Ela faz parte do departamento de escrita criativa da Universidade Stone Brook Southampton.

Esta história foi contada em 19 de setembro de 2014, no Great Hall da Cooper Union, em Nova York. O tema da noite era Na Natureza Selvagem: Histórias de Terras Estranhas. Diretora: Catherine Burns.

O peso de uma aliança

Amy Biancolli

Faltavam poucos minutos para as dez da manhã no final de setembro de 2011 quando tocaram a campainha. Eu estava no sótão, onde às vezes trabalhava fazendo resenhas de filmes. Na época eu trabalhava como crítica de cinema.

Estava escrevendo uma resenha que eu vinha empurrando com a barriga há tempos, de modo que quando ouvi a campainha fiquei irritada. Mas desci e cheguei até a porta da frente na ponta dos pés para espiar pelo vidro.

Tão logo os vi, tive certeza. Porque todos nós sabemos, graças aos filmes, o que significa ver dois policiais diante da nossa porta.

Significa que alguma coisa horrível aconteceu com alguém que a gente ama.

Mas deixei que entrassem. Eram um homem e uma mulher. Eram amáveis. Disso me lembro bem. Não lembro quem disse o quê. Devem ter perguntado meu nome. Devo ter dito. Devem ter perguntado se eu era casada com Chris Ringwald. Devo ter respondido que sim.

Pediram que eu me sentasse. E contaram que um homem tinha sido encontrado no chão do pátio do edifício-estacionamento de um hospital a um quilômetro e meio da minha casa.

Perguntei: "Ele se jogou?".

E eles responderam: "Sim".

"Morreu?"

"Sim."

E naquele momento, ao saber do suicídio do meu marido, senti todo o meu mundo ser arrancado de mim. Me senti rasgada ao meio.

Naquele dia fiz a coisa mais dura que jamais tivera que fazer. Contei aos nossos três filhos. O mais velho tinha dezessete anos na época e estava passando um ano sabático no Equador. Nossa filha do meio estava no segundo ano ginasial no Colégio Albany. Tinha quinze anos. E nosso caçula estava com onze. No sexto ano.

Naquela primeira noite, eu e meus filhos não quisemos nos separar. Tanto que deitamos no chão da sala de estar, em sacos de dormir, e assistimos a *Battlestar Galactica* (a série nova, a que é boa mesmo, a retomada).

Desligamos a TV depois de um tempo e tentamos dormir. Fiquei pensando principalmente em tudo o que havia perdido – meu marido dos últimos vinte anos, quem eu era com ele, nosso futuro juntos. Todos os nossos sonhos, alguns dos quais bem prosaicos. Sempre falávamos sobre nos tornarmos velhinhos caquéticos juntos – caminhando pelo bairro de mãos dadas – e isso também tinha ido embora.

No entanto eu sabia que tinha um futuro, ainda que não fôssemos mais comprar aquele conversível depois que nosso caçula fosse para a faculdade. Eu só não sabia que futuro seria esse.

Eu não podia me recolher num casulo. Precisava existir uma nova manhã, na qual eu me levantaria, e depois outra, e depois outra. Mas o que viria a seguir?

A semana se desenrolou da maneira como costumam se desenrolar essas semanas, numa roda-viva de pessoas amáveis chegando com assados e tigelas de macarrão, encontros com agentes funerários. O funeral. O velório.

A certa altura um dos agentes funerários veio com uma pergunta que me pegou desprevenida. Ele queria saber o que eu queria fazer com a aliança de casamento do meu marido.

Se eu queria levá-la para casa ou se queria que fosse cremada e enterrada junto com ele.

E eu respondi: "Obrigada, mas eu quero essa aliança".

Eu amava aquela aliança. Aquela aliança tinha sido eu na mão dele durante duas décadas. Aquela mão sustentou nossas promessas, e era uma linda mão.

Ele era escritor, mas antes disso trabalhou durante anos com carpintaria e construção, e tinha mãos grandes, vigorosas. Era uma grande aliança num grande dedo, e tinha ficado meio torta, estava com a forma do dedo.

E eu amava aquela forma. Era a nossa vida juntos.

De modo que levei a aliança para casa e decidi que não queria enfurná-la no fundo escuro de uma gaveta. Em vez disso, prendi-a numa correntinha e a pendurei num gancho atrás da porta do *closet* do meu quarto. E me pareceu correto tê-la ali presente.

Porque ele estava muito presente para mim. Eu era loucamente apaixonada por ele. Dede o comecinho. Soubemos desde o primeiro encontro. Quatro meses depois do primeiro encontro ficamos noivos. Ele não tinha o anel de noivado quando pediu minha mão, mas foi até Manhattan de trem e visitou um joalheiro chamado Bobby Satin, vejam só. A gente ria disso. É como se o nome dele tivesse saído de um filme: Bobby Satin.

Voltou também de trem – na verdade, saltou em Hudson, e jantamos lá.

Antes de me dar o anel ele explicou que a pedra engastada no centro não era um diamante. Disse que havia pedras menores que eram diamantes ladeando a pedra central. Mas disse: "Decidi que você não é um diamante. É um rubi, porque os rubis são mais raros".

E esse foi o início de nossa vida a dois.

Seis meses depois nos casamos, e por todo o tempo em que estivemos juntos ele foi o mais extraordinário, carismático, brilhante, interessante e afetuoso dos homens. E foi também o mais sensato – até deixar de ser.

Ele largou o emprego, se tornou ansioso. A ansiedade levou à insônia, que levou a mais ansiedade e à depressão, e tudo entrou numa espiral suicida. Depois de seis meses eu o perdi.

Depois de perdê-lo, lá estava eu com aqueles anéis na mão (o de noivado e o de casamento), com os quais eu não sabia o que fazer. Não sabia por quanto tempo deveria usá-los, porque não havia ninguém para me dizer.

Quando se perde um cônjuge, ninguém chega para a gente e diz: "Bem-vinda à viuvez. Tome aqui o manual".

Não existe manual. Não existe etiqueta a seguir. Não existem regras. Tudo o que temos são velhas expectativas mofadas, clichês baseados em grande parte nos filmes e na literatura.

Temos a ideia das velhas senhoras de sisudos vestidos pretos, murmurando orações com seus rosários, e talvez batendo com a Bíblia na testa. Eu sou católica – tenho rosários e tenho Bíblias –, mas não estava fazendo nada disso.

Eu estava lutando para viver cada dia, levando meus filhos em frente, cuidando deles, escrevendo. Fazendo meu melhor, rindo com meus amigos quando conseguia, e o tempo todo sofrendo por meu marido como uma louca.

Enquanto fazia essas coisas, tinha na mão aqueles anéis que sugeriam que ele estava vivo. E não sabia até quando deveria usá-los.

As pessoas diziam: "Bem, faça o que achar que é certo".

Mas eu não sabia o que era certo. Nada parecia certo. Como era possível alguma coisa parecer certa?

Encontrei na internet dois grupos de apoio a jovens viúvas e dei uma olhada. E claro que havia conversas inteiras sobre isso. Algumas viúvas e viúvos diziam que tinham tirado as alianças imediatamente, tão logo o cônjuge morreu. Outros diziam que as tinham derretido e transformado em uma nova joia. E outros diziam que as usavam numa correntinha pendurada no pescoço.

E algumas pessoas diziam: "Passaram-se cinco anos e ainda me sinto casado(a). Ainda uso a aliança. Sempre me sentirei casado(a)".

E eu de fato me senti casada... nas duas primeiras semanas. A gente se sente assim. Mas, à medida que as semanas foram se convertendo em meses, e a realidade da ausência do meu marido foi se sedimentando, a coisa se tornou cada vez mais dolorosa.

Quando digo dolorosa, estou sendo literal. Essa é uma das coisas que ninguém nos diz a respeito da viuvez: a gente sente uma dor física da cabeça aos pés. A falta que faz a intimidade, tanto física como emocional. A privação do toque. Tudo isso faz com que a gente queira ficar deitada à noite na cama, desejando ser abraçada pela pessoa que não está lá.

Isso dói.

E o que tornava tudo mais doído era o desacordo com os anéis na minha mão. A discrepância era demais para mim.

Até que finalmente, uns quatro meses depois da morte de meu marido, tomei o trem para Manhattan para ver um filme. Porque de vez em quando os estúdios me faziam ir até lá. Em geral eu via os filmes aqui em Albany, mas vez por outra havia um filme que eles não queriam exibir para mim aqui. Às vezes porque o filme não era dos melhores.

Nesse caso particular, era um filme chamado *A perseguição*. Era um *thriller* estrelado por Liam Neeson e um bando de lobos gerados por computador comportando-se de um jeito nada característico de lobos. Achei-o bem tolo. Outros críticos gostaram. Mas, seja como for, lá estava eu naquela sessão para a imprensa, batendo papo com um colega.

Não lembro quem era nem para que veículo ele escrevia. Mas durante aquela conversa profissional, me ocorreu que, se ele visse a aliança na minha mão, concluiria que eu era casada. Que eu tinha um marido vivo, respirando, em algum lugar. E eu não tinha.

Não que eu estivesse preocupada em namorar. Não se tratava disso. Era simplesmente a dor de saber que meu marido não estava mais lá e que minha mão dizia o contrário.

Então eu voltei para casa, conversei com os filhos. Queria ter certeza de que para eles estava tudo bem. E estava. Entenderam perfeitamente.

Comprei uma correntinha de ouro muito bacana. Ao tirar os anéis, senti minha mão mais leve, nua, muito esquisita. E dolorida.

Mas era uma dor honesta. Era uma dor com a qual eu sabia que teria que aprender a conviver. E aprendi. Aprendi ao longo de dois anos.

Até que, há uns três meses, não sei que impulso me levou a fazer uma coisa. Um simples impulso fortuito. Curiosidade. Sentei na cama com meus anéis e coloquei-os de volta na mão. E estendi a mão diante dos olhos. E era uma mão alheia. Não era mais minha mão.

Com aqueles anéis, ela parecia a mão de uma outra vida e de um outro eu. Tempo demais havia passado.

Então tirei de novo os anéis, coloquei-os de volta na corrente e pendurei-os no gancho atrás da porta do meu *closet*, junto da aliança de meu falecido marido.

AMY BIANCOLLI é autora de *Figuring Shit Out: Love, Laughter, Suicide, and Survival* (Behler Publications, 2014), sobre sua vida após a morte do marido, o escritor Christopher D. Ringwald. Atualmente ela é repórter e colunista de arte do jornal *Times Union*, de Albany. Anteriormente trabalhou como crítica de cinema para o *Houston Chronicle*.

É também autora de *Fritz Kreisler: Love's Sorrow, Love's Joy* (Amadeus Press, 1998) e de *House of Holy Fools: A Family Portrait in Six Cracked Parts* (Lulu Press, 2004), que lhe valeu o prêmio de Escritora do Ano de Albany. Amy mora em Albany, tem três filhos e mantém o blog figuringshitout.net.

Esta história foi contada em 22 de março de 2014 no Kitty Carlisle Hart Theatre, no The Egg, em Albany, Nova York. O tema da noite era Achados e Perdidos. Diretora: Meg Bowles.

Luz e esperança

Bethany Van Delft

Tive uma gravidez perfeita. Visitava semanalmente um especialista, porém, porque eu era uma mulher madura na primeira gravidez, o que é um modo suave de dizer que me achavam velha demais para ter meu primeiro filho.
 Eu consultava um especialista materno-fetal toda semana. E a cada semana os médicos e enfermeiros se reuniam em torno do ultrassom, observavam o bebê e diziam: "Que bebê perfeito. É um milagre na sua idade".
 Passei nove meses me perguntando como seria a coisa. Como seria dar à luz? Como seria ver aquela pessoa que eu vinha gerando durante todo aquele tempo?
 Em especial: o que era o tal transbordamento de amor de que falavam mães recentes? Como seria aquilo? E, claro, sendo uma comediante de *stand-up*, eu saboreava antecipadamente o novo mercado que a maternidade abriria para mim.
 Mas, acima de tudo, a ideia de sair um dia de casa como um casal e voltar como uma família me enchia de espanto.
 Quando chegou a hora, disseram que nos preparássemos para um longo trabalho de parto. Mas não: fiz força por apenas vinte minutos. E Lucia Esperanza nasceu às 22h59 de 10/11/11 (não de 11/11/11, a data pela qual torcíamos, o dia perfeito), só para nos mostrar que ela faria o que quisesse fazer.
 Colocaram-na sobre o meu peito, e me deixei impregnar por aquela pessoinha que vinha carregando em mim. Vi seu

pequeno queixo e sua boca em forma de coração, seu narizinho redondo, suas orelhas amassadas.
Vi seus olhos em forma de amêndoa, e meu coração disparou.
Perguntei ao meu marido, Jayme: "Ela não parece ter síndrome de Down?".
Jayme disse: "Não".
Deixaram-me na sala de recuperação e levaram o bebê para fazer alguns exames de rotina. Jayme desceu para avisar todo mundo. Tive a impressão de ter ficado sozinha por horas.
Minha preocupação se converteu em medo e meu medo virou pânico, e finalmente toquei a campainha para chamar a enfermeira. Estava histérica.
Perguntei: "Por que está demorando tanto? Tem alguma coisa errada? O que há de errado com meu bebê? Vocês podem trazê-la de volta para mim?".
Ela me trouxe o bebê de volta e liguei para o Jayme, soluçando, e pedi a ele que mantivesse as pessoas afastadas por mais alguns minutos, enquanto a enfermeira tentava me acalmar.
Pouco depois, quinze pessoas entraram no quarto para conhecê-la, perguntando: "Como você está se sentindo?".
E eu: "Radiante".
Mas eu estava apavorada.
No dia seguinte o pediatra veio ao meu quarto e disse: "Meus parabéns. Seu bebê é perfeito".
Foi um alívio enorme. Pude voltar a respirar normalmente.
Ele disse: "O índice de Apgar dela foi bastante alto".
E a audição dela estava ótima. E ela tinha dez dedos nas mãos e dez dedos nos pés – e, segundo ele suspeitava, também tinha síndrome de Down.
Ele nos deu um pacote com um número escrito num *post-
-it* para que telefonássemos.

Ao sair do quarto, disse: "Sabe, agora é a época para ter esses bebês, com todas as pesquisas recentes. Quero dizer, alguns deles chegam até a ler".

Passamos nossos dias no hospital fechados no quarto, com as persianas baixadas. À noite Jayme dormia na cama estreita comigo, atrás de mim. E ele me apertava bem forte. Acho que me apertava tanto para que eu não caísse da cama de tanto chorar.

Foi confirmado. Lucia tinha trissomia 21, o que significa três cópias do cromossomo 21, em vez de duas. Aquelas primeiras semanas foram um borrão de lágrimas e formulários e consultas médicas e listas que fiz de todas as coisas que nunca viriam a acontecer – de todas as coisas que ela nunca faria.

Dormi no sofá com ela durante quatro meses, com sua pele na minha, de modo que ela se sentisse amada. Mas, toda vez que eu olhava para ela, só conseguia pensar em: *Onde está o meu bebê? De quem é este bebê? Quando é que vou finalmente ver o meu bebê?*

Eu tinha implorado a Jayme para que me deixasse mudar o nome dela. Esperanza era o nome da minha avó e Lucia era só um motivo bonitinho para chamá-la de Lulu. Juntos, os dois nomes significavam luz e esperança. Mas eu não a chamava de Lucia. Eu não a chamava de Lulu. Eu não a chamava de coisa alguma, porque ela não era o meu bebê.

Isso o deixou muito, muito triste, mas ele disse: "Vamos dar um tempo. Ela é nossa Lulu. Vamos só dar um tempo".

Jayme voltou ao seu trabalho, e eu fiquei um trapo. Não me conformava com a perda da pequena família com que tinha sonhado, do lar que eu imaginara que teríamos. E passei a odiar o lugar onde morávamos, repleto de todos os presentes de chá de bebê e carrinhos e cadeirinhas e aquele monte de bichinhos de pelúcia. As coisas que costumavam me fazer devanear e sorrir agora retorciam minhas entranhas.

Eu me sentia culpada quando olhava para os presentes do chá de bebê. Sentia que de alguma maneira tínhamos enganado nossos amigos e parentes, e que eu deveria devolver todos os presentes, pedindo desculpas a todo mundo. Me sentia profundamente envergonhada de ter desejado um filho na minha idade e de não ter feito o teste no início da gravidez.

Os testes implicam um risco de aborto involuntário. E aos quarenta anos eu já sofrera dois abortos involuntários.

Eu estava apavorada com a possibilidade de sofrer outro aborto e talvez nunca poder ter um filho. Então eu e Jayme dissemos um ao outro que, acontecesse o que acontecesse, aquele era o nosso bebê e tudo ficaria bem. Mas agora eu sabia que, pelo menos para mim, aquilo não era verdade.

Eu ficava deitada na cama à noite com um nó no estômago, e o disco riscado na minha cabeça: *Não posso agir assim. Não posso ser esse tipo de mãe.*

Não fui talhada para ser esse tipo de mãe.

Eu sabia que, fosse qual fosse a criança que tínhamos, ela precisava ser cuidada. Precisava ser educada. Não era culpa dela eu sentir o que sentia. Ela não merecia sofrer por isso.

O robô Bethany entrou em ação.

Passei a ir a todas as palestras, todas as oficinas, todos os seminários a respeito da síndrome de Down. Li uma infinidade de livros, ia a cada consulta ao especialista com um monte de livros embaixo do braço, cheios de marcadores de páginas, e fazia mil perguntas.

Providenciei todas as intervenções precoces possíveis. Aos três meses de idade, ela recebia massagem terapêutica.

À noite eu assistia no YouTube a vídeos de crianças com síndrome de Down recitando o alfabeto, ou tocando violão, ou dirigindo um carro, até cair no sono.

Aprendi quais eram as atividades que podiam beneficiar crianças com síndrome de Down e a levava a todas elas. Levei-a a aulas de música. Levei-a a aulas de natação. Levei-a ao museu, a grupos teatrais, tudo com crianças comuns, como se isso fosse fazer o mundo vê-la daquele modo. Entrei num grupo de mães. Como regra, eu nunca falava sobre síndrome de Down, só sobre as coisas que as mães recentes costumam falar. Mas uma vez eu criei coragem e comecei a falar sobre as preocupações específicas que a minha família tinha.

Uma das outras mães me disse: "Mas por que você não a coloca com crianças do mesmo tipo que ela?".

Pensei em Jim Crow*, e em como o separado nunca é igual. Só o igual é igual.

E falei para aquela mãe: "Ela é uma criança. Ela *é* seu próprio tipo".

Mas aprendi a não falar mais sobre o que estava sentindo. Eu nunca falava sobre o quanto me sentia amedrontada e solitária. Nunca falava sobre como aquilo me doía. Nunca falava sobre o quanto eu odiava a síndrome de Down. Nunca falava sobre como me sentia envergonhada.

Na época eu ainda me apresentava em público. Havia um mercado florescente para comédias maternas, de modo que eu seguia escrevendo piadas sobre mães recentes, mas nunca sobre os meus desafios pessoais.

Consegui um teste para um programa de tevê humorístico de TV sobre mães em Los Angeles. Fui lá. O teste foi ótimo. Mas quando eu estava saindo ouvi outras mães humoristas conversando.

Uma delas disse: "Quer dizer, você sabe que minha filha é meio retardada, né?".

Elas riram.

---

* As "leis de Jim Crow", como eram chamadas as leis locais e estaduais que institucionalizaram a segregação racial no sul dos Estados Unidos entre 1876 e 1965.

Ela disse: "Quer dizer, você viu a menina, né? Tem que admitir que ela é um tanto mongoloide".

Meu coração se partiu em mil pedaços, mas não coloquei as humoristas em seus devidos lugares. Dei um desconto. Disse a mim mesma que às vezes os comediantes falam coisas realmente horríveis (como aquela vez que um comediante me disse: "Você não é velha demais para engravidar? Seu filho não vai nascer retardado?").

De volta em casa minha solidão me consumia, e foi se convertendo em raiva. De gente da família que morava a dois quilômetros de distância, mas nunca estava por perto. De amigos que tinham desaparecido. Eu tinha amigos que estavam presentes, mas agiam como se tudo estivesse ótimo. Eu estava com raiva de qualquer pessoa que tivesse um filho normal, ou um bebê normal, ou de qualquer pessoa que estivesse grávida e alegre.

Minha raiva virou desespero; eu estava completamente sem esperança. Fazer a coisa certa para o bebê era minha única motivação, e eu ia de uma atividade a outra feito um zumbi.

Sentia que não podia ser a mãe que ela precisava que eu fosse, e tampouco uma boa esposa para Jayme. Eu disse a ele que gostaria de poder ir embora. Mas na verdade o que eu queria mesmo era morrer, de modo que eles pudessem encontrar alguém melhor.

Então alguns amigos nos convidaram para umas férias com eles e amigos deles em Key West. Eram só casais, sem filhos. Fiquei preocupada porque a gente era o único casal a levar uma criança, e ainda por cima uma como a nossa filha.

Eu não sabia o que os casais tinham ouvido a respeito dela. Não sabia o que pensariam dela. Não tinha ideia do que esperar. Avancei porta adentro, e eles tinham um presente para ela. Tinham um pequeno livro sobre férias.

Todos tentaram brincar com ela, mas ela é um pouco tímida. Tem medo de estranhos, por isso chorou. Quando veio a noite, nós a pusemos na cama e os Jameson puxaram conversa, e começamos a contar histórias e a conhecer melhor uns aos outros.

Fiquei bem próxima de uma das mulheres e naqueles sete dias contei tudo para ela. Contei que tinha muito medo de que nunca mais pudéssemos viajar, e de que o bebê não amaria a praia como eu amo.

Contei-lhe do meu medo de não estar fazendo o bastante pela minha filha e de nunca vir a ser capaz de fazer o bastante.

E falei também do medo de que ela nunca viesse a reconhecer as coisas que de fato fazemos por ela e que esse sentimento me enchia de vergonha.

Ela não me julgou. Não disse "Bem, pelo menos...", nem "Podia ser pior...". Simplesmente escutou. Chamou a atenção para o fato de que na verdade nós já *estávamos* viajando – estávamos ali, em Key West. E estávamos na praia, e o bebê estava adorando a praia.

Disse que as coisas seriam o que seriam, de qualquer modo – por nossa causa ou apesar de nós. E foi um alívio tão grande ouvi-la dizer isso. Tirou um peso da minha alma.

No último dia, a menina já brincava com todo mundo. Arremessava sua bola de praia, os adultos apanhavam a bola, e todo mundo se divertia. Disseram que foi o melhor dia das férias.

Eu tinha visto como eles acabaram conhecendo minha filha e visto ela através dos olhos deles.

Ela era hilária.

Era divertida, era amorosa e definitivamente fazia as coisas que queria fazer. Era a nossa Lulu. Nossa luz, nossa esperança.

Quando voltei para casa, não vi mais as pessoas que não estavam lá. Vi as pessoas que *estavam*, e que lá queriam estar.

Quando chegou a hora de conversar, aconteceu que nenhum de nós sabia o que dizer ou como dizer. Mas agora as pessoas escutavam, e diziam que amavam nossa pequena e perfeita família.

Agradeciam-nos por mostrar-lhes o caminho, simplesmente tratando-a como uma criança, porque é isso que ela é.

E tão logo deixei de morrer de medo de ser esse tipo de mãe, me dei conta de que todas as mães choram um bocado. Todas as mães duvidam de sua capacidade de criar seu filho ou filha. Todas as mães se preocupam com o futuro.

Antes eu queria poder voltar no tempo e fazer aquele teste, mas agora eu queria voltar no tempo para me permitir sentir a alegria que sente uma mãe de primeira viagem. Porque era isso que eu era.

É bem mais fácil falar sobre essas coisas todas agora. Agora, se alguém me pergunta se fiquei chocada quando ela nasceu, eu respondo: "Claro que fiquei chocada. Jamais pensei que uma filha minha tivesse cabelo louro liso". (Por incrível que pareça eu achava que ela andaria por aí balançando tranças afro.)

Ainda vamos às nossas aulas de música, e ainda frequentamos nossos grupos de teatro e vamos aos museus, sempre com crianças comuns. E vamos a lugares específicos para crianças com síndrome de Down também.

Ao final de nossos longos dias cheios de diversão, voltamos para nosso apartamento.

Quando enfio a chave na fechadura da porta, Lulu sempre diz: "Em casa, mamãe".

E eu digo: "Sim, Lulu. Estamos em casa".

O "jeito descolado, sensato e descontraído de falar" de BETHANY VAN DELFT rendeu-lhe a honra de se apresentar no prestigioso Just for Laughs Festival, em Montreal, e ter notáveis participações especiais no Comedy Central, TV Guide Channel e NickMom. Ex-modelo, ela é uma das criadoras do espetáculo cômico fabulosamente antenado com as novas tendências *The Dress Up Show*, e seu novo programa mensal, *Artisanal Comedy*, foi considerado "uma das melhores opções independentes noturnas a ser conferidas". Desavergonhadamente aberta a seu nerd interior, Bethany gosta de ser debatedora dos programas *You're the Expert* e *Literary Death Match*.

Esta história foi contada em 11 de abril de 2014, no Shubert Theatre, em Boston. O tema da noite era Voltar para Casa. Diretora: Sarah Austin Jenness.

Rins e compromissos

Gil Reyes

○

Tenho certeza de que a mulher do outro lado da linha telefônica se identificou como sendo da clínica onde eu estivera no dia anterior. Talvez ela tenha dito seu nome. Talvez tenha perguntado se eu estava sentado. Mas não me lembro de nada disso.

Na minha lembrança eu simplesmente peguei o telefone e aquela voz disse: "Vá agora mesmo ao pronto-socorro. Seus rins estão falhando".

E enquanto eu me levantava e me vestia, uma voz no fundo da minha cabeça ficava dizendo: *Isso é absurdo. Estou na faixa dos vinte anos. Sou invencível. Sou imortal. Nem preciso de plano de saúde.*

Nem sequer tenho plano de saúde.

É verdade que eu vinha me sentindo mal havia algum tempo. Mas meus tornozelos estavam inchados porque eu estava trabalhando como garçom, fazendo dupla jornada para juntar dinheiro, e não porque meu corpo não estava processando direito a eliminação de líquido do organismo, certo?

E aquelas dores de cabeça dilacerantes eram porque eu estava muito tenso, tentando entrar numa pós-graduação, e não porque os rins regulam a pressão sanguínea da gente.

Quando finalmente desmaiei, uns dias antes, não tive mais desculpas. Foi então que meu namorado, Sean, me fez ir até a clínica.

Fazia um ano que eu e Sean tínhamos começado a namorar, e morávamos juntos havia alguns meses. A coisa estava indo meio rápido demais, mas um de nós podia entrar na pós-graduação a qualquer momento, então estava tudo ótimo. Tínhamos uma mentalidade do tipo "viver um dia de cada vez". Estávamos juntos, mas não grudados.

Na verdade, consegui convencê-lo a não ir comigo ao pronto-socorro. Afinal, por que deveríamos ficar lá sentados o dia inteiro esperando que algum médico me dissesse que não era nada de mais? Que era outra coisa, que dava para resolver com um comprimido?

Então fui até lá. Sozinho. Apavorado, mas disfarçando bem.

E esse traço meu, essa espécie de independência maluca, talvez tenha se originado quando eu saí do armário diante da minha mãe batista vinda do Alabama e do meu pai católico-hispânico vindo do Texas, durante minha adolescência no Kentucky.

Se vocês acham que isso não aconteceu numa boa, saibam que estão certos.

Houve citações da Bíblia tiradas sei lá de onde (embora eu tivesse frequentado a igreja mais do que eles ao longo da minha vida). Houve berros e gritos, e saí de casa naquela noite pensando: *Sou um dos condenados.*

Porque eles me disseram: "Você vai para o inferno".

Ficamos sem nos falar por um tempo – mais de um ano. E quando começamos a tentar refazer nosso vínculo, o estrago já estava feito. Como você pode se aproximar de uma pessoa quando existe toda uma parte da sua vida com a qual essa pessoa não quer ter nada a ver?

Lembro que uma vez, sem mais nem menos, meu pai disse: "Não quero nunca conhecer alguém com quem você esteja saindo. Não quero que você traga ninguém aqui em casa, jamais".

Mas, como minha visita ao pronto-socorro acabou se convertendo numa temporada de dez dias no hospital, tive que deixar uma porção de gente saber onde eu estava.

Na verdade, o quarto do hospital foi onde meus pais viram Sean pela primeira vez. Fiquei sabendo que meus rins estavam funcionando com menos de 10% de sua capacidade. Me informaram que eu provavelmente teria que fazer diálise.

Se vocês não sabem muita coisa sobre diálise, trata-se de um modo de viver. Não é um modo muito bacana de vida. Não é agradável. Consome muito tempo. É caro.

Ah não, o que você quer numa situação dessas é um doador vivo, um doador de rim. Você pode conseguir um na lista nacional de transplante. Isso demora muito tempo, talvez anos de espera com uma mala pronta ao lado da porta.

E rins de pessoas mortas trazem outros problemas; não são a melhor escolha. Porém, se você conseguir um doador vivo, geralmente da família – alguém perfeitamente compatível –, essa é a situação ideal.

Bem, meu relacionamento com meus pais tinha me deixado um tanto magoado. Eu tinha dificuldade em confiar nas pessoas. Essa é uma das coisas em que eu não era bom quando tinha vinte anos. Costumava estar no topo da lista.

Agora, no topo dessa lista de incompetências estava a função renal. Mas não confiar nas pessoas continuava lá em cima. Eu tinha problemas em aceitar ajuda. E se você tem problema em aceitar ajuda, imagine tentar aceitar um rim.

As pessoas se apresentaram para fazer o teste de compatibilidade. Meu pai, apesar de nossas divergências. Minha mãe não era elegível. Meu melhor amigo, e o pai dele. Amigos da faculdade, do colégio, do trabalho.

Mas havia uma outra pessoa que queria muito ser testada: Sean. Para quem não queria nem ouvir falar em compromisso!

Ele acabou vencendo minha resistência.

Ele disse: "Sabe, aconteça o que acontecer, quer fiquemos ou não juntos no futuro... Se eu puder fazer isso por você agora, quero fazer".

À medida que os meses foram passando em meio à diálise, e meu pai descartado como doador por causa das pedras nos rins, apelei para o auxílio-doença e os cupons de desconto porque estava fraco demais para trabalhar. Os amigos foram sendo recusados como doadores pelos mais variados motivos.

Eu não ia mais fazer pós-graduação. Passava um tempão pensando em como estava saltando dos vinte aos oitenta anos da noite para o dia. Comparando remédios para pressão alta com minha avó. Eu passava um bocado de tempo sozinho, em geral dormindo.

Mas me lembro de um dia em que consegui ir até o parque e me sentar lá sozinho. Era um dia frio de outono. Eu estava rezando, meditando, avaliando todo o processo. E atingi uma paz muito estranha, difícil de descrever.

Cheguei a uma espécie de aceitação de mim mesmo e do que eu estava passando, e pensei: *Ah, sabe de uma coisa, tudo bem. Se é assim que é, tudo bem para mim. Posso morrer antes dos trinta.*

Parei de rezar para melhorar de saúde, e pensei naquilo que desejava de fato. Se era para rezar por alguma coisa, que fosse para me sentir digno daquele amor que por tanto tempo eu não havia sentido.

Parei de pedir mais tempo e pensei no tempo *bem aproveitado*.

Era dezembro quando Sean me ligou do trabalho e disse: "Tenho um presente de Natal antecipado para você".

Ele era tão compatível quanto meu pai.

Ele disse: "Deixa eu te dar um rim?".

E eu disse: "Sim".

E aproveitamos bem o tempo. Sean adora fazer brincadeiras verbais, então escolhemos nomes de batismo: Renée, em referência ao sistema renal, e Renatus, de renascimento.

Dizíamos às pessoas: "Vamos ter um rim!".

Nossos amigos nos convenceram a fazer uma festa. Fizemos um chá de rim. (Sean quis até registrar oficialmente, mas achei que isso era ir longe demais.) De todo modo, as pessoas nos trouxeram presentes: pijamas para a convalescença, filmes ruins. (Sean *adora* filmes ruins.) E brincamos de jogos como "bingo do rim" e "pendure o rim no Gil".

Fizemos um grande bolo vermelho no formato de um rim. Usando máscaras de hospital, cortamos o bolo juntos, servimos fatias um ao outro e tiramos uma porção de fotos.

Chega o dia da cirurgia, em maio, e colocam-nos em macas com rodinhas, prontos para partir. Estamos rodeados pela família de Sean e pela minha.

Meus pais estão lá. E minha mãe começa a chorar.

Nunca comentamos isso, mas choramos de um jeito igual. Ficamos com o rosto contraído e tentamos segurar as lágrimas. Posso ver pela cara dela que minha mãe está tentando tramar alguma coisa.

Ela se inclina, toma a mão de Sean na sua e diz: "Obrigada".

Penso na hora que ela está vendo o Sean de um modo diferente, e talvez esteja me vendo também de um modo diferente.

A cirurgia foi um sucesso, e convalescemos juntos durante semanas a fio numa estranha lua de mel.

Um ano depois recebemos um cartão pelo correio. Ora, não é incomum minha mãe mandar cartões. (Ela os envia nas mais estranhas ocasiões, embora eles morem a quinze minutos de distância.)

Mas esse cartão agora era endereçado a Sean. Dizia que ele era uma bênção. E lembrava do nosso aniversário. Eles nos convidavam para jantar com eles, como os casais costumam fazer com os pais.

Nunca pedi prova alguma, porque a gente precisa se basear na convicção, mas tenho uma família com pais e um companheiro – meu par perfeito –, onde antes eu tinha um namorado.

E uma cicatriz de vinte e cinco centímetros no meu abdômen para me lembrar, todos os dias, de que sou amado.

Como diretor de teatro, GIL REYES costuma ficar nos bastidores contando histórias de outras pessoas. Gil é cofundador e codiretor artístico do Theatre[502], membro do Fairness Campaign's Leadership Council e recebeu o título de Coronel do Kentucky, a mais alta honraria do estado. Depois do transplante de rim, sua trajetória de vida desviou-o do Congresso para a defesa de organizações sem fins lucrativos voltadas para a educação. Gil, Sean e o cachorro deles dividem uma casinha térrea em Louisville, Kentucky.

Esta história foi contada em 28 de outubro de 2013, no Zellerbach Hall em Berkeley, Califórnia. O tema da noite era O Big Bang: O Moth no Festival de Ciência da Região da Baía de San Francisco. Diretora: Jenifer Hixson.

Chegando perto de Plutão

Cathy Olkin

Era o Quatro de Julho do verão passado, e eu estava muito ansiosa por um dia de folga. Fazia tempo que trabalhava duro na missão New Horizons da NASA, que nos levaria a Plutão, e sempre havia alguma coisa por fazer. Mas eu tiraria folga no Quatro de Julho. Então, no feriado, dormi até tarde e li um pouco. Resolvi checar meus e-mails.

Nunca cheque o e-mail num dia de folga.

Havia ali uma mensagem da gerente de operações da missão, Alice Bowman. Meu olhar caiu imediatamente sobre ela. Dizia que a espaçonave tinha entrado no modo de segurança. Tinha se comunicado com a base, o que essencialmente significa: *Socorro, estou enguiçada.*

É a pior coisa que pode acontecer. Pensei: *Como é que isso foi acontecer? Era para ser um dia tranquilo – um dia de folga.*

Eu vinha trabalhando nesse projeto por mais de uma década. Em 2004, transferi minha família da Califórnia para Boulder, no Colorado, para trabalhar nessa missão.

Era a oportunidade da minha vida. Sou astrônoma, e tinha passado décadas observando Plutão através de telescópios terrestres. E é apenas um ponto embaçado. Não há muito para ver – não é possível distinguir detalhes de superfície. Ficávamos olhando por aqueles telescópios terrestres – e até mesmo pelo Telescópio Espacial Hubble – mas continuava sendo só um ponto embaçado, porque Plutão fica longe de verdade.

De modo que nos mudamos. Meu marido começou a trabalhar em casa pela internet, e trouxemos nossos filhos de três e cinco anos.

Estávamos aqui, estávamos instalados.

Tudo o que precisávamos fazer era construir uma espaçonave, lançá-la no espaço e fazê-la voar quase cinco bilhões de quilômetros até Plutão.

Foi o que fizemos. E funcionou. Construímos uma pequena espaçonave, do tamanho de um piano de cauda reduzido, e a lançamos no maior foguete que conseguimos, um Atlas V, que tem uma altura equivalente a vinte andares.

Quando se tem uma nave *pequena* e um foguete *enorme*, o que se consegue é a mais rápida espaçonave já lançada – que viaja a aproximadamente cinquenta e cinco mil quilômetros por hora.

Para se ter uma base de comparação, quando os astronautas da *Apollo* foram à Lua, demoraram mais de três dias. A espaçonave da New Horizons passou pela Lua em apenas *nove horas*. Estávamos *voando*. (É uma nave não tripulada, portanto falo em sentido figurado – não tem ninguém lá dentro.)

Mas vai demorar nove anos e meio para a nave ir da Terra a Plutão, então temos um bocado de tempo nas mãos.

Pensamos nos dados que coletaremos, em como vamos fazer isso e traçamos planos contingenciais caso alguma coisa dê errado. Levamos em consideração mais de duzentos cenários diferentes. O que faremos se tal coisa quebrar? O que faremos se isso ou aquilo não funcionar? Tínhamos uma pasta enorme cheia de contingências possíveis.

Então lá estou eu naquele Quatro de Julho. Faltam só dez dias para chegarmos ao nosso ponto de maior aproximação com Plutão.

Vejam, não podemos parar e entrar na órbita de Plutão. Não temos combustível suficiente para diminuir a velocidade, porque estamos indo rápido de verdade. Portanto, temos que seguir em frente e obter as melhores imagens que conseguirmos enquanto estamos voando por Plutão.

É uma oportunidade única na vida. Temos que agarrá-la de qualquer jeito.

E a espaçonave acaba de entrar no modo de segurança.

Corro para o centro de operações da missão e me instalo na sala de gestão. É uma sala de reuniões colada ao centro de operações da missão. Dá para ver o pessoal de operações por uma parede de vidro, mas eles gostam de manter os cientistas um pouco separados para que a gente não fique atravessando o caminho deles.

Estou sentada com meus colegas e, curiosamente, começo a me sentir calma. Aquele mal-estar na boca do estômago começa a ceder, porque venho trabalhando com essas pessoas há mais de uma década e todos sabem o que devem fazer. Todos sabemos quais são as nossas responsabilidades e como fazer a coisa funcionar. Temos três dias para fazer a espaçonave voltar a operar direito. Até 7 de julho precisamos deixá-la consertada e pronta para executar seus comandos, de maneira que, quando ela estiver sobrevoando Plutão, possamos obter os dados pelos quais esperamos há mais de uma década.

Começamos a receber informações de volta, mas isso demora um tempo.

Leva quatro horas e meia para que o sinal viaje da Terra até a nave, e depois *mais* quatro horas e meia para que ele *volte* e a gente possa ouvir o que a nave tem a dizer. De modo que é uma conversa bem lenta. Imagine que você diz "oi" para alguém, depois assiste a três jogos de futebol, aí você volta e a pessoa responde "oi". Era esse o ritmo de nossa obtenção de dados.

Começamos a descobrir o que deu errado. Tínhamos sobrecarregado o computador de bordo da espaçonave. Lembrem-se, esse computador tem dez anos de idade. (Desconfio que nenhum de vocês usa um computador de dez anos de idade no dia a dia para as coisas importantes.)

Mas tínhamos nos prevenido e mandado dois computadores. De modo que sobrecarregamos o computador principal, mas antes de dar pau ele inicializou o computador reserva e disse: "Ligue para casa". Então agora estamos falando com o computador reserva, sabemos mais ou menos o que deu errado, e temos diante de nós um grande dilema: tentamos voltar ao computador principal ou enfrentamos essa fase de maior proximidade a Plutão com nosso computador reserva ainda não testado adequadamente?

Durante todo o tempo que voamos pelo sistema solar, não ligamos nem uma vez o computador reserva. Ele só foi ligado em solo, ainda na fase de testes, há uma década.

Então tomamos a decisão lógica de voltar a usar o computador principal. Mas estamos preocupados, porque se a gente fizer alguma barbeiragem ele pode não reinicializar, e o tempo está ficando curto. A essa altura já estamos há três dias na sala de gestão. As pessoas tiram cochilos em turnos na sala de conferência; muitas pizzas são pedidas e devoradas ali mesmo.

Não nos resta muito tempo. Transmitimos o comando para que o computador principal retome a operação e ficamos à espera.

Nove horas depois me vejo na sala de gestão olhando o pessoal do centro de operações pela parede de vidro, torcendo para que a nossa decisão tenha dado certo.

Ao ouvir a voz de Alice Bowman dizer "Estamos de volta ao computador principal", vejo as pessoas explodirem em vivas e aplausos – todo mundo na maior euforia.

Deixo escapar um enorme suspiro de alívio. Eu nem tinha percebido que estava prendendo a respiração. Foi incrível.

Conseguimos colocar o funcionamento da espaçonave em ordem de novo, tudo estava indo bem e ainda tínhamos quatro horas de margem. Era fantástico. Começamos a retomar nosso trabalho principal e a coletar dados.

Estes eram absolutamente assombrosos, aspectos de Plutão que nunca tínhamos visto antes.

Eu mal podia acreditar na beleza e nos detalhes que nos aguardavam em Plutão. Nunca teríamos esperado encontrar o terreno insólito que acabamos vendo. Vimos uma geleira em forma de coração feita de nitrogênio e monóxido de carbono congelados. Na borda da geleira havia enormes montanhas – da altura das Montanhas Rochosas – feitas de água congelada. Plutão tem uma grande lua chamada Charon, e nessa lua há um cânion profundo, mais profundo que o Grand Canyon.

Tudo que é belo estava à nossa espera.

Quando eu espiava Plutão em nossos telescópios terrestres, essa beleza estava lá; eu só não conseguia vê-la. Tínhamos cumprido nosso objetivo de transformar Plutão de um ponto de luz embaçado num mundo geológico rico e complexo.

Foi um milagre.

CATHY OLKIN é cientista planetária do Southwest Research Institute, em Boulder, Colorado. Seu principal objeto de pesquisa é o sistema solar exterior, em especial atmosferas e superfícies planetárias. Como cientista-assistente de projeto da missão de New Horizons da NASA, com destino a Plutão, Cathy tem estado maravilhosamente ocupada absorvendo todas as informações novas sobre seu planeta favorito. Depois de mais de nove anos e quase cinco bilhões de quilômetros percorridos, a espaçonave da New Horizons chegou a Plutão e obteve as primeiríssimas imagens aproximadas do planeta e de suas luas.

Esta história foi contada em 21 de setembro de 2015, no Boulder Theater em Boulder, Colorado. O tema da noite era Alta Ansiedade. Diretora: Meg Bowles.

Perdoar

Hector Black

Minha história começa no final dos anos 1960, quando eu e minha mulher nos mudamos com nossas três filhinhas para Atlanta porque queríamos fazer parte do movimento pelos direitos civis. Parecia-nos a coisa mais promissora que estava acontecendo em nosso país.

Encontramos trabalho com os quacres num bairro muito pobre. Uma porção de crianças costumava vir à nossa casa para brincar, e uma delas se chamava Patricia.

Tinha oito anos. Parecia que seu cabelo não era penteado havia séculos – simplesmente horrível. Pústulas de impetigo cobriam suas pernas.

Ela me contou que, ao voltar da escola, nunca sabia se ainda encontraria uma casa onde morar, porque sua mãe era alcoólatra e às vezes bebia todo o dinheiro do aluguel. Muitas vezes eles não tinham onde dormir. Patricia começou a passar a noite em nossa casa toda vez que sua mãe perdia o apartamento.

Ela era um ano mais velha que nossa primogênita, e tornou-se praticamente parte da família. Quando nos mudamos dali depois de dois anos e meio ela perguntou se poderia ir junto, e ficamos contentes em levá-la conosco. Fomos para a área rural da Georgia, e ela morou lá conosco e desabrochou.

Tornou-se uma linda moça. Tinha um grande senso de beleza, arte e cor. Ela fez seu próprio vestido de formatura do colégio. Pintou um mural na parede da escola. Prosseguiu com os estudos e formou-se em artes na Fisk University com as mais altas distinções. Voltou para Atlanta, conquistou seu título de mestre em biblioteconomia e passou a trabalhar na biblioteca pública, muitas vezes com crianças abandonadas e desamparadas, como ela havia sido.

Comprou uma casa num bairro em transformação. Numa noite de novembro, voltou tarde do trabalho. Um viciado em crack que andava roubando para sustentar o vício viu que não havia luz na casa dela e deu a volta para entrar pelos fundos. Quebrou uma janela, roubou algumas coisas e levou-as à boca de fumo local. Deu seu primeiro trago de crack.

Mais tarde, rondando pelo bairro, ele viu que a luz da casa continuava apagada, então resolveu invadi-la de novo. Era um viciado grave e queria outra dose de crack, por isso dessa vez pegou uma porção de coisas.

Trish chegou em casa quando ele estava juntando o que levaria.

Ele se escondeu num armário. Ela abriu a porta do armário e caiu para trás. Ele amarrou as mãos dela às costas. Eu soube depois que chegaram a ter uma conversa, o que é bem a cara da Patricia.

Ela lhe disse para procurar ajuda para lidar com seu vício em drogas. Disse-lhe que havia comida na geladeira. Ele a aconselhou a colocar grades contra invasores na parte de trás da casa e a deixar sempre uma luz acesa.

Ele perguntou sobre os manequins de costura que havia na casa. Ela respondeu que uma mulher chamada Susie – minha mulher – lhe ensinara corte e costura, e que ela fazia vestidos de noiva para ter uma renda extra.

Ele pegou um montão de coisas e voltou para as ruas e fumou outra dose maciça de crack. Passando pela casa novamente, achou que ela estaria livre àquela altura. Mas as luzes continuavam apagadas. Então ele entrou de novo.

Pediu sexo.

Ela disse: "Você vai ter que me matar primeiro". Então ele a estrangulou e violou seu corpo.

Quando ficamos sabendo disso, foi a coisa mais tenebrosa que já tinha acontecido à nossa família. Já havíamos nos deparado com a morte. Mas não daquele jeito, nas mãos de outro ser humano. Não aquela... brutalidade. Ficamos arrasados.

Sou um quacre. Não acredito na violência.

E gritei: "Vou matar o canalha!".

Eu estava furioso com o que ele tinha feito com nossa filha. Queria que ele sofresse.

É muito lindo o lugar onde moramos no Tennessee, às margens de um pitoresco rio turbulento. Eu saía para caminhar e as visões do que havia acontecido a Trish desabavam sobre mim. Eu não conseguia controlá-las.

Elas vinham me assombrar, não importava onde eu estivesse nem quanta beleza houvesse à minha volta. Era como se o sujeito tivesse controle sobre mim, e enfiasse a minha cabeça na lama.

Como disse, sou um quacre, e uma parte do que é importante para nós é que encontramos Deus em cada ser humano. E eu sabia que não podia ser diferente com aquele homem.

Meu primeiro instinto tinha sido vê-lo como um monstro. Não era um ser humano. Não merecia compaixão alguma de minha parte. Depois eu quis saber o que tinha acontecido a ele que o tornara capaz de um ato como aquele.

Pouco a pouco fui me informando sobre sua vida.

Seu nome era Ivan Simpson. Nasceu num hospital psiquiátrico. Quando tinha onze anos de idade, sua mãe levou-o a uma piscina, junto com seu irmão mais novo e sua irmãzinha, e declarou que Deus estava ordenando que ela os afogasse porque eram inimigos de Deus.

Ele e seu irmão menor escaparam, e ele ficou olhando enquanto a mãe afogava sua irmãzinha na sua frente. Dizia que sentiu alívio porque sua irmã não seria mais atormentada. Não pude deixar de pensar: aqui estamos nós, o país mais rico que o mundo já conheceu. O mais poderoso. E não houve ninguém que olhasse por aquele garoto. O que teria acontecido se a mulher que me trouxe ao mundo tivesse tentado me destruir? Não que eu estivesse tentando desculpar o que ele tinha feito. Mas eu sentia por ele... na condição de outro ser humano que sofre.

Havia uma audiência em Atlanta. A audiência final daquele caso. Eu escrevera anteriormente ao juiz, falando-lhe de todo nosso amor por Patricia, e de como ela era uma parte importante de nossa vida. Minha filha caçula nem sequer era capaz de se lembrar da vida sem Patricia.

Na audiência foram lidas todas as acusações contra ele. Eu fiquei ali sentado com minha mulher, Susie, e segurei a mão dela e chorei. Agradeci pelo fato de estar quase surdo e não conseguir ouvir muita coisa do que eles diziam. Susie notou que tínhamos muitos amigos no tribunal e que não havia ninguém do lado dele... Ninguém.

Depois que ele foi condenado à prisão perpétua sem possibilidade de condicional, aqueles de nós que conheciam Trish tiveram a oportunidade de dizer de que maneira o crime tinha nos afetado.

A prima dela se levantou e disse: "Eu te odeio, Ivan Simpson. Te odeio porque você tirou de mim a minha prima amada. Te odeio porque você vai ver o dia nascer, e ela nunca mais verá o dia nascer. E te odeio porque meus impostos servirão para te alimentar". Ela estava chorando.

E então chegou a minha vez. Eu tinha imprimido uma declaração porque não sabia como estaria meu equilíbrio na hora.

Falei do amor que tínhamos por ela. Que ela não era nossa filha por nenhum direito biológico, mas era nossa filha por todos os direitos do amor.

Falei que às vezes, ao fazer alguma coisa que julga virtuosa, como acolher uma criança carente, a gente se felicita com tapinhas nas próprias costas. Mas recebemos dela muito mais do que possamos ter dado. Ela foi uma dádiva de Deus para nossa família. Contei que ela foi enterrada em nossa fazenda, e que quando nossa família se reuniu para deliberar sobre o que colocar na sua lápide, encontramos estas palavras: "Nem toda a escuridão do mundo pode extinguir a luz de uma única vela". Eu disse ao juiz: "O amor é essa vela. O amor não quer outra morte. O amor traz vida, cura, completude".

Bem no final eu disse: "Eu não te odeio, Ivan Simpson, mas odeio do fundo da minha alma o que você fez a minha filha".

E então, foi como se duas mãos estivessem sobre meus ombros, e eu me virei e encarei-o enquanto dizia minhas últimas palavras.

Eu disse desejar "a todos nós, que fomos tão machucados por esse crime, que possamos encontrar a paz de Deus. E desejo o mesmo para você também, Ivan Simpson".

E nossos olhos se encontraram pela primeira vez. As lágrimas rolavam pelo seu rosto. Nunca esquecerei aquela expressão – como a de uma alma no inferno.

Ele estava sendo conduzido para fora do tribunal e tinha sido condenado à prisão perpétua sem possibilidade de condicional, portanto sabia que morreria na prisão. Pediu para ir até o microfone.

Por duas vezes, com as lágrimas rolando pelas faces, ele disse: "Sinto muitíssimo pela dor que causei. Sinto muitíssimo pela dor que causei".

Havia uma mulher sentada perto de nós, cujo trabalho era ajudar as pessoas a atravessarem momentos dolorosos como aquele. Ela se virou para mim e disse: "Eis algo que raramente vemos: remorso verdadeiro".

Naquela noite eu não consegui dormir. Fiquei pensando no que tinha acontecido no tribunal. Eu poderia ter dito simplesmente: "Você matou minha filha... e vem dizer que sente muito? Grande coisa".

Não, não poderia. Ele era um homem da rua. Não tinha nada. Mas havia me dado a única coisa de que dispunha. Não tinha nada senão seu pedido de desculpas. Com aquelas palavras ele me pedira para perdoá-lo.

E ele poderia ter saído daquele tribunal dizendo: "Que se danem todos vocês. Minha vida acabou".

Mas não fez isso.

Soube então que o havia perdoado. E senti uma paz que havia muito não sentia. Senti um grande peso sair de cima de mim.

Escrevi uma carta a ele. Ele me escreveu de volta. Uma das coisas de que dizia sentir falta era do toque de Deus. Desde que matara Patricia, sentia que Deus o havia abandonado. Mas dizia sentir que tinha ouvido a voz de Deus, por meio da compaixão, naquilo que eu falara no tribunal.

Mandamos-lhe um presente de Natal. E eu pensei: *Meu Deus, o que você está fazendo? Mandando um presente de Natal para o homem que assassinou sua filha?*

Mas eu sabia que precisava fazer isso. Porque penso que, quando você perdoa alguém, começa a se preocupar com essa pessoa. E eu sabia que ele não tinha ninguém. Ninguém no mundo.

Tínhamos um pequeno grupo de pessoas em Cookeville, Tennessee, onde moramos. Pensamos em talvez nos reunir a quem mais por ali tivesse perdido pessoas queridas para a violência.

Eu me lembro da história contada por uma mulher cujo irmão tinha sido morto quinze anos antes. O irmão era médico.

Foi assassinado na rua por um homem – um ninguém, para ela. E ela estava furiosa como se tivesse acontecido no dia anterior. E eu percebi que aquele não era um jeito de viver. Aquilo não era vida. Um amigo me disse que, quando a gente odeia, toma veneno na esperança de que a pessoa odiada morra. E acho que é verdade. O sentimento de vingança e a raiva nos prendem ao passado; o perdão pode nos deixar livres para seguir rumo ao futuro.

Eu e minha mulher fomos ao sul da Georgia visitar Ivan na prisão. Levou um tempão para conseguirmos arranjar a visita. Mas sentíamos que era, de novo, algo que precisávamos fazer.

Então sentamos lá com ele e conversamos por duas horas e meia. Foi simplesmente extraordinário. Como eu estava meio surdo, me sentei bem perto dele. Ele estava sem algemas.

Quando chegou a hora de partirmos, ele se levantou, eu também. E pareceu a coisa mais natural do mundo cingirmo-nos um ao outro num abraço.

Foi um momento incrível, no qual pude ter meus braços em torno do homem que assassinou minha filha.

Penso que o perdão é possível, mesmo para os piores de nós.

E acredito mesmo que todos precisamos de perdão. Deus sabe.

HECTOR BLACK nasceu no Brooklyn e cresceu no Queens. Serviu o Exército durante a Segunda Guerra Mundial e se formou em Harvard em 1949. Trabalhou num sacerdócio ecumênico em New Haven durante um ano, morou numa comunidade cristã por onze anos e depois mudou-se para um bairro empobrecido de Atlanta para trabalhar com os quacres. Fundou a creche Hidden Springs na Geórgia rural e depois transferiu a iniciativa para o Tennessee, onde ainda mora com a família.

Esta história foi contada em 16 de abril de 2013 no The Players, em Nova York. O tema da noite era Engajados: Histórias do Lado de Dentro. Diretora: Catherine Burns.

Gótico californiano

Taylor Negron

Nasci em Los Angeles, numa casa, num cânion. Ficava num bosque de palmeiras que lançavam sombras esguias, imóveis... como barras de uma prisão. Era bem estilo gótico californiano. *Eu* sou muito gótico californiano.

Sou filho daquelas pessoas que a gente via em anúncios de cigarros na contracapa da revista *Life* – aquelas pessoas bonitas sempre vestindo roupões felpudos e sapatos mocassim, fumando cigarros e dando a impressão de que tinham acabado de ouvir a piada mais engraçada da vida delas. A mulher dos Virginia Slims casou com o Homem de Marlboro e me deu à luz.

É gótico californiano puro o fato de a mãe do seu melhor amigo, uma estrela de cinema, guardar seu Oscar na cozinha, entre o saleiro, o cominho e o Coumadin.

É gótico californiano puro ver Joan Didion chorando dentro de seu Jaguar verde parado num semáforo em Moorpark... abaixo de Ventura.

É também gótico californiano puro ter um primo que é um astro do rock. Meu primo é Chuck Negron, o principal vocalista da banda Three Dog Night. E ele tem uma espantosa semelhança com Charles Manson.

Ora, se você era um garoto como eu em 1970, crescendo em Los Angeles, sabia que compartilhava a cidade com Charles Manson e sua família, porque aquela noite escabrosa de carnificina e *helter-skelter* era só o que as pessoas falavam. E para

aqueles de vocês que são jovens demais para saber o que é *helter-skelter*, é meio como o *twerk*... só que com sangue.*
Foi realmente assustador. Horripilante de verdade.
E meus pais estavam sempre indo para a cidade; nunca ficavam em casa. Estavam sempre se aprontando para sair, como em *Mad Men*. Eu ficava sozinho em casa.
Uma noite eles estavam na porta, prontos para sair.
Meu pai se deteve e disse: "Quero que você tranque todas as portas e janelas desta casa, porque não quero que esses hippies entrem aqui e te estripem".
Essa era uma opção na minha infância. Ser estripado. E isso deixou na minha alma uma tremenda cicatriz psíquica, a ideia de que o mundo era horrível e assustador. E de que eu precisava de *proteção*.
Ainda fico perturbado diante de hippies, cabelos compridos, lenços coloridos, velas grandes, bandanas. Não gosto de nada disso.
Eu tinha doze anos na época. Era um pré-adolescente. Era um mutante... porque estava me transformando. Num homem. Mas a infância é um lugar onde os medos da gente são desproporcionais. Meus medos eram *imensos*.
Mas as minhas metas também. E... é aí que a magia pode acontecer: nessas metas.
Ora, minha meta – minha meta particular na infância – era ter um gorila ou outro macaco qualquer. Qualquer coisa da família dos símios com quem eu pudesse, sabem como é, brincar de esconde-esconde. Jogar dados. Nadar. Passar roupa.

---

* Confusão, atropelo, movimentação desordenada. A expressão foi escrita com sangue nas paredes da casa onde a atriz Sharon Tate, então grávida de oito meses, e outras quatro pessoas foram mortas brutalmente por membros da "família Manson", grupo de fanáticos liderados por Charles Manson, em 9 de agosto de 1969. *Twerk*, provável junção das palavras "twist" (movimento circular) e "jerk" (puxão, sacudida, solavanco), é o nome de uma dança baseada em movimentos bruscos e agressivamente eróticos dos quadris.

Meus pais vinham de Nova York, do Bronx. Não tinham ligação nenhuma com animais. E diziam: "Você *nunca* vai ter um macaco. Nunca vai ter um símio nesta casa. Então trate de esquecer".

Mas aconteceu uma coisa realmente mágica naquele Natal de 1970. Meu tio Ishmael – é o nome verdadeiro dele – era caminhoneiro, e tinha seu próprio caminhão-plataforma. Isso queria dizer que ele podia sair por aí recolhendo coisas que tinham caído dos caminhões de *outras pessoas*. Num dia ele chegava na nossa casa com aquele seu caminhão-plataforma cheio de caixas de tomates Roma. Noutro dia, vinha carregado de pacotes de cigarros Eve e Lemon Twist.

Bom, um dia ele estava recolhendo os restos da armação mambembe de um Circus Vargas no pátio de estacionamento do Hollywood Bowl, em Highland, e descobriu um macaco que tinha sido deixado para trás.

Um macaco vivo. Chamado Carroll. Dois "r", dois "l". E soubemos disso porque estava escrito na pequena jaula. *Uma jaula aberta.*

E foi isso que permitiu selar o acordo. Porque meus pais disseram: "Bem, se ele está solto... que mal pode haver?".

Carroll chegou naquele caminhão, na jaula, em meio a caixas de toranjas. Fiquei empolgadíssimo. Quando olhei dentro daqueles olhos redondos de macaco, soube que ele entenderia tudo o que eu dissesse e pensasse. E que eu viveria um amor incondicional.

Bem, o macaco imediatamente se agachou, cagou na própria mão e em seguida jogou a bosta no meu rosto... o traiçoeiro.

E da sombra ouvi o tilintar do gelo no drinque da minha mãe. E ela disse: "Bem, é o seu macaco".

E *era* mesmo meu macaco. Eu amava demais o meu macaco, e estava ali para defendê-lo sempre que alguém se voltava contra ele. Às vezes eles colocavam um lençol sobre sua jaula.

Fiquei ao seu lado mesmo quando ele, de maneira deliberada e intencional, literalmente trepou com o chapéu de *mink* da minha avó, na posição papai-mamãe. (Assumi a culpa.)

Eu nunca traí aquele macaco. Porque Carroll foi meu presente de Natal antecipado mais estimado.

Mas não foi nosso único presente inesperado naquela época natalina. Naquele Natal, em 1970, os ventos gelados de Santa Ana sopraram com demasiada força contra os vidros, assustando Los Angeles.

Caí no sono na noite de Natal e, quando acordei, olhei pela janela do andar de cima para a entrada de carro e vi uma van estacionar na frente da casa, apagar os faróis e ficar lá parada. Durante trinta minutos, nada aconteceu. Ela simplesmente ficou lá.

Me dei conta: *Então é isso. Este é o meu pesadelo, ele vai virar realidade.*

E pensei comigo: *Bem, tenho doze anos. Pelo menos cheguei até os doze.*

Então as portas do carro se abriram, e saiu uma grande coluna de fumaça. E aqueles hippies saltaram para fora com passos trôpegos e começaram a caminhar furtivamente em direção à entrada da casa – Charles Manson e a família. Eu me senti vulnerável ali deitado, vestido com minha camiseta de pijama do Charlie Brown. E fiquei esperando que começasse o ataque físico e emocional.

Houve uma batida na porta, e ouvi a voz abafada da minha mãe.

Eu sabia que ela estava morta, degolada. Eu tinha lido os jornais.

Mas então a ouvi dizer: "Sanduíches de queijo quente para todo mundo!". E pensei: *Que é isso? Por que minha mãe está oferecendo proteínas a* serial killers*?*

Aí meu pai abre bruscamente a porta do meu quarto e diz: "Seu primo Chuck está aqui. Vamos descer".

Sigo meu pai escada abaixo, morrendo de medo. Vejo o que parecem ser Mama Cass Elliot, Jim Morrison e vários cabeludos devorando biscoitos de Natal.

Meu primo estava em pé junto ao toca-discos, segurando timidamente um novo álbum do Three Dog Night. Ele disse que ia colocar uma música que nenhum de nós tinha ouvido ainda. Lado A, primeira faixa.

[Cantando] Jeremiah was a bullfrog. Was a good friend of mine. I never understood a single word he said, but I helped him a-drink-a his wine.*

E naquela noite fria e ventosa, todo mundo se levantou e começou a dançar. Meu pai puxou minha mãe e eles começaram a dançar. Olhei em volta e Jim Morrison – *o* Jim Morrison – estava dançando o *jitterbug* com minha avó sobre a mesa de centro.

Era extraordinário. Era magnífico. Os hippies e os cabeludos cantando juntos o refrão:

[Cantando] Joy to the world, all the boys and girls now.**

E então a música acabou, mas alguém ergueu a agulha e colocou de novo no começo. E a música continuou, e a dança continuou. E há uma coisa emblemática em certas lembranças de Natais na Califórnia, e eis aqui uma que é *transcendente*. *Rock and roll*.

E eis o que tornou meu macaco legendário.

---

* Em tradução livre: "Jeremiah era um sapo-boi. Era um bom amigo meu. Nunca entendi uma palavra do que ele dizia, mas o ajudava a dar cabo do seu vinho". *Bullfrog* (*Rana catesbeiana*) é a rã-touro-americana, mas tem também o sentido figurado de machão, cafetão ou homem rude, o que parece ser o caso na canção. ** Em tradução livre: "Alegria para o mundo, todos os garotos e garotas agora".

Carroll desceu a escada aos trambolhões. Tinha escapado da jaula. Foi direto às caixas de som e começou a dançar. Será que tínhamos esquecido? Carroll era um *macaco de circo*. E essa era sua deixa:

[Cantando] You know I love the ladies.

Os braços dele se estenderam como tiras de borracha. E ele começou a arrancar os enfeites da árvore de Natal.

[Cantando] Love to have my fun.

E o macaco começou a fazer malabarismos.

[Cantando] I'm a high night rider and a rainbow flyer, a straight-shooting son of a gun.*

Ah, se vocês vissem a expressão daqueles hippies chapados (de LSD, como descobrimos mais tarde) enquanto Carroll, *meu* macaco, atraía com toda a justiça os holofotes. "Júbilo" é uma palavra apropriada. Era isso: pura felicidade e júbilo.

Porque eu tinha doze anos, e estava vivo. Tinha escapado da faca de Manson. E tinha um macaco com talento.

E enquanto todo mundo dançava e ria e comia biscoitos, contemplei minha família, e todos os seus crimes – passados, presentes e futuros – pareceram simplesmente dissolver-se nos contornos do tapete azul de lã áspera.

---

* Em tradução livre: "Você sabe que eu adoro as moças"; "Adoro ter minha diversão"; e "Sou um cavaleiro da noite, um aviador do arco-íris, um honesto filho da mãe".

E enquanto Carroll equilibrava um cinzeiro no nariz, era como se eu vislumbrasse meu próprio futuro. Porque via todas as coisas gloriosas que podiam acontecer com música e com alegria. Naquele Natal, o último em que fui criança, aprendi uma lição muito importante: não importa quão horrível seja seu dia, e não importa quão aterrorizante seja sua noite, tudo pode mudar de uma hora para a outra.
Quando houver uma batida na porta.
E a música
e a alegria
invadem.

TAYLOR NEGRON foi um veterano comediante de *stand-up*, ator e escritor. Estrelou seu próprio especial da HBO e apareceu em *The Tonight Show*, e também em filmes como *O pequeno Stuart Little*, *O último Boy Scout*, *Picardias estudantis*, *Os aristocratas* e *Palco de ilusões*. Vocês talvez o tenham visto em *The Joy Behar Show*, *Curb Your Enthusiasm* e *The Wizards of Waverly Place*. Subiu aos palcos de norte a sul dos Estados Unidos e foi um dos membros fundadores do UnCabaret, aclamado como "o espetáculo-matriz da comédia alternativa" pelo *Wall Street Journal*. Negron teve um câncer de fígado diagnosticado em 2008. Em 10 de janeiro de 2015, apenas alguns meses depois de contar esta história, ele faleceu aos 57 anos em sua casa em Los Angeles, rodeado pela família. Sentimos muito a sua falta.

Esta história foi contada em 28 de maio de 2014, no Wharton Center for The Performing Arts, em East Lansing, Michigan. O tema da noite era Virada do Destino. Diretora: Jenifer Hixson.

Agradecimentos

The Moth gostaria de agradecer a:
Nosso fundador, George Dawes Green.
Nosso conselho de diretores: Ari Handel, Serena Altschul, Lawrence C. Burstein, Deborah Dugan, Joan D. Firestone, Alice Gottesman, Eric Green, Tony Hendra, Courtney Holt, Anne Maffei, Dr. Alan Manevitz, Joanne Ramos, Melanie Shorin e Roger Skelton.
Todos que, algum dia, trabalharam, passaram um tempo ou serviram de voluntários no Moth e nos ajudaram a atingir nossos objetivos, em particular nossa equipe talentosa e incansável: Catherine Burns, Sarah Haberman, Sarah Austin Jenness, Jenifer Hixson, Meg Bowles, Maggie Cino, Kate Tellers, Jennifer Birmingham, Inga Glodowski, Anna Katrina Olujimi, Micaela Blei, David Mutton, Kirsty Bennett, Larry Rosen, Catherine McCarthy, Sarah Jane Johnson, Jenelle Pifer, Michael La Guerra, Jemma Rose Brown, Michelle Jalowski, Sam Hacker, Mooj Zadie, Callie Thuma, Phoebe Wang, Nadine Tadros, Anna Martin, Chloe Salmon, Lauren Fiorelli, Bonnie Levison, Casey Donahue e Suzette Burton.
A comunidade do The Moth StorySLAM, onde a cada semana centenas de histórias verdadeiras de cinco minutos são compartilhadas mundo afora. Onze das 45 histórias reunidas neste livro são de pessoas que conhecemos nos The Moth StorySLAMs.
Nossos músicos talentosos que iluminam o palco com seu som. E nossos incomparáveis apresentadores do Moth, que

levam sua ágil presença de espírito, sua inteligência emocional e sua ardente energia às plateias noite após noite em 26 cidades espalhadas pelo planeta. Vocês são nossos embaixadores supremos.

Nossos colaboradores, amigos e parceiros no crime: Jay Allison, John Barth, Meryl Cooper, Adam Gopnik, Joanne Heyman, Kerri Hoffman, Dan Kennedy, Viki Merrick, Paul Ruest, Jake Shapiro e Kathleen Unwin.

As centenas de estações públicas de rádio pelo país afora que transmitem *The Moth Radio Hour*, todos os nossos parceiros nacionais tanto para o MainStage como para a série StorySLAM, e todas as nossas equipes regionais de StorySLAM, pela incansável dedicação.

Nosso agente brilhante, Daniel Greenberg – obrigado por sua paciência, talento e sábios conselhos.

Toda a equipe da editora Crown (não poderíamos estar mais empolgados em fazer parte da família): Molly Stern, Annsley Rosner, Trish Boczkowski, Rebecca Marsh, Julie Cepler, Kelsey Lawrence e, de modo muito especial, nosso extraordinário editor, Matt Inman, que nos apoiou ao longo de duas coletâneas de histórias e trouxe uma visão arrojada para este livro.

Sobre The Moth

The Moth (A Mariposa) é uma aclamada organização sem fins lucrativos dedicada ao engenho e à arte de contar histórias, ganhadora em 2012 do MacArthur Award for Creative & Effective Institutions (Macei), da John D. and Catherine T. MacArthur Foundation. Foi fundada em 1997 pelo romancista George Dawes Green, que desejava recriar a atmosfera das noites mormacentas de verão em sua Georgia natal, quando mariposas eram atraídas para a luz na varanda onde ele e seus amigos se reuniam para desfiar histórias fascinantes.

Cada sessão apresenta relatos simples, à moda antiga, sobre temas modernos, com contadores extremamente díspares que desenvolvem e moldam suas histórias junto com diretores do Moth.

Por meio de seus programas em curso – The Moth Mainstage, que excursiona internacionalmente; o programa The Moth StorySLAM, que empreende *open-mics* de narração de histórias em 22 cidades norte-americanas, além de Londres, Dublin, Melbourne e Sydney; The Moth Community Program, que leva oficinas gratuitas de narração de histórias a populações desassistidas; The Moth High School StorySLAMs, que leva a emoção da competição de histórias a colégios pelo país afora; e The Moth Corporate Program, que oferece soluções narrativas para setores específicos – The Moth já apresentou mais de 20 mil histórias, contadas ao vivo e sem roteiro prévio, para plateias superlotadas mundo afora.

O podcast de The Moth é baixado mais de 30 milhões de vezes por ano, e a premiada (com o Peabody Award) *The Moth Radio Hour*, produzida por Jay Allison e apresentada pela PRX, The Public Radio Exchange, vai ao ar semanalmente em mais de quatrocentas estações de rádio dos Estados Unidos. O livro *The Moth: 50 True Stories* (*The Moth: 50 histórias reais*) é um best-seller internacional. Mais informações em themoth.org.

© 2017, The Moth
Todos os direitos desta edição reservados à Todavia.

Grafia atualizada segundo o Acordo Ortográfico da Língua Portuguesa de 1990, que entrou em vigor no Brasil em 2009.

capa
Daniel Trench
imagem de capa
Andrew Myers
preparação
Ana Cecília Água de Melo
revisão
Amanda Zampieri
Huendel Viana

edição atualizada

Dados Internacionais de Catalogação na Publicação (CIP)
— —
Tudo que é belo: quarenta e cinco histórias reais:
Catherine Burns (edit.)
Título original: *All These Wonders: True Stories about Facing the Unknown*
Tradução: José Geraldo Couto
São Paulo: Todavia, 1ª ed., 2018
Vários autores
384 páginas
ISBN 978-85-93828-48-5

1. Memórias 2. Histórias de vida
I. Geraldo Couto, José II. Título

CDD 814
— —
Índices para catálogo sistemático:
1. Memórias: Histórias de vida 814

todavia
Rua Luís Anhaia, 44
05433.020 São Paulo SP
T. 55 11. 3094 0500
www.todavialivros.com.br

fonte
Register*
papel
Munken print cream
80 g/m²
impressão
Geográfica